铸牢中华民族共同体意识研究丛书

中华民族共同体建设理论研究

主　编　高培勇
执行主编　王延中

中国社会科学出版社

图书在版编目(CIP)数据

中华民族共同体建设理论研究 / 高培勇主编；王延中执行主编 . —北京：中国社会科学出版社，2023.6（2023.12重印）

（铸牢中华民族共同体意识研究丛书）

ISBN 978-7-5227-1545-2

Ⅰ.①中⋯ Ⅱ.①高⋯②王⋯ Ⅲ.①中华民族—民族意识—研究 Ⅳ.①C955.2

中国国家版本馆CIP数据核字（2023）第058035号

出 版 人	赵剑英
责任编辑	宫京蕾
责任校对	秦 婵
责任印制	郝美娜
出 版	中国社会科学出版社
社 址	北京鼓楼西大街甲158号
邮 编	100720
网 址	http://www.csspw.cn
发 行 部	010-84083685
门 市 部	010-84029450
经 销	新华书店及其他书店
印刷装订	北京君升印刷有限公司
版 次	2023年6月第1版
印 次	2023年12月第2次印刷
开 本	710×1000 1/16
印 张	15.75
插 页	2
字 数	218千字
定 价	98.00元

凡购买中国社会科学出版社图书，如有质量问题请与本社营销中心联系调换
电话：010-84083683
版权所有　侵权必究

《铸牢中华民族共同体意识研究丛书》编辑委员会

主　　任：高　翔
副 主 任：高培勇　　赵　奇
委　　员：(按姓氏笔画排序)
　　　　　丁　赛　　王立胜　　王延中　　王　锋
　　　　　叶海林　　邢广程　　孙壮志　　李国强
　　　　　宋月华　　郑大华　　郑筱筠　　赵天晓
　　　　　赵剑英　　徐文华　　斯琴巴图　魏长宝
执行主编：王延中
编辑部成员：丁　赛　　王　锋　　陈建樾　　张继焦
　　　　　　彭丰文

目　录

第一章　中华民族共同体的立体格局
　　——中华民族生存空间的生态分析 …………… (1)
一　文献回顾与理论路径 ………………………………… (2)
二　云南山坝立体结构的当代转型
　　——以德昂族生计变迁为例 …………………… (13)
三　传统草原牧区乡村振兴面临的问题及挑战 ………… (27)
四　中华民族共同体的共生性
　　——基于藏彝走廊汉藏交往的探讨 …………… (35)
五　从复合性共生体系理解中华民族共同体 …………… (43)

第二章　中华民族的历史发展与共同体意识的凝聚 …… (44)
一　统一多民族国家的形成与发展 ……………………… (45)
二　中华民族共同体的凝聚 ……………………………… (50)
三　中国现代多民族国家建构与中华民族意识的自觉 … (60)

第三章　中国共产党早期的中华民族观 ………………… (70)
一　中华民族概念的提出 ………………………………… (71)
二　中华民族的政治内涵 ………………………………… (74)
三　中华民族的本质属性 ………………………………… (79)

第四章　马克思主义民族理论中国化的缘起
　　——基于共产国际和中国共产党文献的研究 ……… （91）
　　一　共产国际指导中国革命方式方法的偏差 ……… （92）
　　二　共产国际的策略变化 ……… （97）
　　三　马克思主义民族理论中国化的提出 ……… （103）

第五章　共同体视角下的中华民族观 ……… （115）
　　一　民族与民族观 ……… （116）
　　二　历史演进中的中华民族观 ……… （120）
　　三　共同体视角下的中华民族观 ……… （125）
　　四　中华民族共同体民族观的意义 ……… （131）

第六章　铸牢中华民族共同体意识的话语体系建设 ……… （134）
　　一　铸牢中华民族共同体意识话语体系的人心核心
　　　　概念 ……… （135）
　　二　铸牢中华民族共同体意识话语体系建设 ……… （136）

第七章　铸牢中华民族共同体意识传播体系建设 ……… （141）
　　一　夯实铸牢中华民族共同体意识话语体系的理论
　　　　基础 ……… （142）
　　二　把握铸牢中华民族共同体意识的话语表达 ……… （148）
　　三　完善铸牢中华民族共同体意识的传播体系 ……… （155）

第八章　中华民族共有精神家园建设 ……… （167）
　　一　国家建构与民族建设的中国话语 ……… （168）
　　二　中华民族共有精神家园的文化哲学、历史哲学与
　　　　政治哲学基础 ……… （173）
　　三　国家建构与中华民族共有精神家园 ……… （176）
　　四　中华民族共有精神家园建设的路径与机制 ……… （182）

第九章　正确处理铸牢中华民族共同体意识的重大关系 …（188）
　　一　正确处理物质和精神的关系 …………………………（189）
　　二　正确处理共同性和差异性的关系 ……………………（193）
　　三　正确处理中华文化和各民族文化的关系 ……………（202）
　　四　正确处理中华民族共同体意识和各民族意识的
　　　　关系 ………………………………………………………（205）

第十章　铸牢中华民族共同体意识的目标与路径 ……………（212）
　　一　正确理解中华民族共同体的科学内涵 ………………（212）
　　二　牢固树立中华民族的共同体理念 ……………………（216）
　　三　深刻把握中华民族共同体建设的历史方位 …………（219）
　　四　扎实做好中华民族共同体建设的基础工作 …………（223）
　　五　推进民族事务治理体系和治理能力的现代化 ………（226）

参考文献 …………………………………………………………（230）

后记 ………………………………………………………………（242）

第一章　中华民族共同体的立体格局

——中华民族生存空间的生态分析

摘要：本章从生态人类学的角度分析了中华民族的生存空间及其对中华民族共同体形成与发展的影响。在回顾相关理论的基础上，本章着重从几个案例的分析中得出了"中华民族共同体"的生存空间是一个立体格局分布的统一整体的结论。

关键词：中华民族；生存空间；立体格局

中华民族共同体栖居的自然地理空间明显呈现出自西向东海拔逐级下降的立体生态格局：第一阶梯是西部海拔4000米以上的号称"世界屋脊"的青藏高原，东接横断山脉；第二阶梯是海拔降至1000—2000米的云贵高原、黄土高原和内蒙古高原，其间有塔里木盆地；第三阶梯是往东海拔在1000米以下的丘陵地带和海拔200米以下的平原。费孝通先生在论述"中华民族多元一体格局"的开篇就是从这一地理空间讲起的，他指出中华民族的生存空间自成一个地理单元，是一个内部结构完整的体系。"中华民族的家园坐落在亚洲东部，西起帕米尔高原，东到太平洋西岸诸岛，北有广漠，东南是海，西南是山的这一片广阔的大陆上。这片大陆四周有自然屏障，内部有结构完整的体系，形成一个地理单元。"对于中华民族所生存发展的生态格局，学界大致形成了经济文化类型论、过渡地带论、走廊通道论、互嵌共生论等主要的理论路径，今天这些解释路径是否依然有效，已有的解释路径面临着哪些新的挑战？我们是否能够发展出对于当下更具解释力的理论路径，是值得学界共同探讨的。

一 文献回顾与理论路径

（一）经济文化类型的研究回顾

新中国成立以来，受苏联民族学的影响，林耀华等老一辈民族学家试图通过"经济文化类型"①来界定我国境内不同民族在特定自然地理条件下社会经济的发展阶段和特点。

按照苏联学者的定义，经济文化类型是"处于大致相同的社会经济发展水平和生活在相似的自然地理条件之下的各族人民，在历史上形成的经济文化相互联系的特点的综合体"②。林耀华根据生产力与生产关系的因素决定着人们在各个历史时期同周围自然相互作用的特点，划分出中国的经济文化类型：第一组是以狩猎、采集和捕鱼起主导作用的类型，其社会形态仍处于原始公社阶段，尚未进入阶级分化的社会；第二组是以锄耕（徒手耕）农业或动物饲养为主的类型，产生了早期的阶级关系，进入到奴隶制和封建制阶段，手工业从农业中分离出来并达到相当高度的发展水平；第三组则是以犁耕（耕耘）为主的类型，手工业和工业分离并逐渐向工场工业发展。③林耀华指出，经济文化类型基本是一个依社会发展阶段为序

---

① 1958 年，苏联学者切博克萨罗夫应邀到中央民族学院讲学期间和林耀华一起提出了"中国的经济文化类型"学说。该学说 1961 年第一次用俄文发表于苏联，1965—1967 年被译成日文连载于《东亚民族学论文集》。1985 年，中文版《中国的经济文化类型》一文在中国大陆公开发表。

② [苏] 莫·格·列文、恩·恩·切博克萨罗夫：《经济文化类型与历史民族区》，《民族问题译丛·民族学专辑》，民族出版社 1956 年版，第 30—40 页。

③ 林耀华：《中国的经济文化类型》，载《民族学研究》，中国社会科学出版社 1985 年版，第 104 页。

进行"纵向"的区分,如果按照地形气候进行"横向"划分,整个东亚各民族可以分成两类自然地理区域:湿润地区和干燥地区。湿润地区包括南起中国南海,北到黑龙江的中国东部,以及朝鲜和日本,主要的地貌特征是森林和半森林半草原地带,具体可分为四川—云南、华南、中东南、华北和东北 5 个区域;干旱地区则包括西藏自治区、青海、新疆维吾尔自治区、内蒙古自治区和蒙古人民共和国,具体可分为青海—西藏和内蒙—新疆这两个区域。① 这一纵一横的关系,就是生计方式与自然地理环境之间的关系,最早在湿润区形成的狩猎、采集和捕鱼的经济文化类型,随着锄耕农业和犁耕农业的发展其范围不断缩小,但采集在他们的生活中仍占有一定比重。而在东亚大陆的北半部,即在中国北部和蒙古、朝鲜境内,完全没有采集狩猎的经济类型甚至连其残余都不可见。经济文化类型理论就是要阐述社会经济发展水平近似的各族人民在生活方式上有所异同的原因问题。

20 世纪 90 年代以后,林耀华在两个方面对经济文化类型理论进行修正:其一,对经济文化类型的概念作出新的定义:"居住在相似的生态环境之下,并有相同生计方式的各民族在历史上形成的具有共同经济和文化特点的综合体。"新定义用"生态环境"取代"自然地理条件",以"生计方式"替换"社会经济发展水平"②。其二,对原有的三分法重新归类和划分,对子类型、亚型进行细分,具体分为三大类:第一类是采集渔猎类型,包含两个子类经济型——山林狩猎型(以鄂伦春族为代表)和河谷渔捞型(以赫哲族为代表);第二类是畜牧类型,细分为四个子类型——苔原畜牧型(以部分鄂温克族为代表)、戈壁草原游牧型(以蒙古族为代表)、盆地草原游牧型(以哈萨克族为典型)、高山草场畜牧型(以藏族为典型);第

---

① 林耀华:《中国的经济文化类型》,载《民族学研究》,中国社会科学出版社 1985 年版,第 107 页。

② 林耀华主编:《民族学通论》,中央民族大学出版社 1990 年版,第 85 页。

三类是农耕类型，包含六个子类型——山林刀耕火种型、山地牧耕型、山地耕猎型、丘陵稻作型、绿洲耕牧型、平原集约农耕型，第六个子类型分为两个亚型——北方亚型与南方亚型。① 林耀华对"经济文化类型"的重新定义，扩大了这一概念的内涵。1999年，宋蜀华基于生态环境与民族文化关系，提出"生态文化区"的概念，将中国大陆划分为三个生态文化区：第一个是游牧兼渔猎文化区（北方和西北）；第二个是旱地农业文化区（黄河中下游）；第三个是水田农业文化区（长江中下游）。② 相比林耀华的经济文化类型，生态文化区概念更加强调生态环境对文化的塑造和影响。

除了经济文化类型之外，苏联民族学家在这一阶段还提出了"历史民族区"或"历史文化区"的概念。经济文化类型与"历史文化区"有不同的侧重，前者侧重从人地关系即人类文化和自然地理环境之间关系的角度解释人类文化的异同性；后者是指居住在一个区域的各个民族由于长期的联系、相互影响和共同的历史命运而形成了一定的共同文化的区域，侧重历史形成的文化区。经济文化类型理论认为只有生产力发展水平相近的各族才可以列入同一的经济文化类型，优先考虑的是人类在不同的发展阶段对自然的作用，然后才研究自然地理条件对人类文化的影响。"经济文化类型受地理气候条件的影响并不是决定性的或直接的而往往是'间接地'决定于每个民族的生产方式，亦即决定于其社会经济发展的水平。"③ 可以说，经济文化类型是继承了苏联民族学派运用唯物史观进行人地关系研究的理论探索，既不同于环境决定论，也不同于文化传播论，而是用辩证唯物主义和历史唯物主义的观点来解释人地关系，力图从人地关系的角度分析民族文化的异同性进而探讨民族文化分布和

---

① 林耀华主编：《民族学通论》，中央民族大学出版社1990年版，第88—96页。
② 宋蜀华：《中国民族学理论探索与实践》，中央民族大学出版社1999年版，第71—94页。
③ ［苏］尼·切博克萨罗夫、伊·切博克萨罗娃：《民族·种族·文化》，赵俊智、金天明译，东方出版社1989年版，第213页。

发展规律。经济文化类型理论在初创阶段的成就之一是世界民族地图的绘制。1972年，切博克萨罗夫根据经济文化类型提出绘制世界各民族经济文化类型图的方法，苏联民族学界根据这一成果出版了《世界民族地图集》①。

（二）"过渡地带"论

考古学家童恩正将"民族地理"与"生态史学"两方面视野相结合，于1980年提出"我国从东北至西南的边地半月形文化传播带"②之说。童恩正根据海拔、地貌、气候、降水、土壤、植被等多个方面的一致性，认为在中华版图之中存在着一条从东北至西南的边地半月形文化带。这条地带由大兴安岭、阴山、贺兰山、祁连山、横断山这一系列呈东北、西南走势的山脉从两翼环绕着，构成半月形的文化传播地带，这个半月形地带留下诸多共同的文化因素，如细石器、石棺葬、大石墓—石棚、石头建筑等。这个地带的自然景观十分相近，基本上是由高原灌丛与草原组成的地带，平均海拔在1000—3500米，主要地貌是山地和高原，在日照量、气温、降水、植被、主要农作物生长周期等方面有相当的一致性。自古是游牧民族与农业民族的分界，这个地带一直是畜牧或半农半牧民族繁衍生息的场所，如肃慎、东胡、山戎、匈奴、氐、羌等。它既是历史上华、戎集团的分野，同时又是后一集团诸族群彼此交往、互渗的文化传播带。而由于此地带两边的农耕与游牧集团在环境与心态方面的不均衡，还导致了对双方都有深刻影响的历史后果。

童恩正认为，这个地带文化要素相似性产生的原因，既有民族的直接迁徙、融合和交往，也有间接的观念的传播，也不排斥某些因素独立发明的可能性，但只有当传播的一方和接受的一方存在共

---

① 任国英：《俄罗斯生态民族学研究综述》，《世界民族》2009年第5期。
② 童恩正：《试论我国从东北至西南的边地半月形文化传播带》，载童恩正《南方文明》，重庆出版社1998年版，第558—603页。

同的需要和共同的物质环境时，此种传播才会产生。否则，我们很难解释，东北和华北边地出现的某些文化要素，没有影响到毗邻的中原地区，反而影响到了千里之外的西南边陲。比如最典型的例子是石棺葬的分布，其分布仍然是从东北开始，沿华北的北部边缘（大致以长城为界）向西，在甘青地区折向西南，经青藏高原东部直达云南西北部的横断山脉地区，而大致与前一历史时期细石器的分布地带相重合。童恩正其实已把我国西北地区作为文化传播源头地区，向北直达东北的兴安岭，向南抵达西南云贵高原，将这一广大地带联系了起来，认为该地带对夷、羌、戎、胡等诸游牧族群的重要价值和"通道"作用，以及它在整个农、牧集团对峙格局之间的"过渡"与"缓冲"的意义。

与童恩正从考古学路径提出的"半月形文化传播带"构成呼应的是拉铁摩尔的"过渡地带理论"。在拉铁摩尔看来，长城沿线并不是一条界线分明的边界（boundary）而是一个广阔的边疆（frontier）地带。[①] 长城沿线构成一个可伸缩的弹性"过渡地带"，它取决于长城两侧农耕和游牧之间的势力消长，不同的社会形态在长城线上相互接触、重叠，进而形成具有"贮存地"性质的过渡社会，在这里居住着在不同程度上受中原影响的草原部落和不同程度上受草原影响的汉人，在极为混乱的时期，一部分边境的草原居民退回草原，一部分汉人退回内地。反之，经过长期的稳定繁荣，这个过渡地带就会扩大，其具有独立社会秩序的地位越加突显，但这个地带绝不会完全分裂，因为那里总有一些不适应定居生活的草原，以及不受草原影响的精作农业区。但它会对草原及内地产生影响，削弱这两种典型社会的结构的牢固性。[②] 从历史上，只有边境游牧民族而非大草原中真正的游牧民族才能建立起同时统治草原及中国内

[①] 拉铁摩尔：《中国的亚洲内陆边疆》，江苏人民出版社2005年版，第156—164页。

[②] 拉铁摩尔：《中国的亚洲内陆边疆》，江苏人民出版社2005年版，第348页。

地的王朝，在这样的时代，"贮存地"就变得格外重要，其驻防军队的设置使之成为保证一个农业国家的稳固边疆，贮存地的文化也会发展出混合文化，使其自限于可以容忍混合文化的环境范围中，不再深入草原。而在近代工业经济兴起之前，农耕和游牧作为两种适应彼此自然环境的生计方式几乎是不可调和的。①

长城作为一个自然地理界限，长城内外的自然地理及气候条件有着显著的差别：长城以南，黄河、长江等重要的河流都直接归入大海，且有定期的雨水注入河中，气候随着东南亚季风而转移，最早的农业起源于黄河流域中部的黄土地带，黄土最容易耕作，对早期开发技术的阻碍最小。早期农业发展最大的制约因素是水，如果不能控制水，农业就不能稳固发展，也就不能供养众多人口，更不能使他们摆脱狩猎及采集来补助生活的状况，大型水利灌溉工程的实现需要成熟的社会政治组织的支持，只能由国家来经营，只有在社会成熟到能够大规模地从事筑堤及排水工程后，才能建立永久性农业。这个特殊的中国方式是第一个获得充分发展的趋势，在此后的历史中容易趋于一体化而不是多样化，当这种农业生产方式能够大面积推行的时候，它沿着一条通路从陕西到达长江上游的四川盆地，或者沿着另一条通路到达长江中游的平原、长江下游及江南野莽地带。这一生产方式向南的推进基本没有受到阻力，但是向长城以北推进却阻力巨大，在北方农牧的差异取代了一致化的取向。② 因为在长城以北完全不同的自然生态环境决定发展灌溉农业困难重重；而长城以北的河流则多是内陆河，有独立的气候系统，人口稀少，既有被沙漠或者干旱草地分隔的绿洲农业，也完全无法从事农耕，只能进行游牧。

从历史上看，从黄土地到草原之间没有显著的界线，其变化是从灌溉区到半灌溉区再到非灌溉区，农耕与游牧之间的明确界线真

---

① 拉铁摩尔：《中国的亚洲内陆边疆》，江苏人民出版社2005年版，第38页。
② 拉铁摩尔：《中国的亚洲内陆边疆》，江苏人民出版社2005年版，第24—26页。

正确立的时间是在公元前4—前3世纪,灌溉农业在中国占了绝对优势而牧畜在草原上占据了绝对优势。这个时期最显著的变化是驾驭马和骑马技术的专门化,导致了一种根本不同的生活方式的出现,一个骑马游牧民族社会在北方及西北迅速兴起,他们能够利用草原骑马技术来提高草原环境中生活的效率,骑马在功能上的重要性在于,它能提高依草原为生的牲畜及依牲畜为生的社会之间联系的效率。这个时期,不再继续保持既非完全农耕又非完全游牧的草原边缘民族,开始了完全的草原游牧生涯,他们自己建立了一个活动范围,与农耕社会范围相分离。拉铁摩尔认为,最初不同自然环境下的人群,即使存在人种学意义上的差异,这些差异并不重要,在这个时期的历史中,主要的问题是生活方式及其变异性,是它在原地域中发展和在较大地域中的适应能力。拉铁摩尔的"过渡地带"理论为我们理解生态地理因素在中国的朝代循环和农牧互动中的重要作用提供了极具启发性的视角。

(三) 通道地带论

近年来,在生态文化区和过渡地带理论的启发下,徐黎丽提出了"通道地带论"[①],将丝绸之路、藏彝走廊和长城等中间地带视为中国不同生态文化区关联互动的内在动力机制。该通道地带位于中国气候、地形从第一阶梯向第二阶梯过渡地带,也是中国地理位置的中心地带,包括长城内外农牧过渡地带、丝绸之路沿线从灌溉农业向绿洲农牧业过渡地带、藏彝走廊沿线从东部平原的灌溉农业向高山牧业及从北部草原向南部山地过渡地带。其中长城以山脉为界、丝绸之路以沟壑为界、藏彝走廊以河流为界将中国内部分为4个生态文化区域。这4个生态文化区域分别是灌溉农业区域,包括珠江、长江、淮河、黄河、辽河、松花江、黑龙江等平原区域;高纬度低海拔游牧区域,包括蒙古高原及阿尔泰山以西、天山以北地区;低

---

① 徐黎丽:《通道地带理论——中国边疆治理理论初探》,《思想战线》2017年第2期。

纬度高海拔畜牧区域,主要指青藏高原;绿洲农牧兼营区域,包括宁夏、甘肃、新疆戈壁沙漠地区。四个生态文化区域的交汇地带,就是"通道地带",由三个通道子地带组成。第一个通道子地带是长城地带,即连接长城南部农区与长城北部牧区的通道地带;第二个通道子地带是丝绸之路,即黄土高原西北部农牧兼营地带向绿洲农牧过渡的通道地带;第三个通道子地带,就是藏彝走廊沿线从东部平原的灌溉农业向高山牧业,以及从北部黄土高原与青藏高原接合处向南部云贵高原山地过渡的通道地带。[①]

徐黎丽认为,最终中国能够发展成为统一的多民族国家,与连接不同生态文化区域的中间地带发挥的不可替代的地理连接和文化融合作用密切相关。通道理论给予我们的启示是:"当我们的祖先以通道地带为中心,将边疆的各种势力凝聚在中央王朝范围时,我们的国家就出现大一统的局面,大一统的局面又进一步促进国家内部不同区域的族群融合;但当我们的祖先没有维系好通道地带从地理到文化的通道作用时,国家就会出现分裂,分裂的国家又会影响族群之间良好关系的建立和发展。"[②] 中间地带的民众处于两种生态区域的接合部,他们自古以来就起着沟通从事不同生计并由此形成不同语言、信仰、价值观的多种族群的作用。比如居住在丝绸之路上的回族,长于用多种语言交流,善于经商,因此他们在丝绸之路的各个绿洲中沟通不同族群之间的信仰与价值观,从而在了解绿洲各个民族的基础上,不仅将生意做大做强,还发挥了连接西北地区与内地的作用。

与"通道地带"论相呼应的是近来学者越来越关注到历史上形

[①] 相关研究参见徐黎丽、杨朝晖《民族走廊的延伸与国家边疆的拓展——以长城、丝绸之路、藏彝走廊为例》,《思想战线》2012年第4期;徐黎丽《通道地带理论——中国边疆治理理论初探》,《思想战线》2017年第2期。《边疆治理新思路》,徐黎丽、范薇《加快发展连接内地与边疆的中间地带》,《行政管理改革》2016年第5期。

[②] 徐黎丽:《通道地带理论——中国边疆治理理论初探》,《思想战线》2017年第2期。

成的民族走廊、通道在构筑中华民族共同体过程中的"榫卯"作用。李大龙将民族学领域提出的六大走廊在多民族中国疆域、中华民族形成与发展中的作用比喻为"榫卯",形如榫卯的两种走廊将不同自然环境的区域及其上生息繁衍的族群"榫卯"在了一起,为中国疆域和中华民族的"自然凝聚"提供了牢固基础。[①] 他将这六条走廊分为两类:一类是具有明显交通通道特征的走廊,如河西走廊、辽西走廊和苗疆走廊;另一类是交通通道特征不明显但却是属于费孝通所说"历史形成的民族地区",如藏彝走廊、南岭走廊、武陵走廊。他指出,走廊之所以能够起到"榫卯"的作用,特定的地理环境是先决条件,内部族群与文化的交流与交融则是内在的基本条件,而来自走廊外部的政权的有效经营则是走廊能够发挥其"榫卯"作用的关键性条件。多民族中国疆域形成与发展、中华民族形成与发展的过程中,河西走廊的"榫卯"作用即有完美体现。这也是费孝通"中华民族多元一体格局"理论诠释过程中历代王朝对"河西四郡"的经营成为其重要内容进行阐述的原因。

(四) 互嵌共生论

费孝通晚年有一系列围绕高海拔地区的实地考察,涉及广西大瑶山、内蒙古高原、甘肃定西、青海甘南等多地,通过对这些高海拔地区的考察,他形成有关维护生态平衡、改变传统经济结构、协调区域发展的思路。这些思考对于"中华民族多元一体格局"的提出具有重要的价值。费孝通深刻地意识到,基于海拔差异造成的生态格局和生计方式差异,在农业时代向工业时代转型的过程中,如何实现从农业与非农业(林业、牧业)自给自足相互孤立的发展格局转变为深度"嵌入"的农林牧互补的生态—经济体系,事关工业化时代发展的重大问题。在这些思考背后,最核心的问题是费孝通心底最深切的关怀——民族平等、共同富裕。正是基于共同富裕、

---

① 李大龙:《榫卯:走廊与中国疆域的形成与发展》,《广西民族大学学报》(哲学社会科学版) 2020 年第 3 期。

共同繁荣的发展宗旨，农林牧工等不同的经济形态才能实现区域间、民族间的协作发展。费孝通对工业时代生态与经济协调发展的思路，带有特定的时代关怀和求索，与同时代其他学者的思考构成了对话，这些讨论对于我们今天进入后工业时代，探索生态文明建设构成重要的思想资源，值得我们深入思考。

费孝通对西部高海拔地区的考察，是在中国的工业化如火如荼进行的时代。他敏锐地意识到农业时代和工业时代的巨大差异。由于交通、通信、商业、贸易的迅速发展，不同地区的资源禀赋在工业化的宏观经济格局下获得不同的发展空间。"农业时代西部不宜农耕的地区是造成经济落后的原因，而工业时代，西部的自然条件劣势已转化为优势，因为西部富含矿产、能源丰富。"定西位于甘肃中部，自古有"定西苦甲天下"的说法，究其原因就在于其经济发展方式与其生态资源禀赋不适应，生态平衡的破坏造成定西的贫困。历史上汉族移民多在此发展农耕，开荒种地，广种薄收，导致土地沙化，也致使以草放牧的蒙古族一步步退缩，生产方式的对立造成民族隔阂。事实上，定西的资源条件并不适宜种粮而适于种草发展畜牧业，因而需要转变"以粮为纲"的农本传统发展商品经济，依靠发展商业化的畜牧业生产而使群众致富。这就需要转变农业时代自给自足的经济发展方式，而是在有效利用草地上下功夫，从自给自足的牧业转变为商品牧业，养牲畜不再是为了自己使用，而是为了出售换钱从而购买消费品。商品化牧业的效益不在于牛羊的数量多，而是重在出栏率，尤其是畜群结构的优化，特别是生育期的母畜所占比重。在临夏回族地区的考察，费孝通注意到"舍饲"这一商品牧业的发展其实是带动了区域间、民族间的农牧协作，种植玉米制作成精饲料来喂羊，过年期间羊就可上市出售获得高利，放牧和舍饲的结合，走出一条农牧协作互补的发展道路，农业可以发展精饲料种植业，由此改变过去相互孤立的"粗放农业"和"自然牧业"的发展模式。从区域协作来看，东部的粮食可以补给西部，西部则为东部提供肉食和工业原料。这样的区域协作发展之路，既可以改变西部"以粮为纲"造成的生态失调，又实现了东西之间的优势互补，协同发展。据此，费孝通曾提出16字方针，"以东支西，以西资东，互惠互利，共同繁荣"就是他相关思考的总结与凝练。

在费孝通看来，传统农业时代的农牧矛盾本身是很难调和的，只有在工业化时代共同富裕的发展理念下，农牧矛盾才能转化为农牧结合、农牧互补。在内蒙古赤峰的考察中，他也提出了如何转化农牧矛盾、扭转自然生态恶化的趋势，就是要退农还牧，指出边区的开发要重视科学研究。在内蒙古自治区内部存在"南农北牧东林西铁"的经济发展格局，边区的工业化具体要怎么实现？费孝通深入思考了"三线"工厂存在的问题，他认为"三线"工厂的封闭性导致了人文生态环境失调的问题，企业办社会导致企业成为脱离当地社会的封闭社区。他认为要培养少数民族工人，让企业真正嵌入到当地的发展，形成有机的大小企业群落，成为生长活力的社区，而不是互相隔绝的孤岛。费孝通的关注聚焦在工业化时代如何平衡农牧发展、协调区域合作、实现共同富裕做出了有益的理论探索。

通过对以上四种路径的梳理，我们认为从生态角度来理解中华民族共同体的形成与发展是一个非常重要的角度。已有的理论路径为我们展开思考提供很好的基础，但这些研究还是更偏重历史的叙述，对立体生态格局与铸牢中华民族共同体的关系还缺乏讨论，尤其是在当下生态文明建设的伟大事业中，对立体生态格局的深刻认识和全面把握，将为我们探讨中国式现代化的独特路径和中国方案提供重要的支撑。因此我们选择了从"云南山坝立体结构的当代转型""传统草原牧区乡村振兴面临的问题及挑战——基于与农区差异的视角""基于藏彝走廊地带的汉藏交往个案看中华民族共同体的共生性""国家在场视域下人与自然关系的重构——云南贡山县生态扶贫的人类学考察"4个个案的研究来初步探讨我们对生态视角下中华民族共同体的立体格局的认识。

二 云南山坝立体结构的当代转型
——以德昂族生计变迁为例

（一）问题的提出

云南独特的民族垂直分布格局值得生态人类学深入研究。不同民族基于特定空间层次（对应着相应的"生态位"）的生计选择，处在多民族共生的关系结构中，其生计方式受到此民族关系结构的制约和影响。因此，在讨论某个单一民族的生计选择时应该考虑到更大的区域民族关系背景。历史上不同生态位的民族基于自身特定的生计方式，与其他生态位的民族之间形成持续的物品流动与资源互补。今天在市场化、全球化的冲击下，民族关系结构是否发生了变化，以往基于不同生态位的生计方式如何发生转变？

本个案立足于对云南德宏傣族景颇族自治州境内德昂族生计方式的研究，不是孤立地就德昂族而谈德昂族，而是将德昂族放置在区域民族关系中进行考察和分析。本个案所涉及的区域范围是指德昂族集中分布的中缅边境毗邻地区，大致包括今天的德宏州全境以及缅甸东北部克钦邦和掸邦的部分区域。从历史的交往范围看，德昂族与周边的傣族、景颇族等民族有着不同程度的交往与互动。德昂族曾经双重地受制于傣族的土司统治和景颇的山官制约。傣族的文化发展迅速，成为该区域内的"文化顶点"，成为其他民族模仿、攀附，抑或是反对的对象。利奇（Edmund. R. Leach）曾精到地指出上缅甸高地克钦人与掸人之间的微妙关系："山地克钦人受制于双重的、相互矛盾的压力，即同时模仿和反对他们的河谷近邻。"[①] 克钦人与掸人的政治组织、宗教信仰、生计方式构成鲜明的

---

① ［英］埃德蒙·R.利奇：《缅甸高地诸政治体系——对克钦社会结构的一项研究》，杨春宇、周歆红译，商务印书馆2010年版，第32页。

对张关系，形塑了这个区域社会结构的基本框架。其他民族在这个结构关系中或接近于掸人，或接近于克钦，构成这两极之间的连续统。这一社会结构在新中国成立之后被重塑，通过对傣族土司制、景颇山官制的废除，各民族之间实现了平等。但各民族历史上形成的居住格局在一定程度上得以延续。德宏州境内民族的垂直分布格局表现为：海拔2000米以上为傈僳族居住区，景颇族居住区不超过海拔2000米，德昂族和汉族一般居住在海拔1500米左右的半山区，而傣族和少量汉族则居住在海拔1500米以下的平坝地区。① 今天各民族的生计选择很大程度上依然受到这一居住格局的制约。

早在1936年，陶云逵就在《几个云南土族的现代地理分布及其人口之估计》一文中明确提出："云南土族分布的最引人注意的一点就是在不同的高度，居住着不同的人群。这与云南地理形态很有关系，就是说在不大的区域中，地形的高度有很大的差异，这种现象为中国任何省所无，亦为全世界所少见。"② 陶云逵认为，云南山之高和多，是使得云南少数民族分化成为许多的小簇组及能保存其原来的身体上和文化上的形态之较完整，而不全被强族（如汉族）所同化的原因之一。③

在陶云逵的实地调查中，他发现垂直分布界限最清晰的是摆夷与藏缅语各族人群。在云南西南部，摆夷住在低热但肥沃的山中平地及河畔，藏缅语各族则是住在高爽但贫瘠的山头上。在陶云逵看来，解释民族居住在垂直上及土地肥瘠上之不同的事实，不外乎两个原因：一是由于民族强弱的不同而生的社会选择现象；二是生活习惯不同。他认为摆夷与藏缅语诸族垂直分布上的区别应当用第二种解释，而摆夷与汉族在区域高度分布之不同，却要用第一个原因

---

① 苍铭：《云南民族迁徙文化研究》，云南民族出版社1997年版，第69页。
② 陶云逵：《陶云逵民族研究文集》，民族出版社2012年版，第115页。
③ 陶云逵：《陶云逵民族研究文集》，民族出版社2012年版，第122页。

来解释。① 凌纯声在《云南民族的地理分布》一文中将崩龙（德昂族旧称）② 划在蒲人类瓦崩群，他认为蒲蛮类群体居住在垂直分布上高于摆夷而低于藏缅语族人群的区域。③ 陶云逵结合该群体在越南与缅甸的分布情况，则认为蒲蛮本也是喜居平原，后为摆夷所驱而到山上较高的地方，七零八落，这个秩序一直到现在还进行着④。陶云逵的这一判断与今天德宏州境内德昂族的分布较为接近。

利奇（Edmund. R. Leach）的名著《缅甸高地诸政治体系》提出的"钟摆理论"⑤ 曾在学界引起热烈而广泛的讨论。然而，这本著作有关生态环境与政治组织之间关系的维度却很少被关注。尽管利奇并不是一个环境决定论者，但他明确指出生态环境对政治制度诸种可能性的选择构成制约。另外，对我们今天的研究更具启发的是，利奇是在区域民族关系中来讨论拥有不同文化的人群，他们的生计方式、政治组织、文化表征是如何相互界定、彼此影响的。该书的定位是对缅甸东北部克钦人和掸人的研究。这两类人群尽管共同生活在上缅甸区域，但他们在生境、生计方式以及社会组织方面都有着鲜明的差异，因此经常被区分开来分别进行研究。利奇直言不讳地提到："关于克钦人的民族志就不提掸人，而关于掸人的民族志也不研究克钦人，这差不多成了人类学的惯例。然而，克钦人和掸人

---

① 陶云逵：《陶云逵民族研究文集》，民族出版社2012年版，第133—136页。
② 崩龙为德昂族旧称，1985年根据本民族意愿正式更名为德昂族。下同，不再说明。
③ 凌纯声：《云南民族的地理分布》，载凌纯声《中国边疆民族与环太平洋文化》（上册），联经出版事业公司1979年版，第195—196页。
④ 陶云逵：《陶云逵民族研究文集》，第139页。
⑤ 利奇认为克钦社会的政治组织在两种极端类型之间来回摇摆，一极是贡劳制（本质上具有无政府主义和平等主义的特征）；另一极是掸邦政府体制（类似于封建等级制）。但现实中大多数克钦社会在类型上既非贡劳制也非掸邦制，而是按照贡萨制运行，贡萨实际上是贡劳制和掸邦制的折中。贡萨制本质上是不稳定的，要理解它只有通过贡劳制和掸邦制这两种极端类型进行比较。

几乎到哪里都是近邻,在日常生活的事件中他们也常相互牵扯到一起。"① 对于克钦人与掸人之间的复杂关系,利奇精妙地概括为山地克钦人同时模仿和反对他们的河谷近邻掸人。这种模仿和反对在其政治组织、生计方式、文化表征上都有明显体现。利奇提出:"如果把该地区当今存在的各种不同政治体系当作独立的类型,那就犯了方法论的错误;它们明显应该被当作更大范围内一个不断变动的整体系统的组成部分。"② 因此,在这样的区域民族关系中,孤立研究某个单一民族在学术上既不可取,也不符合客观实际。它就要求人类学在研究方法上有所突破,超越对单一民族的研究,在区域民族关系之中来界定和描述多民族交错共生的复杂社会。

(二)德昂族生计方式的变迁

迁居到半山区的德昂族,因水田数量稀少,没有固定耕地,长期以来利用坡地择肥而开,轮荒种植,形成以旱谷生产为中心的轮作制度。旱地轮作制的最大特点就是实行作物轮作。在大春作物中,除了旱谷和苞谷外,其余 10 余种作物都服从于旱谷及苞谷生产,围绕着主要作物利用各种作物的特性进行巧妙的安排,使前后作物之间及各种作物相互之间关系协调、互相有利,以提高或恢复地力,达到多种多收、全面增产。旱地上所生产的作物有以下 20 余种,大春有旱谷,苞谷,高粱、小米、红米、绿谷、山药、饭豆、荞、洋芋、芋头、瓜类、蔬菜、早豆(小黄豆),麻类,芝麻、苏子、花生、棉花、向日葵等;小春有小麦、蚕豆、豌豆、冬洋芋等。

从耕作方法分,旱地有三种类型:

(1)炼地(火烧地)。经过全面火烧的土地称为炼地。耕作方法:头年冬季砍树,翌年清明前后烧荒(也有经三四十天树木干枯

---

① [英]埃德蒙·R. 利奇:《缅甸高地诸政治体系——对克钦社会结构的一项研究》,杨春宇、周歆红译,商务印书馆 2010 年版,第 15 页。
② [英]埃德蒙·R. 利奇:《缅甸高地诸政治体系——对克钦社会结构的一项研究》,杨春宇、周歆红译,商务印书馆 2010 年版,第 20 页。

后烧的），烧后平缓地区伐桩较少的用耕牛犁两次（头一次翻土，第二次碎土），多的用人工翻挖。陡坡地用人工翻挖，一次即行播种。种植作物：头年种苏子、荞子、苞谷，也有种旱谷的。第二年旱谷，第三年早豆或饭豆，第四年旱谷，第五年丢荒。作物种下后一般不施肥，除豆类作物外均进行中耕除草。

（2）包拆地。在同一年内进行砍伐烧荒种植作物，且在烧荒过程中，由于其他原因，延烧不彻底的森林也称为包拆地。耕作方法同炼地。

（3）新地来自草地或荒地。秋季开垦，根据杂草生长情况（一般杂草高一市寸左右即铲除）用牛闯3—4次。第二年清明后，又用牛闯和敲堡子各一次，即可播种。头年种植旱谷，一般采用撒播，其工作方法同炼地。

除上述三种类型外，在种植作物上对土壤改良不同分为两种。(1) 熟地。经过土壤改良，第一年已种植过作物，如苏子、荞子、苞谷等，第二年种旱谷的地，叫熟地。(2) 生地，经过土壤改良，尚未种植过作物的地叫生地。

旱地无论哪一种类型都有共同特点，即在同一块土地上每年均种植不同的作物，如第一年种荞子、苏子或苞谷，第二年种旱谷，第三年种早豆或饭豆，第四年种旱谷，第五年丢荒。[①]

旱谷对土壤要求较高，为提高产量，采用轮种，这是德昂族传统改良土壤方法之一，耕种期约5—7年，轮种期15—20年。在轮作过程中，均种豆科植物厌杂草，增加收成。究其原因，豆科植物分枝多，枝叶稠密，杂草无法生存。更重要的是，豆科植物都有根瘤菌，它能固定空气中的氮素，增加土壤肥力，种植豆科植物有助于缩短轮种期。这可以说是德昂族长期在旱地轮作制中积累和总结出来的本土生态知识。

---

① 芒市档案馆存，"潞西县三台山联社允欠大队森林资源及森林与粮食关系十天来(1961年4月1日—4月13日）调查情况"。

在三台山地区，旱地轮作制是山地民族普遍采用一种生计模式，德昂族和景颇族都采用旱地轮作，这与利奇所划分的 B 地带普遍流行的"草地通垭"轮耕方式一致。德昂族与景颇族在乡境内交错杂居，但自然村都是单民族聚居。景颇族村寨的海拔普遍略高于德昂族村寨。景颇族轮种期比德昂族短，景颇族历来根据自然植物在轮荒地上的兴衰过程来判断荒地的丢荒年限及肥力。旱谷地丢荒后的头年主要生长蕨类及靠地下根茎繁殖的茅草，经过 3—4 年后，蕨类及茅草败亡，另一种依靠种子繁殖的疙瘩草又兴茂起来，3—5 年后，疙瘩草又逐渐死亡，被高草植物（麻艾）所代替。5—7 年后，禾本科草类（邦邦草，也叫吹机草）又更替了麻艾。到这类植物群落出现时，即可认为这片丢荒地已经"熟"了，又可开荒种植，一般从丢荒到重新垦殖，中间经过 10—15 年的自然肥力恢复时期。三台山乡旱地轮作的周期如表 1：

表 1　　　　　　　　　三台山乡旱地轮作周期安排

年限	第一年	第二年	第三年	第四年	第五年	第六年	第七年	第八年
作物	饭豆、旱豆芝麻、苏子	豆科或中耕作物	旱谷	旱谷	旱谷	豆科或中耕作物	旱谷	休闲或种三叶豆
名称	开荒、炼地	新炼地	一荒地	二荒地	三荒地	炼烂地	烂地	丢荒

德昂族与景颇族在山区从事旱地轮作制，一方面是受制于特定生态位的生计选择，长期以来，他们积累了一套旱地轮作制的本土知识和实践，山区物产与坝区出产的产品构成互补性的交换。每逢赶集，德昂族会将山上采集到的时令性的野菜、竹笋、野生菌，以及杂粮、茶叶、瓜类等拿到集市上出售，换取日常生活所需的米粮、盐、布匹和生活用品等。山区的时令果蔬备受坝区傣族的喜爱。从另一方面来看，德昂族和景颇族在山区从事旱地轮作制，傣族在坝区进行水稻种植，这一居住格局和生计方式的形成本身就是区域民族关系互动的结果。傣族占据坝区，从事水稻生产，既是政治力量较量的结果，也与其生产力发展水平有关。按照傣族的传说，在傣

族进入陇川坝区之前，德昂族多居住在坝区边缘，种植水稻和茶叶。坝区中心由于洪水泛滥，并没有利用。大概因为德昂族只会引水灌田，不善于治理河道，而傣族有治理河道的经验。在傣族土司的官吏系统中，设有管理水利灌溉的官吏。[①]

1956年，三台山被列为"直过区"，即不进行土地改革而直接通过组织互助合作过渡到社会主义。互助合作社组织农户进行集体生产，最主要的工作就是开辟水田、固定耕地，逐渐地取代轮作和抛荒。旱地改种水田，旱地进行施肥，是固定旱地的方法之一。但一味追求水田产量，以水田代替旱地或者重水田轻旱地的做法也存在一定的问题。这种改造在一定时间内取得了成功，大量水田被开辟出来，也在短时间内增加了山区的粮食产量。然而，水田的增加并不能有效弥补放弃旱地之后的损失。以拱别社为例，从1958年起停止开垦新荒地，原有旱谷地大量丢荒，劳动力集中使用于水田，并到离寨子20多公里的遮放坝去开垦丢荒田，耗费了大量人力。由于劳动力集中于水田，旱地作物得不到照顾，产量下降，直接影响到人们的生活水平。另外，除了对粮食的要求外，旱地出产的棉花、芝麻、苏子、豆类、高粱等能满足山地民族纺织、油料、调料、酿酒等多方面的需求。加之水田的维护最重要的是需要一套灌溉系统，而这一灌溉体系需要很高的人工成本和技术成本。水稻种植在这个空间层次上并不能真正带来高产高效，大多只能成为靠天吃饭的"雷响田"。事实上，德昂族的旱地轮作制一直延续到20世纪80年代，随着甘蔗的大规模种植才得以终结。

德宏州有文献记载的甘蔗种植始于明代，实际的种植时间可能更早。新中国成立以前，德昂族就零星种植甘蔗，主要以石碓和牛拉木榨两种土法制作红糖，一般以自己食用，或作节日、亲朋往来馈赠的礼物。以三台山乡出冬瓜村为例，从1989年开始大规模种植

[①] 云南省编辑组编：《景颇族社会历史调查（三）》，云南人民出版社1986年版，第86页。

甘蔗，1999年左右甘蔗产量达到最高峰，村民种了3000多亩，产量有1万多吨。全村的土地放眼望去全部都是甘蔗地。种蔗农户达到100%。为了追求高产，有的村民甚至把水田也改造成蔗田。一时间，甘蔗成为德昂族的经济支柱。随着甘蔗的大规模种植，土地得以集约化利用，彻底改变了过去的轮作制，大片的玉米地、茶园、轮歇地被蔗园所取代。目前在所有德昂族分布的村寨中，仍有80%的村寨种植甘蔗①。甘蔗从原来作为经济作物的附属地位变成主要的生计作物，成为德昂族经济收入的主要来源。

总体来看，德宏州的甘蔗种植在新中国成立以后大致经历了几次比较重大的转折：传统上德宏州的甘蔗种植都是以旱地蔗为主，水田种植面积很少，种植区域主要在半山区。从1958年建立第一个糖厂到1978年，在计划经济和"以粮为纲"的主导思想下，甘蔗种植品种单一，耕作粗放，产量较低，农民种蔗的积极性不高，糖厂因原料缺乏而长期"吃不饱"，尚未发挥出明显的经济效益。第一次转换点是在1978年以后，随着计划经济向市场经济转变，德宏州确定了大力发展甘蔗等大商品生产，把蔗糖业作为支柱产业来抓，提出"山坝并重、粮经并举，粮食有余，主攻蔗茶"的农业发展方针。甘蔗被认为是富民面宽、带动面广、兴边力大，较易被边疆各族人民所接受掌握的经济作物。甘蔗收购价格由政府出台的保底价加上良种加价和联动价构成②，一定程度上受到政策保护。蔗农生产的甘蔗全部由划定的糖厂收购，不存在自己寻找市场销路的问题。正因为甘蔗具有这些特点，它一度成为德宏州的"扶贫作物"，在山地民

---

① 李全敏：《秩序与调适：德昂族传统生态文明与区域可持续发展研究》，社会科学文献出版社2017年版，第116页。

② 从2006年开始，德宏州政府出台甘蔗收购价格与食糖销售价格挂钩联动，即甘蔗款二次结算的甘蔗收购价格管理办法：甘蔗收购价格=最低保底价（180元/吨）+良种加价（10—30元吨）+联动价（联动系数确定为5%）。2016年的保底价为420元。参见《德宏州甘蔗志》编纂委员会编：《德宏州甘蔗志》，德宏民族出版社2017年版，第79页。

族中大量推广种植。德昂族、景颇族基本就是在这个时期开始大规模种植甘蔗，正是这个时期甘蔗开始不断向山区延伸，成为山区经济收入的主要来源。又经过20年的发展，第二次转捩点是到了1998年，随着粮食连续18年丰收并实现外调，甚至出现"卖粮难"的问题。陇川县首先拉开大种水田蔗的序幕，原则上以陇川坝东西两侧公路沿线250米以内的水田，除不能种植甘蔗的水田外，都要规划成蔗区。2001年德宏州委明确提出"坝甜山香"农业产业结构调整，即在山区发展香料作物和经济林木种植，控制甘蔗上山，实施山地、坡地退耕还林，推动甘蔗下田。各县纷纷在糖厂周围的坝区社队新建甘蔗基地改田种蔗。到2007年，水田植蔗面积首次超过旱地，2014年水田蔗占植蔗面积的54.06%[①]。简单来说，德宏州甘蔗的种植经历了上山到下田的过程，而这个过程中主导的力量是国家。依靠甘蔗上山实现山区的脱贫致富，通过引导甘蔗下田来调整产业结构。第三次转捩点则是当下正在发生的"作物竞争"，甘蔗的比较经济效益不高，在土地用途的迅速转变中，甘蔗的优势地位正在动摇，而这个过程中主导因素是市场的力量。

(三)"作物竞争"和土地用途转变

目前三台山的甘蔗种植已经处于从高峰期向下滑落的过程中，出冬瓜村的甘蔗种植辅导员介绍说：

"2005年是甘蔗种植的一个分水岭，之前甘蔗种植面积到达顶峰，2005年'退耕还林'政策出来以后，甘蔗种植开始走下坡路。林业局来构图，需要整片地划为林地。因为有补贴，所以很多人都愿意退耕还林，种了树。又因为退耕还林之后，树林和甘蔗相邻，甘蔗地烧地的时候容易失火烧到树林，所以很多人就不种甘蔗了。2015年芒市糖厂倒闭，现在很多村民2014年、2015年的甘蔗款都还拿不到，种甘蔗的积极性受到打击。而且现在的人选择也多，嫌种甘蔗太累，特别是收获的时候，家家都要在短期内收完，劳动力

[①] 《德宏州甘蔗志》编纂委员会编：《德宏州甘蔗志》，第104页。

紧缺，工价上升。最近这两年坚果价高，很多人都想种植坚果。但再过几年，不知道市场行情又是怎样。我家还是接着种甘蔗，再看看情况。"

2016年，三台山全乡的甘蔗面积（11779亩）占总体耕地面积（38000亩）的31%。在甘蔗种植鼎盛时期，村子里的土地几乎全部转变为种植甘蔗。日常所需的粮食都要从市场上购买。在经历了"退耕还林"政策影响、糖厂倒闭甘蔗款拖欠等因素的影响下，以及日益激烈的"作物竞争"趋势下，土地利用正在由甘蔗种植转变为种树（杉木、西南桦等）、种坚果、种玉米发展养殖业等使用方式，这就拉开新一轮土地用途转变的序幕。三台山乡近五年来主要作物的种植面积变化趋势显示，水稻、甘蔗、茶叶等传统作物的种植面积都有下降的趋势，而坚果的种植面积异军突起不断上升，形成了此消彼长的势态。近几年出冬瓜村村民开始尝试种植香蕉、菠萝、西番莲、火龙果等新兴的经济作物（见表2、图1）。

表2　　　　　　三台乡主要农作物种植面积及产量

作物	2012年 面积（亩）	2012年 产量（吨）	2013年 面积（亩）	2013年 产量（吨）	2014年 面积（亩）	2014年 产量（吨）	2015年 面积（亩）	2015年 产量（吨）	2016年 面积（亩）	2016年 产量（吨）
水稻	3850	1440	3100	1153	2500	950	2510	955	2323	1001
甘蔗	21211	71301	16418	67686	15190	69541	13713	73292	11779	55406.9
坚果	20223	12	28548	60	29580	79	30600	85.3	32351	102.5
茶叶	7271	450	7271	412	7271	451	6517	450	6517	400
咖啡	11456	266.6	11131	703.8	11153	949.2	11053	1022	10062	767
香蕉	312	440	328	396.8	607	103.7	486	94.6	501	58

从近年来三台山乡土地利用方式的转变来看，大致有以下三方面的特点：一是水田与旱地面积此消彼长；二是经济作物与农作物争地；三是轮耕土地在减少。

甘蔗种植面临的问题主要在于：首先，甘蔗种植周期为一年，

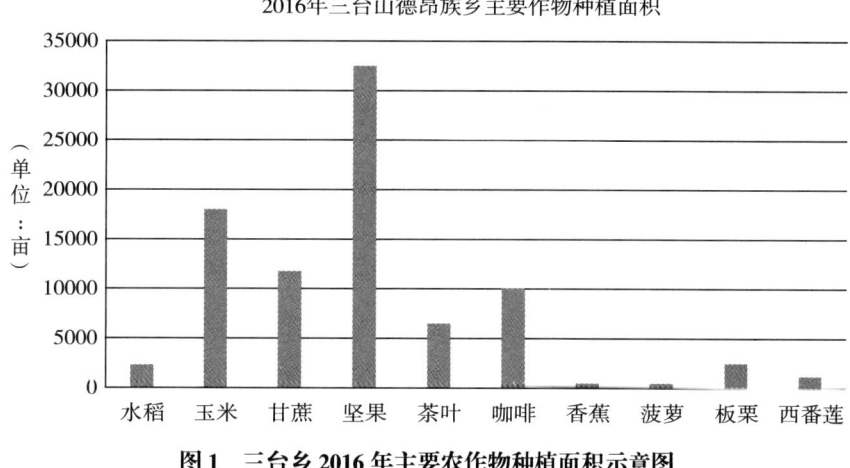

图1 三台乡2016年主要农作物种植面积示意图

相对其他一年多熟的经济作物,甘蔗的比较经济效益不高;其次,甘蔗收获时劳动强度大,要在糖厂规定的时间内完成采收,需要大量人工劳动力,而且是青壮年劳力。近年来随着劳动力成本上升,请工难成为普遍的问题。尽管来自缅甸的季节性劳工有效地弥补了本地劳动力的不足,但是随着近年来缅甸劳工更多流向芒市服务业,高体力低成本的劳工面临短缺。这正在成为影响村民甘蔗种植意愿非常重要的因素。

在三台山,与甘蔗争地的主要经济作物是澳洲坚果。受到山区地形影响,30度坡地1500米海拔以上不能种植甘蔗,需要退耕还林。而坚果的种植不受此条件的影响,可以在山区广泛种植。按照三台山乡政府的规划,到2018年要使坚果成为全乡的支柱产业之一。[①] 从村民目前的反馈来看,坚果一旦挂果,经济效益要比甘蔗好,生果2017年的收购价格是3元一公斤。三台山第一批栽种澳洲坚果的德昂族村民,已经开始有经济收益。但目前看来,三台山发展坚果还存在一些具体的问题:第一,目前的坚果种植尚未形成规

---

① 三台山乡政府提供,"2017年政府工作报告——在三台山德昂族乡第十五届人民代表大会第一次会议上的讲话(2017年1月4日)"。

模效应，经济收益仍不是很突出。例如，出冬瓜村基本还是零星种植，多数人还在观望过程中。第二，坚果的高产依靠精细的管理，对水和肥料的要求很高，因为投入不够，一般都是六七年才挂果，培育周期相对较长。第三，相比甘蔗，坚果将是完全市场化，村民将面临更大的市场风险，对市场风险的承受力要求更高。第四，市场不稳定的一个重要原因就是产销尚未形成稳定的链条。目前，整个三台山乡只有两家小型的初加工企业，还未像甘蔗一样形成大的龙头企业。坚果之外，近年来也有村民开始尝试种菠萝。2017年出冬瓜村卢姐萨村民小组依靠接近坝区海拔较低的地理区位优势，56户村民有30多户种植菠萝。目前来看，菠萝经济效益比甘蔗好，种下之后3年可结果，管理得好可以收4—5年。在陇川县，与甘蔗争地的主要是草烟和近几年开始的蚕桑树种植。

坝区的"作物竞争"比山区更为激烈。传统上水田主要用于种植水稻，随着"坝甜山香"农业产业结构调整，水田种蔗成为德宏州甘蔗种植史上的一大突破。尽管水田种蔗的产量要比山地高，但比较经济效益不突出，坝区土地肥沃、平整，便于改良和用途转型。例如，近年来坝区种植甜脆玉米一年可以两熟，西瓜、菠萝、砂糖橘等市场销路大的热带水果，其生产周期也都比甘蔗短，经济效益更佳。近几年新兴的石斛养殖，经济效益也要胜过甘蔗。坝区的土地用途转变要比山区迅速得多，在日益激烈的"作物竞争"中，甘蔗的优势地位也在面临新的挑战。

（四）区域民族关系的立体格局

田汝康先生早在20世纪40年代写作《芒市边民的摆》的时候，滇缅公路修通带给傣族社会的悄然变化已经引起田先生的高度重视。随着滇缅公路的开通，德宏与外部世界的联系空前活跃，谷米的运输销售范围扩大，价格上涨，使得傣族开始重新思考土地的价值，官府受理的土地买卖案件越来越多，村民开始根据市场的需求来规划他们的种植，不局限于把土地完全用于粮食作物种植开始尝试市场畅销的经济作物。田先生注意到官府成立了商业贷款公司，官府的统治重点已经从政治统治转向经济控制，一个建立在经济地位基础之上的新社会阶层正在形成之中。①

田汝康先生的研究表明，傣族居住在坝区享受交通便利的优势，他们最先对现代世界体系做出反应，并迅速地开始社会转型。他们的生计方式不再局限于稻米种植，而是开始出现职业的多元化，商业化要素越来越成为社会内部发展的动力，土地的价值被重新重视，根据市场需求来规划土地使用。这个趋势在今天的"作物竞争"中依然明显。傣族依然是这个区域中土地用途转变最快的民族。总体上看，坝区的土地用途转型要比山区迅速得多。当坝区的土地被转型种植经济效益更高的作物时，山区就要相应地接受坝区的转移作物。所以，与"作物竞争"相伴随的还有"作物转移"。正如当地糖厂的一位负责人曾调侃地说，"山地民族才是我们最忠诚的朋友"。坝区的土地被转型种植经济效益更好的作物之后，山区又将成为甘蔗种植的大后方。从目前趋势来看，越落后的山区越依靠甘蔗种植，越靠近坝区的地方选择越多样，可以越不依赖甘蔗。

相比坝区的傣族，德昂族、景颇族等山地民族今天的生计选择，一方面仍旧受到历史上居住格局、生态占位的一定限制；另一方面生计方式的差异主要体现在种植作物的选择差异上，选择种植什么样的作物其实更多地取决于该民族在市场上的地位以及应对市场风险的能力。德昂族和景颇族历史上并非没有参与市场的能力。景颇族从18世纪就因马帮贸易卷入到东南亚和南亚的贸易网络中，德昂族作为"古老的茶农"，曾经深度地依赖于茶叶贸易营生。他们参与的贸易和交换是当时横跨中缅印区域性贸易体系的一部分，这个依靠马帮运输的贸易体系随着近代以来铁路、航路的开通而趋于衰落。这些曾经广泛参与区域性贸易体系的民族在近代以来成为垦山而殖的山地民族，被固定在耕地上。

---

① 田汝康：《滇缅边地摆夷的宗教仪式》，傅德华编，复旦大学出版社2015年版，第110—117页。

在大规模的甘蔗种植中，他们重新被卷入现代全球化体系中，成为提供制糖原料的蔗农，而不再参与贸易。甘蔗作为国家重要的"扶贫作物"，市场风险较小，因而成为山地民族最稳妥的生计选择。

在不同民族的生计选择及其变迁中，我们也可以观察到山区与坝区结构性关系的变化：一方面是山区与坝区的差异被强化，这在"坝甜山香"的产业布局以及当下作物竞争、作物转移中表现得最为明显；另一方面，山与坝的差异也在不断被抹平。过去山坝的差异，不只体现在种植作物的差异上，更重要的是，两套土地耕作方式的差异，即坝区的稻作灌溉农业与山区的旱地轮作制是并存的。这两种土地利用方式与特定的生态系统相关联，奠基于长期积累下来的本土生态知识和实践。然而，随着20世纪50年代以来"固定耕地"运动的开展，在坝区土地利用方式的主导下，山区的旱地轮作制被作为一种粗犷低效的土地利用方式加以改造，伴随着甘蔗的大规模种植而最终退出历史舞台。甘蔗的大规模种植打破了山与坝的区分，成为抹平山区与坝区差异的"平等作物"。在今天日益激烈的"作物竞争""作物转移"以及土地集约化利用的趋势下，随着地膜覆盖等新兴农业技术的推广和应用，山区与坝区的差异会不断被人为的努力所打破。

综观德昂族生计方式的变迁，客观上受到其所在生态位的影响，处在季风气候边缘相对干旱的地带，长期以来这一地带采用的耕作方式是"草地通垭"，谷物种植的收成不高而更适合栽培经济作物。从种植茶叶到半山区的旱地轮作，都是嵌入在区域民族关系中的生计选择；到了1950年固定耕地、改种水田，再到1980年以后甘蔗的大规模种植，国家的力量引导着生计方式的变迁；在当下市场因素诱导着新一轮的土地用途转变和比较经济效益更高的作物相互竞争。山区和坝区都在各自寻找更适合自身资源禀赋的发展之道，山与坝的差异在强化的同时也会被不断地抹平。

三 传统草原牧区乡村振兴面临的问题及挑战

(一) 关于牧区的田野调研

本章作者自2008年起在内蒙古、新疆等地牧区进行长期田野和跟踪调研。2018—2022年,在脱贫攻坚和乡村振兴紧密衔接的这个时期,课题组先后5次赴内蒙古锡林郭勒盟、阿拉善盟进行入户调研,了解牧区人口流动和就业情况、畜牧业发展的状况、牧区未来发展方向及困境。在本次报告中,主要选取苏尼特右旗作为分析案例,展现传统草原牧区乡面临的现实状况及挑战,并提出相应的对策建议。

2018—2022年作者对苏尼特右旗S苏木C嘎查[①]进行了跟踪调研,对牧区从事畜牧业生产和外出务工、陪读或创业的牧民进行了深入访谈和追踪调研。为了解嘎查的整体情况及历史纵向变化,作者对20世纪80年代以来的4任嘎查达[②]进行了深入访谈,并依据整体情况选择不同类型及数量的牧户。为了解牧户的家庭决策及生活状况,作者对常住牧区从事畜牧业生产的22户各年龄段的牧户家庭,以及常住城镇的7户牧民(涉及的行业包括奶食店、司机、洗车行、理发店、餐饮等),每户进行了1.5—3小时的访谈。访谈重点关注的问题包括:村庄(嘎查)内部近30年来的人口变动及分化;不同牧民群体的家庭决策与影响因素;分化后的牧民家庭与牧区土地的关系,以及畜牧业的发展情况等。

苏尼特右旗位于内蒙古锡林郭勒盟(以下简称锡盟)的西部,北部与蒙古国接壤,地势南高北低,海拔在900—1700米之间。苏尼特右旗深居内蒙古中北部高原,远离海洋,属中温带半干旱大陆

[①] "苏木""嘎查"为蒙古语,分别等同于农区的"乡""村"。
[②] "嘎查达"为蒙古语,等同于农区的"村长"。

性气候，气候干旱且变化剧烈，年降水量170—190毫米，且降水主要集中在7—8月，蒸发量达2700毫米左右，境内无天然河流，仅有季节性河流。苏尼特右旗草原面积占总面积的95%，基本为荒漠化干草原，植被稀疏但质量高，是著名苏尼特羊和苏尼特双峰驼产区[①]。苏尼特右旗曾是国家级贫困旗，2019年脱贫摘帽，全旗有汉、蒙、回、满、达斡尔等11个民族。2021年末全旗户籍总人口为65529人，其中汉族和蒙古族分别占人口总数的62.2%和36.6%，总人口中乡村人口占比47.5%[②]。

(二) 草原地区的"三牧"问题现状

牧区社会经济状况发生的剧烈变化同样开始于20世纪80年代，包括牧区人口的流动、草原畜牧业的发展以及牧区土地利用方式等主要方面，但与农区又有着显著的差异，本节侧重农区和牧区的差异将牧区社会经济变化的现实背景总结为以下几个方面：

从人口流动的驱动力来看，与农区主要"以家庭经济收入提高或进城为主要目标的人口流动"不同，牧区人口流动的驱动力主要来自于生态政策、教育以及医疗养老。20世纪90年代末开始，草原生态环境恶化问题凸显，进入2000年之后国家生态治理工程大力推进，内蒙古、新疆、西藏、青海等主要牧区都将生态严重退化地区的牧民大批迁出并定居在城镇周边或者自然条件相对较好的区域[③④⑤]，生态移民的总数没有一个确切的数字，但是从众多实际案

[①] 《苏尼特右旗志》，内蒙古文化出版社2002年版，第94页。

[②] 苏尼特右旗人民政府网站，网址：http://www.sntyq.gov.cn/zwgk/zfxxgk/zfbmxxgk/zfznbm/tjj/fdzdgkm/tjxx/tjgb/202204/t20220419_2842058.html，下载时间：2022年10月13日。

[③] 盖志毅、宋维明、陈建成：《草原牧区生态移民及其对策》，《北京林业大学学报》（社会科学版）2005年第3期。

[④] 张丽君、王菲：《中国西部牧区生态移民后续发展对策探析》，《中央民族大学学报》（哲学社会科学版）2011年第4期。

[⑤] 张丽君：《中国牧区生态移民可持续发展实践及对策研究》，《民族研究》2013年第1期。

例地的研究中不难看出，以生态保护为目标的生态移民成为2000年前后牧区人口流向城镇的重要乃至主要驱动力。此外，受"合乡并镇，撤点并校"以及牧区家庭对教育逐渐重视的影响，城镇学校距离牧区遥远，因此普遍产生了以学生为核心及家人陪读的人口进城现象[1][2][3]，增加了牧区人口的向外流动。另外一个离开牧区的主要群体是无牧业劳动能力的老年人，他们进城的主要目的是享受更加便利的医疗条件[4][5]。

从外出务工人员与牧区的关系来看，与农区"离土、离乡"的情况不同，进城务工牧民依旧不能割舍牧区的生产生活是一个普遍现象。进城务工的牧民在饮食习惯、工作强度、文化习俗等方面存在较为普遍的不适应，返乡比例高，牧区生活更能够给他们安全感、归属感[6]。因此，牧区的外出人口一般都与牧区保持着紧密的联系。虽然在2000年之后，受到频发的自然灾害、有限的草场面积、稳定增长的现金需求等多方面因素的叠加影响，外出务工人员数量进入加速阶段，但是外出务工并未形成整体稳定的人口外流趋势，畜牧业和外出务工两者之间待机切换是牧民的重要策略。在本章跟踪调研的苏尼特右旗S苏木C嘎查，调研样本的22户常住牧区的牧户中，有9户有过外出打工的经历，其中有3户目前仍保持着在牧业

---

[1] 杜文勇、梁琳、任小青：《内蒙古农牧区义务教育的发展及问题和对策》，《内蒙古师范大学学报》（教育科学版）2011年第2期。

[2] 魏霞：《内蒙古农牧区中小学撤点并校后的陪读家庭问题研究》，《满族研究》2018年第2期。

[3] 仁青扎西、达娃：《西藏偏远地区"撤点并校"个案调查研究——以西藏那曲县A教学点为例》，《西藏大学学报》（社会科学版）2017年第3期。

[4] 贺卫光、韩朔：《民族地区社会变迁中养老问题调查研究——以肃南县大河乡定居牧民老年群体为例》，《西北民族大学学报（哲学社会科学版）》2013年第6期。

[5] 刘贺贺、祁晓慧、乔光华：《家庭视角下牧区城乡流动的异质性分析——来自内蒙古阿巴嘎旗的田野调查》，《北方民族大学学报》2020年第1期。

[6] 伊丽娜：《城镇化进程中的牧民群体及其有序返乡——内蒙古东部N嘎查的实地研究》，《北方民族大学学报》2022年第1期。

不忙的时间外出打工的习惯。而在 7 户常住城镇的牧户中，有 2 户保存着畜群等待时机回去放牧，其余 5 户在牧区饲养着少量食肉羊由家人照看。调研可知，常住牧区的牧民通常在灾害年份或者亟须现金收入的时候外出打工，能够在牧业繁忙季节（如接羔、出栏、备草料）及时赶回，是他们选择工作的重要标准。他们所从事的职业包括开车、保安、服务员、工地零工、剪羊毛、接羔子、装卸工等，都是一些临时性的体力工作，而主要目的则是能够维持现金流，不至于在缺乏现金的时候大量处理牲畜，以此保持牲畜规模。

从草原畜牧业发展来看，不同于农区"耕地大量闲置"，牧区的草场依旧保持了高强度使用率。虽然从 2000 年之后国家出台了一系列的草原生态政策与生态治理工程，尤其是 2011 年开始了覆盖面最广、投资力度最大的生态奖补政策，但是草原依旧难以实现"草畜平衡"，生态奖补政策对牲畜数量起到了一定抑制作用，但超载现象普遍存在[1][2][3]，2019 年全国重点天然草原平均牲畜超载率仍然为 10.1%[4]。以课题组所追踪调研的苏尼特右旗为例，在第二轮草原生态奖补期间，全旗 89.09% 的草原为草畜平衡区，需严格实施载畜量控制。依据锡林郭勒盟生态委《关于苏尼特右旗 2016—2020 年天然草地冷暖季适宜载畜量核定标准批复的函》，苏尼特右旗天然草地暖季适宜载畜量为 111.72 万只，但实际载畜量一直高于该标准。比如 2016 年超载率高达 31.91%；2018 年当地遭遇了严重干旱，因此牲畜数量大幅减少，但是依旧超过适宜载畜量（如图 2 所示）。

---

[1] 冯晓龙、刘明月、仇焕广：《草原生态补奖政策能抑制牧户超载过牧行为吗？——基于社会资本调节效应的分析》，《中国人口·资源与环境》2019 年第 7 期。

[2] 丁文强、侯向阳、尹燕亭、李西良、王多斌：《草原补奖政策下牧户是否超载？谁在超载及影响因素——以内蒙古为例》，《草地学报》2020 年第 1 期。

[3] 胡振通、柳荻、靳乐山：《草原超载过牧的牧户异质性研究》，《中国农业大学学报》2017 年第 6 期。

[4] 国家林草局网站，《"十三五"时期全国草原发展情况报告》，网址：https://view.inews.qq.com/a/20210719A0ENWY00，下载时间：2022 年 10 月 17 日。

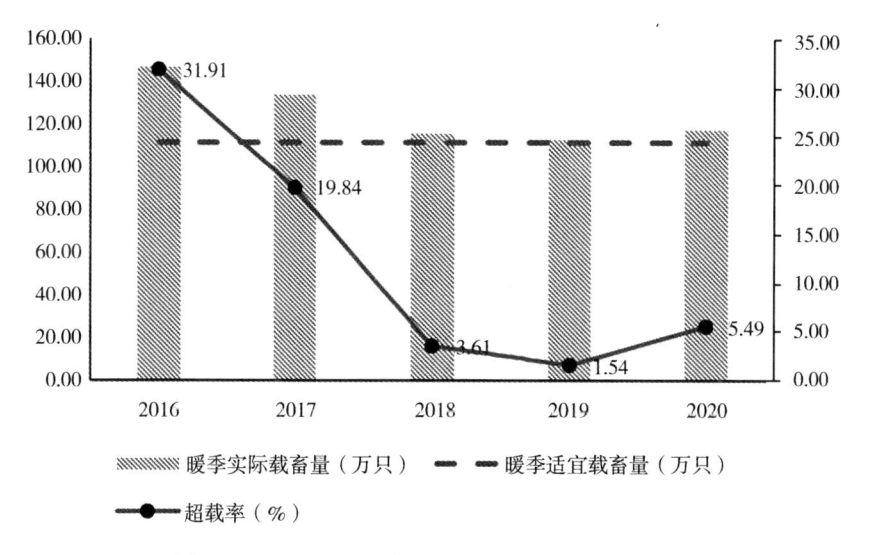

**图 2　2016—2020 年苏尼特右旗暖季实际载畜量、
适宜载畜量及超载率示意图**①

不同于农区打工收入是主要收入来源、农业收入微乎其微，依赖草原的畜牧业生产是牧民这一群体的重要收入来源，甚至可以说至今仍是大部分牧户家庭的支柱性来源，并且承担着改善牧区家庭生活水平、积累家庭资产的重要角色，甚至还支撑着部分家庭人口的城镇消费。以 S 苏木 C 嘎查为例，在 22 户常住牧区的家庭中，户均人口数量 3.4 人，草场面积为 4870 亩，过冬牲畜户均 197 只②。按照正常年份③，一只羊的生产成本不高于 50% 左右，出售价格均

---

① 本图数据来源于 2016—2020 年苏尼特右旗国民经济和社会发展统计公报，其中 1 大畜约等于 5 个羊单位。数据处理过程中，由于上述公报中无暖季存栏量数据，本章根据用"年末牲畜数量+出栏量＊0.5"作为暖季存栏量的计算公式，出栏量＊0.5 是因为出栏牲畜以当年羊羔为主，按照锡林郭勒盟的核算标准，牲畜当年幼仔折合 0.5 个成年畜。这里需要强调，暖季载畜量以此公式计算的结果是低于实际数值的，因为出栏牲畜中成年羊、大畜依旧有少量比例。但是低估该数值并不影响本章分析可信度和逻辑。

② 牲畜数量换算为羊单位，1 牛 = 5 羊、1 马 = 5 羊。

③ 这里的正常年份指的是无严重自然灾害，饲喂时间在 4 个月以内，生产成本主要为购买饲草料、租用草场、水电费、防疫费等。

价 1000 元①，那么户均的畜牧业的年均纯收入为 98500 元，此外草场生态奖补户均为 14610 元。对比全国农村的数据来看，相比于农业人口"2021 年农村居民人均可支配收入达到 18931 元"②，畜牧业收入还是非常可观的。正如一些牧户所说，"相比于打工，如果牧区不遭受灾害，收入还是更好且自由"。对留守牧区和外出务工人员的访谈中，有一个问题是"更喜欢牧区还是到大城市"，除了一些年迈的牧民，其他的回答都是喜欢留在牧区。原因有如下几个："牧区的收入还是好呀；牧区出去的人去大城市也不习惯，去了南方语言也不通；牧区安静不像城市那么挤；现在都有网络了，牧区和外面也差不多（网购的儿童玩具、女士护肤品等都非常普遍，教育方面蒙古族的幼儿园、小学是更优质的资源）；感觉牧区以后会发展得更好。"

在人口流动、自然灾害、市场波动的共同作用下，草场在牧户之间不断进行流转与调整，需要注意的是，草场的流转基本是以个体牧户为主导，基于牧户合作的草场整合几乎没有，而这就导致了以降低生产成本、抗灾为主要目标的草场流转与整合加剧了"生计"与"生态"的矛盾，这一点在灾害的情况中体现得淋漓尽致。虽然目前牧区购买饲草料已经十分普遍，但是天然草场依旧是畜牧业低成本发展的优势，能够获得相对稳定、大面积的草场资源，是降低畜牧业生产成本、应对自然灾害的必要条件。我们将 S 苏木 C 嘎查的 22 户常住牧户的草场使用情况进行了调查，这些牧户的户均草场承包面积是 4870 亩，但是实际利用草场的面积是户均 8838 亩。有 16 户牧民租用了其他牧户的草场，出租草场来源于已经搬离牧区的同嘎查牧户，或者是嘎查内部的集体草场，有的牧户甚至整合了周边 3—4 家的草场。2018 年、2022 年，锡林郭勒盟中西部都遭遇了

---

① 牲畜价格浮动较大，本章为保证结论的可靠性，选取了近五年牲畜价格较低的年份。

② http：//www.gov.cn/xinwen/2022-01/20/content_ 5669553. htm.

严重的旱灾，有效降水时间推迟到了7月中下旬，"牲畜走场"成为一项重要的应对灾害的策略，具体表现为：当自家草场上的牧草被牲畜啃食所剩无几的情况下，牧民需要租用其他草场为牲畜补充新鲜牧草，避免牲畜的损失。以2018年夏季旱灾为例，课题组所访谈的34户受灾牧户中，有17户租用了草场，而其他牧民则是找不到可用草场或者因价格太高无法租用。能够租到草场的牧户，为了尽可能降低生产成本，多数选择最大限度降低成本，又在租用草场造成了极强的放牧压力①。可见，牧区现阶段的土地"整合"面临着巨大生态风险，需要给予高度重视。

畜牧业生产是一项对劳动力要求很大的工作，日常放牧、补喂饲草料、清理棚圈以及转场②等既需要体力，也需要经验，但是牧区的劳动力人口结构面临老龄化问题，年轻一代劳动力长期脱离畜牧业生产实践，造成牧区的后备劳动力断层。据调研，鉴于畜牧业生产的要求，常住牧区的牧户都是具备劳动能力的牧户，但是以45—65岁年龄段的牧户为主。S苏木C嘎查的现任嘎查达统计，目前全嘎查80户常住放牧户中，50岁以上的占到70%以上，30—40岁的牧户15户（比例约为19%），1990年以后出生的牧户仅1—2户。虽然牧区的人口，尤其是依赖天然草场生产生活的人口并不少，并且由于草原的地处偏远、生产风险大、劳动强度高等因素，本地人口从文化习惯、语言等方面具有从事畜牧业的比较优势，但是年轻一代（1990年之后出生的人）对畜牧业生产的脱节，仍然是一个不可忽视的问题。年轻一代未能留在牧区的主要原因有以下几个：父母仍然身体健康在牧区放牧，年轻人可以到城里找一份临时工作增加收入，等到父母进城养老再回来继承畜牧业；有更大年纪的兄弟

---

① 范明明：《牧民对旱灾的适应策略及其政策启示——基于内蒙古锡林郭勒盟的案例研究》，《北方民族大学学报》（哲学社会科学版）2021年第5期。

② 转场，是牧民对将牲畜转移到不同草场的一种说法，通常发生在不同季节或者灾害时期。

姐妹在牧区从事牧业，草场不足以支撑其他家庭使用，年纪小的家庭成员到城镇谋生；接受高等教育之后，考取公务员或者事业编制的资格，或者能够找到其他相对满意的工作，能够在城市稳定生活。从长期来看，牧区人口会随着现今牧民的逐渐"退休"，"90后"和"00后"的年轻人进城务工和生活而出现一定的断层，如何吸引热爱牧区、懂牧业的年轻人回到草原，依旧是一个值得重视的问题。

（三）传统草原牧区乡村振兴的挑战与路径选择

1. 牧区振兴面临的主要问题

一是从外出务工人口方面，人口虽有向外流动的趋势，但是与牧区的联系依旧紧密，牧业和牧区依旧是进城牧民的重要经济保障和精神寄托，如何在维持这部分人与牧区联系的同时，减少他们对天然草场的经济依赖是需要解决的问题。

二是在畜牧业生产方面，"产业兴旺"与"生态宜居"之间的矛盾依然十分突出，牧区人口虽然逐渐减少，基本等同于20世纪80年代的人口规模，但是家庭消费水平却急剧提高，家庭消费和资产积累等均依赖于天然草场的产出，草场生态状况堪忧，长期来看畜牧业的发展将会面临"生态天花板"的严峻挑战。

三是在畜牧业风险方面，存在自然灾害和市场不确定性所可能引发的返贫风险，受气候变化影响，牧区的自然灾害也在近些年有所增加，而自然灾害往往叠加市场波动，对牧民的家庭收入产生显著影响。

四是牧民对草原的经济及精神依赖，本地牧民将会是草原地区土地的主要利用、管理和保护者，因此加强基层牧民的组织管理水平、市场应对能力非常重要，而目前基层组织的作用处于真空状态，亟待提高。

2. 牧区振兴面临的路径思考

综合上述牧区乡村振兴所面临的挑战，我们认为牧区实施乡村振兴战略十分重要，可从以下四个方面探索牧区乡村振兴的有效路径：

一是围绕草原畜牧业的畜产品、文化、景观进行深度开发，拓展草原畜牧业的文化内涵和经济价值，让不愿意离开草原、不需要直接从事畜牧业生产环节的牧民能够在其他领域获得就业途径。

二是对从事畜牧业生产的牧民，以牧民为主体开展试点探索合理载畜量的测定与实践，着重增强牧户之间生产领域的合作，扩大草场的利用规模，突破个体经营和区域生态破坏之间的困境。此试点需要政府给予资金、制度、技术、人员的支持。

三是科研层面深入研究区域气候变化的特点和趋势，为牧民选择符合牧区生产实际的应对策略提供基础保障和技术支撑，探索类似牲畜气候保险、牲畜储备银行等政策工具减少灾害损失。

四是提升基层牧民自组织水平，鼓励牧民在草场整合方面的探索与实践，鼓励牧民参与到草场管理、利用与保护的其他政府决策中。

四　中华民族共同体的共生性
——基于藏彝走廊汉藏交往的探讨

共生（Symbiosis）原是生物学概念，由德国生物学家德贝里（Anton·de Bary）于1879年首次提出，指不同物种相互接触、共同生活而形成的系统。[①] 共生的核心是共存和共赢，其本质是关于系统内共生单元之间以及共生单元与环境之间关系的方法论。[②] 纵观历史，我国各民族在长期的交往和交流中已经形成了强大的内生性生存智慧和丰富的实用性交往策略，这源自各民族在竞争—冲突与合作—互惠

---

① ［美］马古利斯：《生物共生的行星——进化的新景观》，易凡译，上海世纪出版集团2009年版，第1页。

② 袁年兴：《民族共生理论的构建——基于社会生物学的学术共鸣》，《岭南学刊》2009年第5期。

之间不断博弈，在自然生态、政治经济、社会生活、文化观念等方面逐渐凝聚成复合性共生体系。因而，本案例主要从共生视角来探究中华民族共同体的形成。费孝通先生指出，中华民族作为一个自觉的民族实体，是近百年来中国和西方列强对抗中出现的，但作为一个自在的民族实体则是几千年的历史过程所形成的。[①] 也就是说，作为自觉实体的中华民族的形成与近代民族国家构建过程中的政治身份确认有着密不可分的关联，然而这个建构过程必须以作为自在的民族实体为基础。而共生能够充分解释这个自在实体在长期历史中的形成机制。我们以藏彝走廊地带巴塘县的汉藏交往为例，从共生视角切入，从生态、经济、政治、社会、文化等复合性维度来理解中华民族"自在实体"的合理性，基于此更清晰地理解从"自在"到"自觉"的转变。

（一）共生的前提：多重边界的跨越

巴塘县处于青藏高原南缘，金沙江中游东岸，川、滇、藏接合部。从地理环境来看，巴塘地处横断山脉北端、金沙江东岸河谷地带，区域海拔落差大，垂直分异特征明显，高山河谷错落有致。巴塘城区海拔较低，开阔的平坝适于农耕，而四周海拔逐渐升高，从山地农业逐渐过渡到高山牧场。多样化的生态单元为不同民族提供了各自赖以生存的生计方式，为形成立体多元的经济共生形态提供了重要的基础。同时，这种立体性并不是静态和封闭状态，不仅在区域内的河谷、坝区、山地、牧场之间存在着纵向的交换关系，在跨区域的横向尺度上，也存在着频繁的往来。值得注意的是，这种所谓的横向跨越也因地理梯度的起伏而呈现出宏观层面的立体性，且往往与区域内的政治流变有莫大关联。

巴塘县的行政设置也历经流变。早在战国以前巴塘地区就有人类居住，周曰戎，秦称西羌，汉系白狼，唐属吐蕃，宋末归附元朝。明隆庆二年至崇祯十二年（1568—1639），被云南丽江纳西木氏土司

---

① 费孝通：《中华民族的多元一体格局》，费孝通主编：《中华民族多元一体格局》（修订版），中央民族大学出版社2003年版，第3页。

接管。明末清初被青海蒙古族和硕特部控制，清康熙三年（1664）又归西藏达赖喇嘛管理。康熙五十八年（1719），蒙古准噶尔部入侵西藏，清廷派军前往平乱，途经巴塘时，将达赖喇嘛派驻巴塘的土官招降，设土司，自此，清廷正式管辖巴塘。雍正四年（1726），清廷以宁静山为界，划清西藏、四川、云南界线，巴塘被划入四川。之后，为图西藏安定，清廷快速打通作为官商大道的川藏南线，雍正六年（1728），在巴塘设置粮台、粮务委员、委派流官。① 正是活跃的政治流变过程给巴塘带来了多元的民族和文化。云南丽江木氏土司管理巴塘期间曾将大量纳西族迁入，垦田种植，推动巴塘的农耕技术进步。蒙古和硕特部接管巴塘，带来了蒙古族。西藏达赖喇嘛管理巴塘后，派来西藏土官及大量藏族属民，加强了巴塘与西藏的联系。而清廷接管巴塘后，在军事、屯垦、贸易、文化等方面大力经营，为汉族、回族等群体进入巴塘打开了格局。

巴塘的汉藏交往也是基于上述自然和政治因素而展开的。清廷在康熙五十八年会陕、川、滇三军前往西藏平息准格尔叛乱，岳钟琪部途经巴塘，当时随军的汉族、回族商队有的留居巴塘。之后，随着清廷不断地加强对西藏的控制，经营川藏大道南路，巴塘的交通和军事地位愈加凸显，汉族向巴塘的流入就更加频繁。而巴塘海拔相对较低、地势平坦、气候温暖，也是重要的生态因素。根据巴塘方志及档案馆资料记载，雍正五年（1727），从陕、川、滇随驻防巴塘制营官兵来到巴塘的商贩、艺匠已达40余人。乾隆年间，定居于巴塘城区的外来户已有30多家。经过康、雍、乾、嘉数代对川藏南线的不断经营，在巴塘定居的汉族（含少量回族）就已经超过80家，历史上被称为"80家汉商"。② 清光绪三十一年（1905），"巴

---

① 四川省《巴塘县志》编纂委员会：《巴塘县志》，四川民族出版社1993年版。
② 资料查阅于巴塘县档案馆保存的《巴塘县城区八十家汉商的由来及其演变》，第23卷，1983年5月30日整理。实际上"八十家汉商"也包括少量的回族，但因为主要以汉族为主，当地人就形成了这一说法。

塘事件"① 爆发，赵尔丰部前往巴塘平息叛乱，借机在巴塘实行全面的改土归流，从内地招募大量的商人、垦户、工匠、士兵、文人等前往巴塘，在政治、经济、社会、文化等方面给巴塘带来了全面的变革，使汉藏关系在业已形成的多民族交互格局中凸显出来，成为巴塘族际关系的主线。

综上，自然环境的立体差异、政治行政的历史流变、民族群体的复杂往来，为巴塘积淀了自然社会文化方面的多元性和杂糅性，造就了藏、汉、彝、回、羌、纳西、蒙古等多民族共存共居的历史与现实格局。自然、行政、经济、文化等方面共同塑造了巴塘的多重边界，而对边界的跨越则构成了民族共生的前提。只有全面地呈现他们如何基于共同的时空展开日常生活层面的交流和互动，才能够真正厘清其中盘根错节的复杂关系，呈现出民族交往的明朗局面。

（二）共生的实践：社会生活的全面连接

当空间的跨越、生态位的并接完成后，外来汉族和当地藏族共处在巴塘这片土地上，基于各自的生计方式展开经济交换，并在长期的日常生活实践中形成社会生活的全面交织。

巴塘汉族的生计方式是多元的。有的商户从内地购入针线、茶叶、布匹、农具及其他生活用品，在巴塘销售，再收购虫草、贝母、菌子等地方特产转销到内地。也有从事泥瓦匠、木匠、铁匠、银匠、皮匠、裁缝、屠宰、餐饮、小食品加工等行业，他们就地取材，用自己的技艺进行加工，再售与当地人。随着他们与当地藏族的不断联姻，获得土地，也逐渐偏重于农耕，把内地汉族较为先进的农耕技术传入巴塘。早期巴塘作物限于荒根、萝卜、苦荞、青稞等很少几种，而汉族带来了更多的品种进行试种和推广。到清末，已广泛

---

① "巴塘事件"指光绪三十一年（1905）初，在巴塘发生的以寺庙和土司为主谋者的民间暴乱事件。巴塘土司和寺庙喇嘛聚众烧毁法国天主教堂，杀死两名传教士，并戕害清政府驻藏帮办大臣凤全及其随从百余人，随后四川提督马维骐、建昌道赵尔丰会同剿办。

种植葱、蒜、韭菜、芹菜、茄子、辣椒、莴苣、各种瓜、豆等，还引进了苹果、桃、李、杏、梨、葡萄、石榴、核桃等多种果树。民国时期，昔日的"80家汉商"其"商"的色彩已经逐渐变淡，他们从最初专门从事商业（含手工业）与当地人进行经济交换、互通有无，到后来在生计方式上与当地藏族逐渐靠拢、彼此嵌合，这表明汉藏双方在经济生活上的融合逐渐完成。

巴塘藏族在传统上等级分明，平民和贵族之间的联姻是禁止的。而初入巴塘的汉族由于经济社会地位的原因，不仅与地方贵族有身份上的等级区分，更有内外之分带来的隔阂，因而他们最初主要是与藏族平民联姻。随着他们的政治、经济和社会地位不断提升，也开始与当地贵族通婚，外来户男青年入赘并继承贵族家族财产的情况逐渐增多。

基于联姻的共同生活也使双方能够尊重彼此的节庆和仪式，礼尚往来愈加频繁。从节庆看，汉族传统的春节、元宵、清明、财神会、端午、中元、中秋、重阳、腊八等被带进巴塘，与当地藏族的传统节庆如藏历新年、各多节①、念大经②、聂洼鲁③、燃灯节、佛诞日、神山祭祀等共同存在，且其中的仪式环节和细微之处也都相互借鉴、彼此渗入，使巴塘城区的节庆仪式呈现杂糅状态。

经济交换和婚姻缔结是外来汉族在巴塘兴家立业、世代安居的基础，基于此形成的姻缘、血缘、业缘等关系又进一步促进着汉藏双方在日常生活上展开全面的交往，在饮食、风俗习惯、禁忌、语

---

① 各多节也叫各多法会、破九节，主要是抛送驱魔送祟的食子，伴以金刚神舞，在巴塘城区主寺康宁寺举行，是为驱魔、禳灾、辞旧迎新。

② 在巴塘，城区主寺康宁寺在每年快年终时都会举办一个全城性的大型法会，俗称"念大经"。这次法会是康宁寺为整个巴塘城区及周边地区的人们做一次总体的回向，以法会的形式为他们在一整年内对寺庙所做的供奉与布施表示感谢，也为六道轮回中的众生祈福。

③ 聂洼鲁是巴塘话，意思是全城的火供，一年一度在巴塘城区主寺康宁寺举行，标志着藏历新年完全结束，新的一年正式开始，为全城来年的兴旺"添火"。

言等方面都细微地显现出来。巴塘城区的饮食传统受汉族的影响颇深，从日常饮食的锅盔、饺子、包子、馒头，到制作工艺复杂的"猴子耳朵""金丝冒面""巴叉面"，再到果子、点心、月饼、花馍馍等，都做得非常精致灵巧，这都是汉族尤其是陕西人带到巴塘的。巴塘存在的风俗习惯和禁忌也都是汉藏融合的。现在巴塘人春节时家家户户都要贴对联，汉文和藏文都有，若老人去世，三年内不许贴红色对联，只能贴白色、黄色、绿色的哀思对联，而在历史早期区分藏族和汉族则只要看春节有没有贴对联即可。巴塘人的婚丧嫁娶也要兼顾藏、汉两套仪式，而繁多的日常禁忌更是不分彼此。此外，巴塘藏话中有大量汉语措辞，也是源自早期汉族移民，而汉姓和藏名的融合是平常事，因为城区绝大多数家庭往前数代都是汉藏结合，汉姓随着家谱记载和家族记忆延续下来，成为现在巴塘人所说的"带姓的"，诸如张扎西次仁等尤为常见。

(三) 共生的结果：持续性的文化交融与超越性的身份认同

正是赖于生活层面的具体交往和联结，抽象的文化交融才能够持续地推进，进而在情感和心理层面引发出一种"我者"的认知，达成对于身份认同的灵活性和超越性。

早期来巴塘的汉族多以经商为生，他们敬奉武财神关羽，组成"财神会"（又叫汉商公会）加强彼此的联络和团结。[①] 早期"财神会"主要服务于外来的汉族移民，其功能透视出当时的汉藏交往主要是商贸往来，其他层面的交往还很有限。乾隆十三年（1748），巴塘的汉族移民数量大增，"财神会"的原有规模已经不能满足需求。会员联络驻巴塘的绿营官兵，协同外来商户，共同筹措，计划修建关帝庙。[②] 这一时期给予关帝庙捐助的群体除了"财神会"会员外，

---

① 财神会的详细内容参考巴塘县档案馆保存的《巴塘县城区八十家汉商的由来及其演变》资料，第23卷，1983年5月30日。
② 巴塘县档案馆：《巴塘县城区八十家汉商的由来及其演变》，第2页。

还有陕西、四川、云南等地的众多商号①，粮务官员②，驻藏大臣，巴塘土守备、正副宣抚司及太太，巴塘主持喇嘛堪布、巴塘蜡卡活佛③，巴塘本地藏民、理塘茶客等。由此可知，外来汉族与当地藏族的关系已经比先前更为紧密，即使宗教空间的建立也得到了积极的支持。同治九年（1870），巴塘发生 7.25 级大地震，关帝庙与全城房屋毁于一旦。在重修关帝庙时，巴塘正副土司、各地头人、寺院喇嘛、当地藏民的支持力度更大。由于筹款顺利，施工迅速，仅仅 4 年，规模更为宏大的新庙就矗立起来，由关帝庙改为"川陕滇三省会馆"④。还将格萨尔王⑤作为护法神供奉其中，另供奉 21 尊度母画像，设煨桑炉、嘛呢杆。巴塘主寺康宁寺不仅在重修关帝庙时捐助钱物、派僧人出力，还在建成后派出两名扎巴常驻其中，供养护法神格萨尔王。⑥ 在三月城隍会游城隍时，还要邀请康宁寺的僧人前去念经、火供、丢朵玛，以超度亡灵。⑦ 当时汉藏通婚已经十分普遍，在早期，汉族或者汉藏结合的后代一般到关帝庙抽签算卦、卜问凶吉，而所谓"纯藏族"则去喇嘛寺打卦卜问。⑧ 然而随着双方的不断交织融合，这种区分已经很模糊了，两边都可以去，原本属于文化核心的公共宗教空间已经不再是一种"内向"状态，而是彼此展

---

① 《缘簿》上记录的商号有悦和号、永盛号、恒有号、正昇号、永升号、万有正记、万有号、万源号、大顺号、雅州府永昇张记、悦和盛记，等等。
② 包括巴塘、察木多（今昌都）、拉里（今西藏嘉黎）等地的粮务官员。
③ 巴塘蜡卡喇嘛是巴塘八大活佛的首席喇嘛，在当地僧俗中影响最大。
④ 巴塘县档案馆：《巴塘县城区八十家汉商的由来及其演变》，第 4 页。
⑤ 在巴塘地区有"蛮三国"或"藏三国"的流传，称关羽为藏族史诗中的格萨尔王，关平是格萨尔的弟弟，周仓是格萨尔的叔叔，这种汉藏对应的"附会"实际上解释出二者在文化与宗教上的一种相互融合。
⑥ 石硕、邹立波：《汉藏互动与文化交融：清代至民国时期巴塘关帝庙内涵之变迁》，《西南民族大学学报》2011 年第 6 期。
⑦ 巴塘县档案馆：《巴塘县城区八十家汉商的由来及其演变》，第 4 页。
⑧ 在访谈巴塘老街居住的格旺、田扎西等老人时，他们对于小时候到"三省会馆"吃"九大碗"、看大人抽签、阎王巡街等事情还有很深的记忆。

开、相互交叉。巴塘的外来汉族已经摆脱了那种"外部他者"的"陌生人"形象，成为当地社会中不可分割的组成部分，完成了由外而内的身份转型，融入当地社会文化逻辑之中。①

如何将不具备"天然凝聚力"的零散汉族移民和巴塘当地藏族整合为表征在"巴塘人"名称下的共同体，需要细化多层次的认同生成。首先是地域认同，外来者和本地人在同一空间相聚，经过日积月累的共同生活实践，逐渐达至一种共享的"地方感"②，进而形成一种地域认同，这种认同又会反过来强化人们在生活中的相互靠拢。其次是文化认同，在汉藏两个群体的共处和交流之中，他们在生活习俗、婚姻、祭祀、仪式、节庆、信仰等方面相互吸收与融合，形成一种复合性的文化特征，共享于这些群体之间，久而久之就成为其共同遵循的文化逻辑。最后对于外来汉族来说，还要处理家族认同（原乡的家族史记忆以及与巴塘藏族通婚后新的家族）、社区认同（以"80家汉商"为架构，在经济交换、婚姻缔结、生活互补等层面与当地藏族形成的地域性社区）。对于当地藏族而言，他们要处理的是如何将这些外来者纳入其地方社会，如果说汉族移民要实现"由外而内"的转变，那么他们则要完成"化生为熟"的过程。这是双方在长期共同生活中的一体两面，正是基于空间跨越、社会联结、文化融合这一整体过程而历史性地达成作为巴塘人的共同体意象。

这种动态的、灵活的相对认同，显现出文化的杂糅性与复合性如何体现在不同民族群体交往交流过程中对具体生活实践和自我身份界定的认知中，这是兼容他者的生存智慧和社会德行。而共同体的形成并不是为了消除差异，而是在一种文化复合性③的格局中智慧地将自我和他者关系进行结构化处理，让其形成一种相促相生的

---

① 翟淑平：《漂泊到融合——从巴塘关帝庙看汉藏互动下的身份认同》，《西南边疆民族研究》2018年第4期。

② 段义孚：《空间与地方：经验的视角》，中国人民大学出版社2017年版。

③ 王铭铭、舒瑜编：《文化复合性——西南地区的仪式、人物与交换》，北京联合出版公司2015年版，"导论"第9页。

"生生"局面。

五　从复合性共生体系理解中华民族共同体

透过对巴塘汉藏关系的历史追溯，外来汉族在巴塘"在地化"的过程，就是在与当地藏族交往交流而最终达至交融的过程。其中存在着层级递进的逻辑，首先要实现多重边界的穿越，包括空间的跨越、生态位的并接，才能在经济交换和婚姻缔结等基础上实现日常社会生活的全面连接，并经由历史的叠合和积淀实现文化的融合和认同的超越。而正是在这样不断深入的递进过程中，原本时空隔离的不同民族形成了多维度的复合性共生体系。从政治层面看，巴塘历史上存在着三位一体的政治格局，粮台粮务和巡抚衙门表征着中央政权的权威，土司和土官体系代表着地方政治力量，汉、藏各自的寺庙体系是其精神内核与力量支撑，让他们能够达成政治治理上的共识。从生态角度看，汉、藏原本呈现遥远隔离状态的生态位基于空间跨越实现了并接，在此基础上，汉族给巴塘带去商业、农耕、手工业等，促使双方在互补和往来中实现经济层面的共利。相应地，他们对于这片土地的共同依赖也使其在遵从自然、敬畏生命等方面不断达成深层观念上的统一性，形成在生态层面的共享。从社会生活层面看，经济交往、婚姻缔结、日常生活实践等使双方基于业缘、亲缘、地缘等关系形成稳定而持续的共处。从文化和身份认同层面看，正是赖于日常生活实践中的具体交往和联结，才能形成抽象层面的文化共融，进而在情感和心理层面消弭了"我—他"的边界，形成对于共同身份认同的共情。

共识、共利、共享、共处、共融、共情，是从具体到抽象、由浅至深的层级递进和多维叠加，最终形成复合性共生体系，彰显着民族交往交流的深度、广度在逐渐加深，最后达至交融状态，也揭示出中华民族共同体作为复合性共生体系的本质。

第二章　中华民族的历史发展与共同体意识的凝聚

摘要：中国是历史悠久的统一的多民族国家，中华民族是在长期的历史进程中不断得到凝聚和壮大的。统一多民族国家的形成和发展，成为中华民族不断凝聚在一起的重要条件和基础；中华民族共同体意识的凝聚发展，成为中国统一多民族国家不断巩固和发展的重要推动力；中国现代国家的探索和建设，进一步巩固和加强了中华民族共同体意识。

关键词：统一多民族国家；中华民族；共同体意识；现代国家建构

铸牢中华民族共同体意识，是习近平总书记在新时代民族发展条件下提出的重大原创性理论。中华民族共同体意识最终形成于近代，但中华民族共同体的凝聚，则是一个长期的历史过程。历史上国家政权的建立、不同政权之间的战和关系，以及"政治的统一和建立统一国家"的趋向，无疑是民族关系和民族演进史的重要部分，也是影响中华民族凝聚自觉的重要因素。关于中国统一多民族国家以及中华民族形成与发展的研究，近 30 年来一直是学术界的热点，出版和发表了一大批具有重要影响的成果。本章在先行研究的基础上，试图梳理和分析中国统一多民族国家的历史发展与中华民族共同体意识的凝聚自觉之间的关系，进一步理解中华民族"历史共同体的连续叙事"的内在逻辑,为铸牢中华民族共同体意识提供学术支持。

一 统一多民族国家的形成与发展

中国多民族国家的统一,不是自古以来就有的,但是,在今天,中国这一地理空间内,从有史以来,各民族逐渐统一于一个国家政权,这样的趋势却是可以从中国历史发展中明显观察到的。这样一种统一的趋势,不仅构成了统一多民族国家形成发展的基本过程,也是中华民族整体性的体现。

中国历史上国家的出现,虽然存在很多争议,但从考古资料可以断定,距今5000—4000年间,我国黄河中下游、长江中下游和其他地区,普遍出现了不少城邑。对这些城邑考古文化的研究表明,它们已经具备了国家形成的要素,即阶层和阶级的产生,以及强制性权力系统的出现。此时的中国大地,是"万邦林立"的局面。进入公元前2000年之后,中原地区先后形成夏商周等较大的政权,这些政权之共同特点,都吸收境内不同部族、邦国而成,具有较大的疆域,也形成了较为发达的文明中心。至少从有文字记载的商代开始,我们便可看到各王朝的国家机器已经较为复杂,而且形成了以王权为中心的权力结构。首先是对整合神权与主权的整合;其次是围绕王权统治,形成了一套辅佐性管理体系,包括总领军政的相,管理农业、畜牧业、手工业、军事、宗教各职能部门的机构,以及各级别下至直接管理百姓的官员;最后是形成王权君临诸侯,依地理或政治关系之远近划分服属、规定权利义务的政治整合传统。

尤其是自周初实行分封制以后,融合周(姬、姜族姓)与殷遗及东方旧族统治势力,楔入土著,致使"古代以族姓为集群条件的局面,遂因此改观,成为以诸侯相融合的新组合",诸侯之间又因为同姓祭祀与异姓婚姻的联系,逐步凝结为强烈的"自群"意识,以至"后世的华夏观念，当由周初族群结合而开其端倪"①。在此基础上，周朝统治疆域更为广阔，其文化的影响，则散点式推移至中原之外。而在权力结构上，无论是以王权为中心的制度化机构，还是对于地方诸侯的管理体制，都比商代更为细密，控制也更严格。②春秋战国以后，诸侯国成为政治运作的基本单位，但在文化礼仪上，由西周分封形成的文化网络反而大为发展，成为诸夏之间彼此认同的媒介。③ 这同"尊王攘夷"发展而来的"华夷"之辨，共同造成了此一时期华夏民族的进一步凝聚融合。

秦汉多民族国家的建立，是我国历史上的第一次大一统。秦并六国为一，乃是诸夏族群凝聚趋势的完成，至汉武帝北击匈奴、南平瓯越、通西域，在西南夷和东北设置郡县，统一格局进一步巩固扩大。秦汉之国家体制，是中央集权的郡县制度，随着这一体制向所有统治区域的推广，促成了书同文、车同轨、行同伦等文化上共同特征的形成。在思想意识上，与统一王朝相适应的"传之无穷""施之罔极"的大一统意识受到统治者推崇，被称为"天地之常经，古今之通谊"④。另一方面，秦汉统一国家，也通过一系列政策和制度，实现多民族国家的稳定治理，例如在郡县制框架之下，秦汉国家还设立了道、属国、都护等各级管理机构，管理边疆民族事务。又如，通过和亲、互市等手段，密切与周边民族政权的关系。秦汉国家的这些特征，形成了统一多民族国家构建和发展的基础，同时也是中华民族发展整体性趋势的重要组成部分。

自公元3世纪初，东汉王朝解体，群雄割据，魏蜀吴三国鼎足而立，到西晋方才形成短暂统一；此后，北方动乱，出现了主要由

---

① 许倬云：《西周史》，生活·读书·新知三联书店2012年版，第158页。
② 李学勤主编：《中国古代文明与国家形成研究》，中国社会科学出版社2007年版，第388—390页。
③ 颜世安：《春秋战国时代的"诸夏"融合与地域族群》，《民族研究》2020年第2期。
④ 《汉书》，中华书局点校本1962年版，第2523页。

少数民族建立的十六国,与南方东晋政权对峙;随后又演变为南朝和北朝的分立,北朝先后经历北魏、东魏、西魏、北齐、北周几个王朝,南朝则有宋、齐、梁、陈的更替。直到隋唐,才又开始了统一的进程。在将近500年的分裂混乱中,各民族发生大规模迁徙,民族之间的关系也错综复杂。在这一背景下,统一多民族国家发展的要素,在分立各国各政权及其相互关系中,都有所体现,具体包括:第一,各政权维护自身统治的合法性,都以"正统"自居,试图统一天下,而以少数民族为主的政权中,更是以攀附华夏为据正统之必要条件。第二,在战乱之中,保证封建经济的恢复与发展,亦是各政权维护自身稳定之基础。在北方,北魏孝文帝改革,加速了北方各族封建化和经济发展;在南方,大批汉族南迁,与南方各族共同开发,促进了江南经济的发展。第三,在南北各政权分立斗争、割据统治下,各民族间不仅有激烈的斗争,也有前所未有的交流融合,北方各族的"汉化""胡化"频见于史书,南方各土著融入汉族的规模也相当大。第四,在政权组织中,多民族治理的方式也在秦汉制度基础上有所增益,如北方各政权中央和地方体制上对各族的分而治之,北魏在郡县之外以军镇制度管理的不愿意随王室南迁之拓跋部众,还有北迁之其他族;南朝时期,刘宋之后,创立以酋帅为郡守令长"统辖以蛮户"的"左郡左县"制度。①

隋唐统一国家的建立,一方面建立在前期民族大融合的基础上,另一方面因为封建国家的空前强盛,在民族政策上采取一系列措施,促进了各民族的交往交流交融。伴随着统一进程的,是隋唐国家体制的逐渐稳定,至唐太宗时期,中央的三省六部、地方的州县制,皆在汉晋体制基础上,进一步加强了中央集权;又行科举之制,人才选拔渠道、方式,由朝廷完全把控。经济方面,大运河的修建,

---

① 其之所以呼为"左"郡县,是因"蛮"触其忌,以"左衽"之"左"指代其风习不同。参见周振鹤《中国地方行政制度史》,上海人民出版社2005年版,第368—369页。

南北经济联系进一步增强。作为统一多民族国家，隋唐王朝表现出巨大的包容性。唐太宗称"自古皆贵中华，贱夷狄，朕独爱之如一"①。唐贞观年间，唐太宗以突厥突利、颉利可汗部分治羁縻州府，……大凡府州八百五十六，号为羁縻云②。在唐代天下十道中，大部分都设有羁縻府州管辖少数民族。尽管唐廷对于羁縻府州及其部众，以"全其部落，以为捍蔽"，而又"不离其土俗"为大原则，依照不同的情况采取不同的治理方式，但从国家体制而言，其皆为唐朝天下声教所及之处。就基本政策而言，隋唐国家对周边各族，以德化、征伐参合用之，总体来说至唐中前期都保持了民族关系的稳定。隋唐统一多民族国家的强盛，以及各民族的发展交融，显示出中华民族整体性的进一步增强。

晚唐以后，地方藩镇形成割据之势；唐灭之后，更演变为五代十国的分裂局面。与此同时，契丹在东北地区强盛起来，以东北为根据地，实现了一定范围内的统一，此后北宋也基本统一华北和南方地区，大体与契丹所建辽朝形成南北对峙。金灭辽和北宋之后，又形成金和南宋的南北分立。在这一时期，还形成了西夏、大理、西辽等以少数民族为主的国家。大体而言，这些政权虽相互独立，彼此战争不断，但相对稳定的局部统一局面下，区域性经济文化发展，以及政权内各民族关系的增强，也为更大的统一打下了基础。此外，各政权多少都以汉唐体制为基本的国家体制，进而在文化上发展出一些共同性的特点和趋势，举其大者则有：一是"正统"意识，不仅两宋自居中华正统，辽、金、西夏等民族政权也以中国自道；二是儒学作为国家统治的基本意识形态在各政权内都受到重视。

公元 13 世纪初，蒙古入主中原，建立元朝，逐一平定各政权完成统一。元朝的统一，不仅是王朝在更大版图上的统一，也建构起

---

① 《资治通鉴》卷 198《唐纪十四》太宗贞观二十一年（647），中华书局点校本 1956 年版，第 6247 页。

② 《新唐书》卷 43《地理七》，中华书局点校本 1975 年版，第 1119—1120 页。

不同以往的华夷一体的统一多民族国家。明朝建立，形成了以汉族为主的统治区和北方蒙古各部的对峙，至明后期，满族在东北崛起，征服各族，又一次形成了全国性的大统一。

元明清时期，中央集权制度进一步得到加强。元朝中央体制大体承袭宋制，地方则以"行中书省"统驭之，行省制度不仅在元朝发挥了维护蒙古贵族统治的作用，还经明朝分权改造，成为巩固中央集权和大一统的有力工具，成为定制；① 此外，元朝还在全国广设驿站，通达边情、宣布号令，也为明清继承，成为大一统国家的重要基础设施。明清制度，除进一步完善中央地方各类官职，引人注目的是皇权的加强，自明太祖朱元璋废除宰相之后，至永乐时期设内阁，清朝雍正之后设军机处，其目的皆是协助皇帝处理军政大事，巩固皇权。在地方上，明朝以来在城乡推行里甲制度，设甲长、里长，有催征、互保之责，加强了对基层的控制。

这一时期，封建一统国家对各民族的统治和治理制度也更为严密有效。元朝在地方上将宣慰使司、招讨使、安抚使、宣抚使、长官司等"参用其土人为之"，称为土官，在西南民族地区实施因俗而治的管理。明代"踵元故事，大为恢拓"，土司制度"分别司郡州县，额以赋役，听我驱调，而法始备矣"②。清朝土司制度基本沿袭了明制，又根据统治情势的变化有所增减。土官土司制自元至清，其治理原则，虽可追溯至秦汉以来在民族地方实行的羁縻之制，但较之前朝，其系统性和制度化程度，都更为完备。清朝的地方行政体制，除"直省"外，还有"藩部"，其管辖范围明确为内扎萨克及喀尔喀蒙古、厄鲁特蒙古、"回部"，以及西藏等地。在清朝，这些地方被称为"外藩各部"或"藩部"③。"藩部"和"直省"，均为

---

① 张帆：《元朝行省的两个基本特征：读李治安〈行省制度研究〉》，《中国史研究》2002年第1期。
② 《明史》卷340《土司列传》，中华书局点校本1974年版，第7981页。
③ 包文汉：《清代"藩部"一词考释》，《清史研究》2000年第4期。

清朝统一治权之下的地方行政治理制度，只是"藩部"行政体制更为多元，与中央关系也较为复杂。其特殊体制包括扎萨克旗制度、"驻藏大臣"制度、驻扎大臣和"伯克"制，以及八旗驻防体制等。在中央一级，元清两代还专设管理宗教和西藏事务的宣政院，以及理藩院。尤其是清朝的理藩院，更是"掌内外藩蒙古、回部及诸番部封授朝觐疆索贡献黜陟征发之政令，控驭抚绥，以固邦翰"①，地位极为重要。这些制度的存在和相关政策的施行，对于维护多民族统一国家的稳定，既是非常必要的，也在历史进程中发挥了应有的效用。

总之，由先秦至清朝前期，统一多民族国家的逐渐发展和巩固，构成了中国历史的基本特征。

二 中华民族共同体的凝聚

在中华民族作为一个历史共同体不断凝聚的过程中，统一多民族国家的发展不仅是其重要组成部分，而且对中华民族整体性和共同意识的增强，也在多方面起着促进作用，举起要者可以概括为：华夷一统地理空间及其观念的演进、国家政权主导的各民族交融互动、礼法国家与共同文化的发展。

（一）华夷一统民族地理空间及其观念的演进

秦汉的统一，以诸夏为核心，统治的领域北达匈奴、建河西四郡、通西域，东北至朝鲜四郡，南平瓯、越，以西南夷为郡县，建立了地域广阔的多民族国家，"继承了我国各民族政治、经济、文化以及它们关系发展的一切成果，为我们伟大祖国和中华民族的发展奠定了坚实的基础"②。此外，在秦汉之际，北方匈奴统一了草原地区，与秦汉以华夏为核心的统一王朝同样形成了一种统一王朝的传

---

① （清）《清朝通典》，万有文库本，商务印书馆1935年版。
② 翁独健主编：《中国民族关系史纲要》，中国社会科学出版社1990年版，第101页。

统，而且二者都在以后的历史中得以延续。

　　隋唐统一王朝实际统治的疆域，比起秦汉要大，并且通过征伐和羁縻府州等制度，对周边各族有强弱不等的控制，中华民族统一的地理空间进一步扩大，同时出现唐太宗对"爱之如一"等"华夷一体"观念的表达。晚唐以后，分裂局面的演变，是形成了辽、宋、西夏、金等政权分立的局面，辽、金不仅占据中原一部分地区，对东北地区的统治也进一步加强，控制范围东至日本海，北至外兴安岭；而南诏在西南地区，也将原来分散的部落统一至一个政权下。这都为元以后更大范围的统一奠定了基础。元朝统治范围，"北逾阴山，西极流沙，东尽辽左，南越海表"，"唐所谓羁縻之州，往往在是，今皆赋役之，比于内地"①，较之汉唐盛世，除了"腹里"地区，更设岭北、云南等行省，加强对原来边地的控制；此外元朝政府所设的宣政院，其主要职责之一即是兼管青藏的政务。

　　元朝疆域之广大，超越汉唐盛世，成为统治者宣扬自身统治合法性的重要证据，并进一步申说，之所以能如此，是因忽必烈等帝王得"天命"、具"君德"，而能混一天下，行仁德之政。② 元朝这一正统叙述的策略，为明清两朝所承认，也为后者所发展，从而形成了元以后正统观念之巨大转变，即以混一华夷的大统一为王朝合法性最重要的表征和条件。以这种正统观为核心的"中华观"逐步为各族人民接受，是中华民族凝聚力在元明清时期的进一步发展和巩固的重要表现。

　　经过长期的历史发展，特别是逐步与其他国家签订了边界条约，中华民族的地理空间在清代得以确定。中华民族的地理空间的确立，一方面是中国历史上各民族交往互动、共同推动的结果；另一方面，也是中华民族作为一个实体在近代得以自觉的一个基本前提。

----

　　① 《元史》卷58《地理志序》，中华书局点校本1976年版，第1341页。
　　② 陈彩云：《元朝疆域观演变与多民族国家的空间认知》，《民族研究》2021年第1期。

(二) 国家政权主导下各民族的交融互动

在中国古代各民族之间，广泛地存在着政治、社会、经济、文化等方面的交往交流交融关系，具体体现为军事征伐、政治管辖与服从、经济往来与教化、民族间的婚姻等社会交往，以及文化上的相互吸收借鉴。古代国家政权下的一些相关政策，实际上是这些既有关系的政策化、制度化运作，通过相应的政策和制度，调节民族之间的关系，以达到维护稳定统治、保障一统秩序的目标。这样一些政策和制度，如和亲与联姻、册封、朝贡与互市、屯田与迁徙，又促进了各民族的交往交流交融和中华民族整体性的增强。

1. 和亲与联姻

在古代社会，统治者之间以婚姻关系来扩大自己势力或者与敌对势力取得和解，是较为常见的现象，在中国的文献中，此种政治联姻在殷周之时便已见于记载，其中也有殷周王室与周边"戎狄"之结亲。汉初，刘邦听刘敬之计，只以"家人子名为长公主"，使刘敬往匈奴"结和亲约"[①]。这便是中国历史上著名的"和亲之策"。这一策略的目的，短期而言，是暂停兵戈；长期而言，则是不以兵戈而使对方臣服于己。为使对方接受和亲，则需以身份较高之女子（公主）使其贵之，并"厚遣之"，岁时遣使赠物。换言之，"和亲"之策是以联姻为中心的一系列笼络之策。这也是此后历史上和亲政策的基本内容。以后各朝，和亲之策因时而有所变化。魏晋南北朝之时，政权林立，此起彼伏，和亲更是成为各国合纵连横之重要手段。如代、魏各政权与各民族政权的和亲就有与代与宇文氏、慕容氏、铁弗等，北魏与后秦、北凉、柔然、氐等，西魏与柔然、突厥等，东魏与柔然、吐谷浑、突厥等，以及北周、北齐（北齐高氏与鲜卑族人关系颇为密切，也可算在内）与柔然、突厥等，几乎涵盖

[①] （汉）司马迁：《史记》卷99《刘敬叔孙通列传》，中华书局点校本1982年版，第2719页。

其建国和发展过程中的周边政权。① 唐朝与其他民族的和亲，是将其纳入以唐为中心之王朝体系的一个部分，周边各民族在此一体系中，为取得一席之地，也将求取和亲作为争夺或巩固统治权力的重要手段。宋辽夏金时期，辽、夏、金之间皆有和亲关系，而宋与各民族政权之间则出于民族偏见而坚持不采用和亲方式，明朝的情况也是如此。清朝建立以后，不同民族或民族之间出于政治目的缔结的婚姻关系，主要指满族与蒙古族统治者之间的联姻，其政治性非常突出，婚姻的范围、对象、方式（嫁娶）等一切，都出于皇室调节与蒙古政治关系的需要。

和亲及清朝以后的联姻等政策，从民族交往的角度看，和亲或政治联姻，能够以婚姻的形式，突破双方在政治或文化上的隔膜，打开一个沟通的孔道。长期来看，和亲与联姻作为一种民族间的交流方式，密切了民族之间关系，这是无可置疑的。除了统治者和贵族之间的婚姻嫁娶这个层面的交流外，和亲和联姻所带动的人员、物资、文化的交流，在文化差异较大的情况下，往往是具开创意义的。如文成公主嫁入吐蕃，带来中原的农业、手工业物资，以及医书等典籍，随行的还有各种匠人，据传文成公主还精通历算风水等术，对于古代汉藏民族关系，影响巨大。而另外一些长期影响，也不容忽视。例如，在与汉长期的和亲影响下，至两晋时期，南匈奴的刘渊等人，已经将自己姓氏的由来与汉高祖和冒顿单于的和亲联系起来，自称"汉氏之甥"，欲成汉高祖之业，统一天下。可见和亲及其后果，已经成为边疆民族认同"大一统"的重要思想理念资源。而松赞干布希望以得到唐朝公主的形式，在唐代所建构的大一统秩序中取得一席之地，也表现出边疆民族在文化心理上与中原王朝的紧密连接。无论哪一层次的认同，都为中华民族意识的铸造，起到了促进作用。

---

① 张正明：《和亲通论》，中国社会科学院民族研究所民族历史研究室编《民族史论丛》第一辑，中华书局1986年版，第6页。

2. 册封、朝贡与互市

西汉以后，对周边民族称臣纳贡者，封以爵位，并进行相应的管理，历代对这种关系称呼不同，针对对象也有别，但作为"君臣"关系处理，又可见周代分封遗意，在性质上仍具有一定的延续性。册封朝贡政策和关系，在秦汉混一六合形成郡县制国家之后，以儒家"服制"观念为依据而建构形成，是"大一统"的产物，其运行有赖于天子为中心的天下秩序的共同认可，对册封授予者和接受者而言，也是在这一秩序下各安其分的选择。因此，在中国历史上，除了安定四方的实际需要，统一王朝莫不以八方来朝、"百蛮"入贡为王朝兴盛的重要表征，上至秦汉，延至隋唐，以及明清，四方职贡皆是朝廷彰显一统之盛的重要内容，多见于史籍；通过现存一些图像资料，如《王会图》《朝贡图》等，也能窥见一斑。就算在分裂时期，朝贡关系的取得，也是各政权争据正统的重要凭借。例如在三国时期，魏元帝讨蜀汉之檄文就称魏"布政垂惠而万邦协和，施德百蛮而肃慎致贡"，因此具有统一天下之正统地位。十六国时期，前秦苻坚更以"黎元应抚，夷狄应和"置于同等位置，作为实现大一统的目标。

就册封的接受者而言，通过册封，不仅有取得和平、获取厚利等好处，同时其权力以天子授予的形式在天下秩序中得到承认，甚至得到一定程度上的巩固。正是因为如此，册封和朝贡关系作为中国历史上的一项基本政策，在历朝历代都有所施行，是大一统秩序不可或缺的一环。①

在各民族的朝贡往来当中，也有贡使将部分贡纳送至指定地点

---

① 册封与朝贡关系在中国古代所涉民族相当广，由于这种关系本身就具有按照双方实力、册封者控制力大小，以及二者亲疏关系而灵活调整的特点，所以在后来的发展中，册封与朝贡关系既行之于边疆各民族，也行之于周边国家，对此，学者已经有不少研究。参见李大龙《汉唐藩属体制研究》（中国社会科学出版社2006年版）；程妮娜《古代东北民族朝贡制度史》（中华书局2016年版）。但不能否认的是，在古代大一统的观念下，此种关系的建构和维护无疑属于王朝国家治理周边民族的重要政策内容。

交割，或者将随行物资进行出售的活动，这在明朝以后颇为流行，多以"贡市"一词称之。此外，对地区和民族间经济交换活动进行管理和控制，在中国民族史中一般以"互市"称之。

作为国家统治政策的一个部分，封贡和互市带有强烈的政治管制与政治博弈性，但其在客观上，无疑对民族间的经济文化交流有积极促进作用。例如在唐朝时期，和突厥、回纥、吐蕃、吐谷浑、渤海等民族政权的互市贸易都很发达，主要形式是以缣帛换取牛马的交易，这在经济上符合双方利益。由于丝绸之路贸易的繁荣，唐之缣帛实际上成为通用货币，北方和西部各族以牛马换缣帛，实际上等于获得了进一步交易的中介物，可以用之购买其他所需货物；而唐获取牛马，则主要用于农耕和助军旅。宋辽金西夏时期，各政权虽在军事和政治上对立，但经济往来却通过榷场、和市等方式进行。此外自唐开始，便有将朝贡所贡之物于指定地点查验，并将其计价，依厚往薄来原则，赐予相应回礼的做法。这实际上成了一种交易行为，唐时许多贡使，其实便是利用朝贡进行贸易活动的商人。至宋朝，这种所谓贡赐贸易也构成了各民族间经济交流的重要内容。明初以来便实行"以茶驭番"之法统驭西藏和西北地区，西藏等地也通过朝贡等形式，获取所需茶叶。

3. 屯田与迁徙

古代内地居民向边疆民族地区的大规模迁徙，初期以戍守士兵为主，随着历史的发展，屯田移民占有的比例越来越高。对边疆民族的迁徙，主要是归附人口的安置，也有出于分化需要而强行迁徙的。前者如汉武帝以后，匈奴和其他北方民族部众大量归附，汉朝一般将其安置于边郡之塞外，助其守边。这些部众，一般来说均保持了原来的生产生活习俗，少部分则转为农耕。东汉之后，中原战乱频仍，人口大减，各政权纷纷以招徕或强行掠夺周边民族人口为策，以补充赋税人口和兵役的不足。南朝时期，各王朝对南部山民的征讨掠夺和招徕政策从未停止。魏晋南北朝的民族迁徙由此带来的被动或主动的交融，不光发生在南北方之间，北方各族及汉族之间、南方各族及汉族之间，也有着频繁的互动。

此后各代，作为治理之策的民族迁徙活动更经常地表现为边疆屯田和为稳定统治而实行的有组织迁徙。就有组织的边地迁徙和屯田活动而言，明代是最有规模的，其形式主要有军屯、商屯和民屯三种。由于卫所多分布于边地，边地屯田成为军屯最主要的部分，史载："东自辽左，北抵宣、大，西至甘肃，南尽滇、蜀，极于交阯，中原则大河南北，在在兴屯矣。"[1] 按卫所军户算的话，其人口迁徙规模是不小的。例如在明万历年间（1573—1620），云南军屯人数达到29万，所耕种的土地超过100万亩。明太祖朱元璋时期，大量民人被迁往北平和"九边"之地，以巩固北部边防，到明成祖朱棣，更是将各地田少或无田之民迁来以实京师。在南方地区，将湖广人烟稠密之地丁口抽调往云南屯田的措施。明初见于记载的有组织民屯，规模都在数万，甚至十数万。总的来说，其数量应当超过军屯。此外北部京师、九边，西北甘州，云南、四川等边疆地区，往往是商屯比较兴盛的地方。

明清之后，除了汉民以屯田等方式向边疆地区的移民，将边疆民族移往内地或其他地区，往往也是政府民族治理的一个手段。如清朝，驻防各地的八旗兵士，实际上包含了满、蒙古、汉、锡伯等民族成分。此外，清廷还将改土归流后的一些土司迁往内地，甚至有迁往新疆的；也有在西北战事中，出于政治军事的需要，将回部人口迁往内地的。

封建时期这种国家主导下的大规模民族迁徙，尤其是大量内地人口向边疆地区的迁入和屯垦，实际上会深刻改变当地的社会生产方式与民族分布情况。民屯迁入者，自然是边疆地区原有民族人口分布和生产生活方式当中的新因素；在军屯卫所制度下，军户带有浓重的移民色彩，累代之后，其驻守之地也便成为故土了。这些变化，无疑是促进中国各民族融合、互嵌，产生互相认同意识的重要

---

[1] 《明史》卷77《食货一》，中华书局点校本1974年版，第1884页。

推动因素。

(三) 共同文化的发展

在中国古代，礼仪制度为表现的德化政治和儒学为中心的文教设置，是国家的统治基础之一。西周确立的礼治，以"亲亲""尊尊"为核心，虽经战国秦汉以后法家"霸道"的洗礼，但一直保存了强大的生命力，尤其是西汉以后的儒家，发展出三纲五常的意识形态，通过教化礼乐的倡导，不仅在治国理政中维护了封建等级秩序，更将此种价值观推广至基层社会和四裔边疆，移风易俗，成为稳固统治、长治久安的重要手段。而中国古代所谓"移风化俗"，以达到"九州共贯、六合同风"之目的的主要措施，主要是指儒学为中心的文教设置，其大端主要有二：一为尊崇孔子和儒教，建立相应制度；二是与科举制度相配合，形成学校制度。

西周时期，周公制礼作乐，定下了其基本制度。至春秋，虽"礼崩乐坏"，但是否行周礼却成为华夷之辨的核心标准。秦汉之后，历朝历代都以一整套礼仪制度，作为王朝秉承天命、顺天应人的重要表征。历朝历代，无论是汉族政权还是少数民族入主中原建立政权，皆以正闰，即是否接续正统、感应德运为王朝合法性的重要基础，其外在表征则是改易正朔、服色、礼乐制度等。即便在少数民族政权入主中原之时，其正统的礼乐建构，也是如此。如十六国时期，各族胡人相继在中原建立政权，在接受华夏正统观的前提下，纷纷改闰易德，以巩固自身合法性基础。宋辽金西夏时期，各政权争居正统，皆以自己为"天下之正"，行中国之礼往往成为与此相关的重要内容。金世宗称："本国拜天之礼甚重。今汝等言依古制筑坛，亦宜。我国家绌辽、宋主，据天下之正，郊祀之礼岂可不行。"[1] 元朝之正统，强调一统天下而以故俗治天下，故尊崇年号、郊祀天地、宗庙之祭等，均以政治需要因循前代。清朝不仅在作为大一统王朝重要表征的意义上继承了中国历史中的"礼治"传统，

---

[1]《金史》卷28《礼志一》，中华书局点校本1975年版，第693—694页。

在祭祀礼仪上也以礼部为中心，承袭明制，管理藩属、外国和国内各边疆民族的朝贡、接待等礼仪。

在儒家大一统的治理理念中，王化政治通过帝王得天之运、行天之道而实现，其最终的效果，则是通过帝王教化而使天道大行。历朝历代，礼俗教化之法，大约有三：一是依据《礼记》之"化民成俗，其必由学"而兴学校；二是通过皇帝提倡和垂范之礼仪以正风化；三是以各种手段宣谕于百姓，即所谓"置木铎以教民"。其中第一种方法，详见下节。第二种方法，自唐宋以来，礼制下移，朝廷不仅垂范祭祀天地山川之礼，更禁绝民间淫祀；不仅旌表百姓之孝悌行为，更在礼典中规定庶民礼仪。汉魏以来，朝廷命官中有御史大夫等"宪官"，掌"宣导风化""正百官纪纲"之事，唐宋以后，则各级令守皆有"宣导风化"之责。至于明清，不仅是朝廷和官员，更有城乡社会中绅士研究礼仪，提倡儒家礼俗，成为一时之风。第三种方法，明清以来逐渐形成"置木铎"的制度，尤其以清朝的圣谕宣讲制度最为典型，其目的是以汉文化之传统道德规范，向所有民众宣示教化，图谋清朝统治之长治久安。有清朝《圣谕广训》，不光要求科举士子考试时默写，亦要求各府州县定期宣讲，民间乡镇也有儒士乡绅宣讲，深入闾里乡村，对社会发生重大影响。[①] 而且圣谕宣讲从一开始就不是只针对直省的，还包括了八旗；在稳定民族地区的统治之后，往往以《圣谕》的宣讲作为"善后"手段，"化导"少数民族，使其"范围礼教"，如雍正改土归流之后的云南土司义学教育中，则令"先令熟番子弟来学，日与汉童相处。宣讲《圣谕广训》，俟熟习后再令诵习《诗书》"[②]。

自两汉以后，尊崇儒学而行文教，逐渐成为政权合法正统的重要标志。魏晋南北朝时期，北方民族入主中原，在其政权建设中，

---

① 王尔敏：《近代文化生态及其变迁》，百花洲文艺出版社2002年版，第3—30页。

② 《新纂云南通志》卷133《学制考》，云南通志馆1949年编印。

以儒学教化乃是由武功走向文教的重要手段。北燕冯跋建政之后，"下书曰：'武以平乱，文以经务，宁国济俗，实所凭焉。自倾丧难，礼崩乐坏，闾阎绝讽诵之音，后生无庠序之教，子衿之叹复兴于今，岂所以穆章风化，崇阐斯文！可营建太学，以长乐刘轩、营丘张炽、成周翟崇为博士郎中，简二千石已下子弟年十五已上教之。'"① 大一统的隋唐时期，中央王朝对少数民族地区，则有诗书教化，以"渐陶声教"。辽宋西夏金时期，各政权皆以儒学治国。宋真宗时期，张齐贤上疏朝廷，灵州李继迁"仍闻潜设中官，全异羌夷之体，曲延儒士，渐行中国之风。睹此作为，志实非小"②。可见当时，即以儒士治国，"行中国之风"，为有逐鹿天下、争夺正统之志的表现。元朝尊孔崇儒亦是国家行为。不仅如此，元朝儒臣还以推广儒学为"丕变华夏"之道。

　　明朝建国，北有蒙古，而南方大体安定，故其民族政策在北方以征伐为主，南方以"德化"为先。对于南方土司地区，除一系列政治经济政策之外，设立儒学以化导之是重要措施。洪武二年（1369），明太祖朱元璋令天下府州县皆设学，其后，宣抚、安抚等土官，也都设立儒学。少数民族子弟入学之后，学有所成，亦可参与科举和贡举。就导民成俗的作用而言，明朝对社学也相当重视，在各民族地区，所谓以社学教"民夷子弟"，而使"风化大行""风气渐变"的记载，多见于史志。清朝入关之后，"清承明制"，尊孔崇儒、设学兴教、开科取士等措施自不必多说，其八旗学校教育更是体现清王朝大一统与多元并存文教的特点。顺治入关之后，即在京师国子监、顺天府学设八旗学校，令八旗子弟入学，后因学生人数日增，又专设八旗官学、义学等作为八旗子弟教育机构，各地驻防八旗，也都设立学校培养子弟。在西南地区，不仅延续明朝为土

---

① 《晋书》卷125《冯跋》，中华书局点校本1974年版，第3132页。
② 《续资治通鉴长编》卷50"真宗咸平四年"，中华书局点校本2004年版，第1099—1100页。

官子弟设学的成规，而且随着"改土归流"的进展，官学义学等也随之大量举办，无论是数量还是深入边疆的程度，都超过了明朝。在南方民族地区，对于清政府以民人、熟（番/苗/夷）、生（番/苗/夷）分类治理，"欲其渐仁摩义，默化潜移，由生番而成熟番，由熟番而成士庶"①的政策，义学教育体现得最为明显。

总之，无论是汉族还是少数民族入主中原，历朝历代，为了维护政权的合法性和稳定性，礼教祭祀和文教设置都是重要手段，也起到了相应的作用。而这些礼仪制度和儒学为中心的一系列文化价值观，也经过国家主导的大力宣扬，深入各民族中，成为中华各民族共同创造的精神文化的重要组成部分。

三　中国现代多民族国家建构与中华民族意识的自觉

（一）"对他自觉为我"：近代国家主权与中华民族自觉

中国统一多民族国家的发展，在清朝到了一个新的阶段，一个突出的表现，就是清朝对自身疆域和"华夷"关系的新理解。至少到乾隆以后，清朝统治者对归于疆理和朝贡互市之国就已经有了清晰的区分，《清朝通典》称，"故以《杜典》及《续通典》所载诸国参校于今日舆图"，如挹娄、靺鞨、乌桓、鲜卑、南诏、吐蕃、党项，等等，"莫不尽入版图，归于疆理。凡此皆汉唐以来所谓极边之地，而在今日则皆休养生息，渐仁摩义之众也，既已特恩驻扎驻防办事诸大臣统辖而燮埋之矣"。此外"有朝献之列国，互市之群番，革心面内之部落，喁喁向化，环四海而达重洋"。②体现在边疆治理

---

① 中华书局编辑部：《筹办夷务始末（同治朝）》卷94，中华书局2008年版，第3779页。

② （清）《清朝通典》卷九十七《边防一》，商务印书馆1935年版。

中这种对"夷""种人""土司"与"外夷"的区分①,其实在国家认同层面,反映的也是"中国"和"外夷"的中外之分②。至少在1840年以后,从西方列强和中国的相互关系看,其在政治上、文化上的互为"他者",已经逐渐取代传统的"华夷之辨"。对中国人而言,"对他自觉为我"的意识,也以清朝国家与西方列强的对立为表象,开始明晰起来。而这种意识的明晰,正是中华民族认同从自在向自觉的转变。晚清时期,这一转变可以从清朝统治者的"国家建设"与边疆各族对列强入侵的反抗两个方面举例说明。

为应对千年未有之变局,晚清时期的统治阶级进行了一系列的改革。自同治年起,即有曾国藩、李鸿章等为首的湘、淮军势力,为应付内忧外患,以军事改革为中心,吸收西方技术,以巩固清朝政权的改革。同光时期的一系列新政,虽未触及清朝封建统治制度的根本,但在军事和部分财政治理上,可算是迈出了清朝国家近代化建设的第一步。甲午战争的失败,使改革骤然加速,"保国、保种、保教"的呼吁,反映了士大夫阶层对危机的认识,已经由国家间军事力量的比较,深入到国家制度和文化层面。其中,"上下相维""合同而化"等强调国家治理一体化的话语也开始在制度与文化层面改革的考量中起着越来越重要的作用。另外,在与列强侵略殖民意图的无数角力中,清朝统治者对于边疆地区土地、人民、主权等的整合也逐渐加强。例如经由1874年日本侵台事件,台湾的"番地""番民"在国际条约中被确认为大清国的版图和臣民。随着中国边疆危机的加深,清政府在18世纪末19世纪初,采取了一系列加强边疆控制的措施。平定阿古柏入侵后,清政府于1884年在新疆建省,政治体制实行一体化的郡县制度;经济上改革田赋,加强

---

① 贾益:《清代滇西方志中"土司"、"种人"类目的内外分际》,《西南民族大学学报》2018年第5期。
② 王柯:《民族与国家:中国多民族统一国家思想的系谱》,冯谊光译,中国社会科学出版社2001年版,第159—160页。

其与内地交流。1887年，台湾建省，继续巩固海防、抚慰"番人"、清理田赋等。辛丑之后，清政府实施"新政"，在边疆地区也推行了一些改革，例如：在蒙古、东北地区实行"移民实边"，开设银行、建立警务体制，广设厅县等；在西藏，则有张荫棠等推行新政，试图改革政教合一体制，以巩固"主国名义"，兴学革教，以"破除汉番畛域、固结人心"[①]；川边地区，则是赵尔丰在"改土归流"名义下进行的一系列政治、经济、社会改革。这些"新政"措施，大多流于表面，甚至有的成为官员敛财的借口，但维护国家主权、促进边疆与内地治理体制和文化的一体化等，也是清政府在边疆地区新政中明显的"国家建设"诉求。

1840年以后，列强对中国的侵略和殖民是全方位的，首先是政治上对边疆的侵夺和一系列不平等条约的签订。在一系列边疆危机中，各族人民表现出了保家卫国的认同感。在19世纪60—90年代抵抗沙俄抢占中国西北、东北、蒙古地区的斗争中，当地各民族人民组织团练，打击沙俄军队，保卫故土；或迁入内地，不愿接受侵略者的统治。在西南地区，各族人民也对英法侵略者在边疆地区的蚕食侵吞展开了抵抗。例如，在19世纪后期中法战争中"黑旗军"的战斗，1874年阻止英国"探险队"入滇的马嘉理事件。19世纪90年代，滇西干崖、陇川、勐卯诸土司和景颇族各山官，为保卫清与缅甸分界地方的铁壁关、铜壁关、虎据关等地，率各族人民进行了战斗，其出发点，即在于为国（清朝）守土，"上报国恩，下保民生"[②]。除此之外，资本主义和帝国主义经济上对中国市场的控制，以及对广大人民的直接或间接经济掠夺也越来越严重，中国各族人民的反抗也因此体现在更多方面。例如，在19世纪后期各地发生的"反洋教"运动中，除了出于维护本民族固有文化习俗的反抗，更多的是反抗"洋教"与"洋人"与官府沆瀣一气，压榨和侵夺百

---

① 扎洛：《清末民族国家建设与张荫棠西藏新政》，《民族研究》2011年第3期。
② 曹成章：《民主革命先驱刀安仁》，中国社会科学出版社2010年版，第73页。

姓。故当时提出的口号，多为"仇官灭洋"等。

总之，从晚清开始，中华民族的自觉，成为中国近代社会基本矛盾运动的主体性体现。整体意识的自觉，代表着中华民族成为中国近代社会基本矛盾运动的主体，中华民族的独立解放、复兴富强，则成为这一社会历史运动的趋向。这又可以从两方面来理解：一方面，是中华民族作为一个整体，不仅是长期历史发展、整体性不断加强的产物；也是在殖民主义、帝国主义将之作为一个整体，进行殖民、侵略对象的过程中，形成自觉的。在共同反抗侵略的过程中，各民族之间团结日益增强、休戚与共的命运共同体意识不断增强。另一方面，以天命为基础的封建帝王或封建统治集团统治的合法性，必须代之以人民和民族为主体的合法性，因为中华民族的自觉，必然意味着以全体人民为手足同胞的共同体意识的形成与巩固；在多民族统一国家建构的维度上，则是建立在多民族平等团结基础上的统一。而这后一方面的变化，则是20世纪初期民族主义思潮推动下才逐渐明晰的。

（二）民族主义思潮与"中华民族"一词内涵的演变

清末的民族主义思潮，虽然其主要表现是辛亥革命前革命派以"种族意识"鼓动革命，但其本身的出现和发展，离不开在"亡国灭种"危险下，在民族平等基础上团结全民族的共有背景；而"反满"的目标，也需要在更能争取整个中华民族的民权民生这一点上，取得推翻清朝统治的合法性。从中华民族自觉进程的角度看，20世纪初出现的民族主义思潮，对中华民族对外自觉、追求独立解放，对内建立民主国家、追求各民族平等团结起到了重要作用。其中颇具意义的，是"中华民族"一词在传统王朝国家向现代民族国家转型的历史进程中，随着民族自觉的深化而被广泛接受和认同，成为民族自觉的重要象征。

"中华民族"一词出现于20世纪初，系由"中华"和"民族"组合而成。其中的"中华"一词来源甚早，与"中国"一样，不仅用于正统王朝的国家自称，也是具有历史连续性、与王朝合法性紧密关联的历代王朝的贯通性名号。到晚清时期，在和西方的交往中，中国和中华作为主权对等国家的称呼，频频出现于中外各种条约文本和法令等制度性文献中，其含义逐渐向现代国家的名号转变。① 而"民族"虽见于古籍，且有"类族辨物"之意，但现代意义上的"民族"一词，却是在19世纪和20世纪之交从日本传入，与现代民族国家、民族主义、国民等概念关系密切。在当时时代背景下，民族观念往往又与"种族"观念合一，两个名词在使用上也往往是掺杂混淆的。② 正是在这种民族观念影响下，清末知识分子在现代民族的意义上使用了"汉种""汉族""黄种""黄族""中国种族""中国民族""中华民族""中华种族"等族称。其中"中国民族（种族）"和"中华民族（种族）"都是由上述内含传统观念，到晚清以后有开始具有现代民族国家称号意义的"中国""中华"，加上"民族"组合而成的族称。

1902年梁启超发表于《新民丛报》上的《论中国学术思想之大势》，较早使用了"中华民族"一词。1905年的《历史上中国民族之观察》一文，更是频繁使用了"中华民族"一词，将之作为"中国主族"之称，认为"中华民族"与"汉族"基本上是同一意义，指的是"中国主族"，其源头可追溯到黄帝，并且后来也以"黄帝子孙""炎黄一派"相认同；而且中华民族（汉族）最初就是由"多数民族"混合而成，此后又经过了多次混合而不断扩大。③ 在辛亥革命以前十年的革命与改良论战中，"中华民族"一词被赋予了其最初的意义，即基本上与"中国民族（种族）"一样，以"汉族"或扩大的"汉族"为内涵。此外，当时的知识分子皆将"中华民

---

① 黄兴涛：《重塑中华：近代中国"中华民族"观念研究》，北京师范大学出版社2017年版，第42—60页。

② 郝时远：《类族辨物："民族"与"族群"概念之中西对话》，中国社会科学出版社2013年版，第20—35页。

③ 梁启超：《历史上中国民族之观察》，《新民丛报》第3年第17号（1905年3月20日）。

族"或"中国民族"看成因"同化"作用而不断扩大的群体看待，以此来说明历史上中国民族统一格局的形成，并因应当时的国内各族（主要是满汉之间）的"种界"畛域问题。在这一点上，革命派因为强调"汉族"的主权，更多从"种族"意义上使用"中华民族（种族）"；而梁启超和杨度等人则强调"中华民族"作为族称的文化色彩及其融合性。

中华民国以"中华"为国名，宣示"国家之本，在于人民。合汉、满、蒙、回、藏诸地为一国，即合汉、满、蒙、回、藏诸族为一人。是曰民族之统一"①。此即为"五族共和"之原则声明。当时社会的主流，多提倡"五族大同"、化除畛域。如革命派的黄兴、刘揆一等成立之"中华民国民族大同会"（后改名"中华民族大同会"），袁世凯授意成立"五族国民合进会"等，皆以结合五族为一体为目标。

"中华民族"这一名词也成为这种"五族一体""五族一家"观念的重要指称符号。例如，袁世凯在1912年11月致库伦活佛电文中，就在这个意义上使用了"中华民族"一词，称："外蒙同为中华民族，数百年来，俨如一家。"② 与此相呼应，蒙古西盟会议议定之《乌伊两盟各札萨克劝告库伦文》中也宣告："共和新立，五族一家，南北无争，中央有主，我蒙同系中华民族，自宜一体出力，维持民国，与时推移。"③ 为强调五族之间的融合，当时不少的著作亦将辛亥以前所建立的黄帝世系、"汉族"一元的观念，嫁接到构成中华民国的"五大民族"起源上，认为中国各民族都出于一个源头，甚至认同汉族西来说，认为各民族都来自西方。因出于一源，故能

---

① 孙中山：《临时大总统宣言书》，《孙中山全集》第二卷，中华书局1982年版，第2页。

② 骆宝善、刘路生：《袁世凯全集》第21卷，河南大学出版社2012年版，第142页。

③ 内蒙古图书馆编：《西盟会议始末记》《西盟游记》《侦蒙记》《征蒙战事详记》，远方出版社2007年版，第71页。

如"一家兄弟"般结合。①

辛亥革命后,这类中国民族整体性的论述经常出现在各类报刊、文告和教科书中。一般而言,除了上述民族一元论,更多的人还是从各族在历史上相互融合的角度来说明其整体性。1917 年一篇名为《中国民族同化之研究》的文章中,在"中华民族同化之史迹"的标题下,说明了五族同化的程序和历史,认为:"搜五族同化之迹,罄竹难书,撷其要略,不外兵事之影响,与政术之作用,是以五族之先,支别繁多,始则由内部之镕合,继则与他族相同化。"而"同化之由来,趋于文明之倾向。华族文明发扬,远在他族之上"。当时,这种"同化"融合的论述,与辛亥之前的"汉族"发展史叙述互为呼应。②

1923 年国民党改组,孙中山在多个场合多次讲到要像美国的熔炉那样,熔铸一个"大中华民族"。随着"中华民族"这一概念的逐渐广为传播,成为人们熟悉的名词,将中国各民族作为一个整体称之为中华民族的观念,已然初步成为共识。

(三) 中国共产党领导下的现代国家建构与中华民族观

20 世纪 30 年代以后,随着日本帝国主义对中国的侵略步步加深,中国各族人民团结凝聚的意识进一步加强,尤其是抗日战争全面爆发之后,现代国家和民族观念在社会上广泛传播,体现中国国民整体观念的中华民族,因之成为几乎人人皆知的名词,中华民族精神、中华民族复兴等观念,亦成为抗日救亡的重要信念支撑。少数民族人士中,中华民族的观念也得到积极呼应。各族人士对中华民族的理解,都是从中国全体国民的角度出发,强调国内各个民族有着紧密不可分的关系,中华民族是各个民族结合而成的"国族"。

---

① 刘超:《现代中华民族观念的形成——以清末民国时期中学中国历史教科书为中心》,《安徽史学》2007 年第 5 期。

② 《中国民族同化之研究(录地学杂志)》,《东方杂志》第 14 卷第 12 号(1917 年 12 月)。

为了打败日本侵略者，获得中华民族的独立，建设富强的国家，各族人民必须团结起来，共同抗战建国。这些认识，充分体现了各民族民众对中华民族观念的深入理解和认同。①

1939年2月23日，顾颉刚在《益世报·边疆（周刊）》发表题为《中华民族是一个》的文章，从历史发展的角度，说明中国的民族经过几千年混合，血缘的分界已经不可寻，而无种族之见的中国文化，也非一元，而是各民族文化混合而成。因此，中华民族是一个整体，历史学需要研究这一个整体的历史，而现实政治中也不应把国内各族都称为"民族"②。这一观点引起费孝通等民族学研究者的质疑，他认为，中国是由众多"文化、语言、体质"不同的民族而结成的"政治的统一"，民族的存在是一个客观的事实，民族问题要靠平等来解决，而不是靠取消"民族"这个名词。③ 由此引发一场关于中华民族的讨论。这场讨论因为当时抗日战争的大环境而没有继续下去，但以民族国家的理论去理解顾颉刚先生的"一个"或"整个"的"中华民族"，指的就是现代民族国家层面的国家民族（state nation）；基于此，近代中国面临的民族自决问题，就是中华民族对帝国主义的民族自决。在这个层面上，只有"一个中华民族"。就这一点而言，顾颉刚的理解是正确的。④

中国共产党的中华民族观，也正是从中华民族是整体的这一点上生发出来的。在国家民族层面，体现了代表中华民族建立广泛的抗日统一战线、实现新民主主义革命建国任务的自觉，即由中国共产党领导中华民族实现对于帝国主义的民族自决；在国内民族问题层面，则承认和保证各民族的平等权利，在共同对日的原则下，有

---

① 钟宇海、喜饶尼玛：《国家认同与全民抗战——以藏族民众的抗日活动为例》，《中国藏学》2017年第3期。

② 顾颉刚：《中华民族是一个》，《益世报》1939年2月23日。

③ 费孝通：《关于民族问题的讨论》，《益世报》1939年5月1日。

④ 郝时远：《类族辨物："民族"与"族群"概念之中西对话》，中国社会科学出版社2013年版，第51页。有

自己管理自己事务之权,同时建立平等联合的统一国家;在体制层面,则不再以苏联模式为教条,在统一人民共和国内部实行民族区域自治。

中华人民共和国的建立,以"建设一个中华民族的新社会和新国家"① 为目标,延续了中国共产党领导新民主主义革命的初心。在这一统一的多民族国家内部,明晰了中华民族多元一体的结构,在制度、法律和政策方面,把少数民族视为中华民族的组成部分。② 并且通过民族区域自治制度的制度安排,既体现各民族的平等地位,更把全国各民族都联合起来,"组成一个大家庭",这个"民族大家庭",就是中华民族的共同体。③

总之,中华民族整体性的演进、中华民族共同体意识的凝聚和自觉,是长期历史发展过程的产物,在这一历史进程中,统一多民族国家的形成、发展和巩固,既是中华民族共同体意识不断增强的重要体现,也是中华民族共同体意识不断增强的重要推动力。中国历史上的王朝国家统一和分裂交替,以统一的不断扩大为趋势,其结果不仅是王朝统治区域、统治力量的不断扩大,也使中华民族的地理、文化空间进一步整合,各民族之间政治、经济、文化的交往融合得以加深。到清代后期,作为历史上统一多民族国家历史发展的结果,其国家体制的发展,在边疆观念、财政体制、社会控制等诸多方面,都更突出显示出一些向现代国家转型的"王朝国家"特点。④ 1840 年以后,在被迫纳入西方殖民主义所构造的世界体系过

---

① 毛泽东:《新民主主义论》,《毛泽东选集》第二卷,人民出版社 1991 年版,第 663 页。

② 陈建樾:《"建设一个中华民族的新社会和新国家"——中华人民共和国民族政策话语体系形成的历史脉络》,《中南民族大学学报》2020 年第 4 期。

③ 陈建樾:《民族区域自治:中国共产党重构统一多民族国家的思考与行动》,《中央社会主义学院学报》2019 年第 4 期。

④ 赵世瑜:《"王朝国家"与前现代中国的国家转型》,《清史研究》2021 年第 4 期。

程中，清朝国家保持了其整体性。在此背景下，中华民族作为一个整体的自觉，因此具有了与之前长期历史发展过程之间的连续性，也具备了在近代条件下建立现代国家的主体性。此后，中华民族的基本内涵及其与现代民族国家构造的关系，则在中国共产党领导建设"中华民族的新国家和新社会"的革命探索中，获得完满认识和制度上的解决，进一步巩固了中华民族共同体意识。

中华民族整体性的演进以及中华民族共同体意识的凝聚和自觉，经历了一个长期的历史过程。在这一历史进程中，统一多民族国家的形成与发展，成为中华民族不断凝聚在一起的重要条件和基础；中华民族共同体的萌芽和壮大，又成为中国统一多民族国家不断巩固和发展的重要推动力。中国历史上的王朝国家统一和分裂交替，以统一的不断扩大为趋势，其结果不仅是王朝统治区域、统治力量的不断扩大，也使中华民族的地理、文化空间进一步整合，各民族之间政治、经济、文化的交往融合得以加深，中华民族共同体不断凝聚发展。

第三章 中国共产党早期的中华民族观

摘要："国家民族"的概念，是现代国家建构的题中应有之义，它伴随着现代国家的整个历程，因而是一个持续性的建构与不断铸牢的过程。"中华民族"这一概念的提出，自其伊始就与国家概念相关联，因而一直具有"国家民族"的属性，从中华民国到中华人民共和国，中华民族的建构一直在持续进行中；其有所区别者，仅在于中华民族的凝聚方式和内在结构的不同。本章从中华民族这一概念出发，依据历史文献资料的梳理，研究1902—1949年间中华民族概念和理念的发展历程。

关键词：中华民族；共同体；中国共产党

铸牢中华民族共同体意识，是习近平总书记关于新时代民族工作原创性、创新性的重要论述。这一论述承袭中国共产党致力于中华民族独立、统一与富强的初心与使命，体现了我们党在新时代坚持和发展中国特色社会主义和坚持正确解决民族问题正确道路上"汲取智慧、走向未来"[1]的深刻观察和高度凝练与概括论述，这一对新时代的民族工作的新规划和新部署，不仅是对中国共产党百年

---

[1] 《习近平致信祝贺中国社会科学院中国历史研究院成立强调　加快构建中国特色历史学学科体系学术体系话语体系》，《人民日报》2019年1月4日。

来民族理论政策的创新性发展,也是指导新时代民族工作的一条鲜明主线。

"中华民族"这一概念的提出,首先与近代以来的救亡图存的思考相关,其次与近代中国进入现代国家的历史时点紧密相关。因此,在新时代铸牢中华民族共同体意识的思考与行动,有必要回溯一百多年来中华民族作为概念和治国理念的发展历程,而其中荦荦大者则是对中国共产党的中华民族观发展历程的回溯。这一回溯,恰如习近平总书记所言:"只有回看走过的路、比较别人的路、远眺前行的路,弄清楚我们从哪儿来、往哪儿去,很多问题才能看得深、把得准。"①

一 中华民族概念的提出

早在1896年,梁启超就对民族问题有深入的观察,并且指出中国内部"内含数个小异之种"的多民族特点:"一世界中,其种族之差别之愈多,则其争乱愈甚,而文明之进愈难,其种族差别愈少,则其争乱愈息,文明之进愈速,全世界且然。况划而之名之曰一国,内含数个小异之种,而外与数个大异之种相遇者乎。"② 基于这样的观察,梁启超提出在一国的"小异之种"之间建立共同利益的共同体关系:"今夫国也者,必其全国之人,有紧密之关系,有共同之利害,相亲相爱,通力合作,而后能立者也。"③

在1901年的《中国史叙论》中,梁启超首先指出了"中国"

---

① 《习近平在学习贯彻党的十九大精神研讨班开班式上发表重要讲话强调,以时不我待只争朝夕的精神投入工作开创新时代中国特色社会主义事业新局面》,《人民日报》2018年1月6日。

② 梁启超:《变法通义·论变法必自平满汉之界始》(1896年),张品兴主编:《梁启超全集》,北京出版社1999年版,第51页。

③ 梁启超:《中国积弱溯源论》(1900年),张品兴主编:《梁启超全集》,北京出版社1999年版,第424页。

地域的多样性和民族的多元性，并进而依据"大异之种"的分别，把"四万万同胞"视为对外意义上的"黄种"，并在对内意义上视为"内含数个小异之种"的共同体："对于白、棕、红、黑诸种，吾辈划然黄种也。对于苗、图伯特、蒙古、匈奴、满洲诸种，吾辈庞然汉种也。号称四万万同胞。谁曰不宜。"①

在1902年的《论中国学术思想变迁之大势》一文中，梁启超在关于战国时齐国的叙述中将"中国民族"换用为"中华民族"："齐，海国也。上古时代，我中华民族之有海权思想者厥惟齐。故于其间产出两种观念焉，一曰国家观；二曰世界观。"因为中华民族是一种"国家观"和"民族观"，因此"立于五洲中之最大洲，而为其洲中之最大国者，谁乎？我中华也；人口之居全地球三分之一者谁乎？我中华也；四千余年之历史未尝一中断者谁乎？我中华也"②。由此出发，梁启超把国家的独立视为达致民族间平等的重要条件，"故未有政治界不能自立之民族，而于平准界能称雄者"，由此在《论民族竞争之大势》一文中提出："今日欲救中国，无他术焉，亦先建设一民族主义之国家而已。"③

在1903年发表的《政治学大家伯伦知理之学说》中，深受西学影响的梁启超基于西方的民族国家理论"由此言之"："民族最要之特质有八：（一）其始也同居一地。（非同居不能同族也。后此，则或同一民族而分居各地，或异族而杂处一地，此言其溯尔）（二）其始也同一血统。（久之则吸纳他族，相互同化，则不同血统而同一民族者有之）（三）同其支体形状。（四）同其语言。（五）同其文字。（六）同其宗教。（七）同其风俗。（八）同其生

---

① 梁启超：《中国历史叙论》（1902年），张品兴主编：《梁启超全集》，北京出版社1999年版，第451页。

② 梁启超：《论中国学术思想变迁之大势》（1902年），张品兴主编：《梁启超全集》，北京出版社1999年版，第573、561页。

③ 梁启超：《论民族竞争之大势》（1902年），张品兴主编：《梁启超全集》，北京出版社1999年版，第899页。

计。有此八者,则不识不知之间,自与他族日相阂隔,造成一特别之团体,固有之性质,以传诸其子孙,是之谓民族";与此同时,他还根据伯伦知理的论述对国家场域内国民与民族概念进行了辨析,而且指出了他们具有的"共同体"性质:

> 伯氏乃更下国民之界说为二:一曰:"国民者,人格也。据有有机之国家以为其体,而能发表其意想,制定其权利者也。"二曰:"国民者,法团也。生存于国家中之一法律体也。"国家为完全、统一、永生之公同体,而此体也,必赖有国民活动之精神以充之,而全体乃成。故有国民即有国家,无国家亦无国民,二者实同物而异名也。
>
> 故夫民族者,有同一之言语风俗,有同一之精神性质,其公同心渐因以发达,是固建国之阶梯也。但当其未联合以创一国之时,则终不能为人格,为法团,故只能谓之民族,不能谓之国民。

有别于伯伦知理的单一民族国家理念,梁启超经由上述的辨析之后,特别指出伯氏所论"与中国今日情事,皆不相应"。进而言之,梁启超提倡在多民族的中国"合汉、合满、合蒙、合回、合苗、合藏,组成一大民族"的中华民族观,"提全球三分有一之人类,以高掌远跖于五大陆之上",[①] 这种具有融多元于一体的国家民族观,在即将迈进现代民族国家时代的清末,无疑极其深刻和极具见地。

在梁启超看来,血缘、语言、信仰"皆为民族成立之有利条件,然断不能以此三者之分野,径指为民族之分野":"民族成立之唯一的要素,在'民族意识'之发现与确立";而"何谓民族意识?谓对他而自觉为我。'彼,日本人;我,中国人。'凡遇一他族而立刻

---

① 梁启超:《政治学大家伯伦知理之学》(1903年),张品兴主编:《梁启超全集》,北京出版社1999年版,第1067—1068、1069、1070页。

有'我中国人'之一观念浮现于脑际者，此人即中华民族之一员也"①。由此可见，梁启超关于中华民族的证成有赖于内外的分际，因此，中华民族是一个关于国家的概念。换言之，梁启超语义中的中华民族，就是中国的"国家民族"。

梁启超的关于中华民族概念的提出及其国家定位，在中国迈进现代民族国家的前夕不仅具有开创性的意义，而且也被后世的志士仁人和各个政治党派所接受：虽然在中华民族的内涵和外延及整合方式各有不同，但无一例外地都将中华民族视为关于中国人的概称。这意味着，中华民族这一概念自其创制伊始，就被明确地定位于国家民族的位阶，而且历百年而不易。

二 中华民族的政治内涵

早在中国共产党成立之前的1921年11月，中国共产党的下属组织就把全体中国人视为对外意义上"民族"："在民族生存权的理由上，我们须与外国帝国主义之侵略奋斗。"② 而同样是中共的下属组织，中国劳动组合书记部在1922年6月关于"澳门葡兵残杀华人事件"的呼吁中，则明确地把这个"民族"直接称之为中华民族："共议对付方针，而争我国家体面，挽我中华民族的人格。"③在不到一个月后，中共在1922年7月公布的二大宣言中针对中国及中华民

---

① 梁启超：《中国历史上民族之研究》（1922年），张品兴主编：《梁启超全集》，北京出版社1999年版，第3435页。

② 《中华女界联合会纲领》（1921年11月），中共中央统战部：《民族问题文献汇编（1921—1949）》，中共中央党校出版社1991年版，第4页。根据《中国共产党中央局通告——关于建立与发展党团工会组织及宣传工作等》（1921年11月），中华女界联合会为中国共产党的下属组织，《中共中央文件选集》第1册，中共中央党校出版社1989年版，第27页。

③ 《中国劳动组合书记部等九团体为澳门葡兵惨杀华人事件致各团体呼吁书》（1922年6月20日），《邓中夏全集》上卷，人民出版社2014年版，第180页。

族的统一与和平，明确提出"真正的统一民族主义国家和国内的和平，非打倒军阀和国际帝国主义的压迫是永远建设不成功"，并说明建立统一的多民族国家"才是真正民主主义的统一"；中共不仅在大会宣言中明确载入"中华民族"的概念，并明确地把"达到中华民族的完全独立"作为党的奋斗目标之一："推翻国际帝国主义的压迫，达到中华民族完全独立。"① 在《关于"国际帝国主义与中国和中国共产党"的决议案》中，这一奋斗目标也再次得以确认和重申。② 在1923年召开的中共三大上，中共在宣言中虽然换用了"中国民族"，但从宣言结尾"全世界被压迫的民族解放万岁"的口号可以得知，③ 中国共产党所说的"中国民族"与"中华民族"不仅具有一致性，而且具有同样的对外意义。

早在国共合作之前，李大钊曾经提出"今后中国的汉、满、蒙、回、藏五大族，不能把其他四族作那一族的隶属"④。1924年1月，中共第一次明确地指出与国民党在政纲方面的唯一不同，在于中华民族的内涵方面。

在苏联的影响之下，中共中央在组织及宣传教育的决议案中提出"因为帝国主义的压迫，所以中国人民普遍都在发展民族的感情"，这显示出中共话语中的"中国人民""中国民族"和"中华民族"等概念，其实是可以同义代换的，只不过"中华民族"具有更确切的"国家民族"特性；也正是在这个意义上说，中共在此以后有关"民族革命""民族运动""民族解放运动"及"民族革命与世

---

① 《中国共产党第二次全国代表大会宣言》（1922年7月），中央档案馆编：《中共中央文件选集》第1册，第110、115页。

② 《关于"国际帝国主义与中国和中国共产党"的决议案》（1922年7月），中央档案馆编：《中共中央文件选集》第1册，第62页。

③ 《中国共产党第三次全国大会宣言》（1923年6月），中央档案馆编：《中共中央文件选集》第1册，第166页。

④ 李大钊：《平民主义》（1923年1月），《李大钊文集》（下），人民出版社1984年版，第598页。

界革命之关系"等论述,大多蕴含关于现代民族国家的"国家民族"意义。

虽然认定"民族主义就是国族主义",但孙中山坚持认为中华民族"可以说完全是汉人":"就大多数说,四万万中国人可以说完全是汉人。同一血统、同一言语文字、同一宗教、同一习惯,完全是一个民族。"① 中共对此有所保留。中共在四大《对于民族革命运动之决议案》中也指出,"封建阶级及资产阶级的民族运动,乃立脚在一民族的一国家的利益上面,其实还是立脚在他们自己阶级的上面",他们对外"反抗帝国主义的他民族侵略"的行为"固含有世界革命性",但对内如"中国以大中华民族口号同化蒙藏等藩属"那样压迫各弱小民族的行为, "乃是世界革命运动中之反动行为"。② 正因如此,中共在关于孙中山逝世的文告、唁电和党内文件中,仅仅突出"为中国民族自由而战的孙先生"、"反帝国主义反军阀"的"中山主义",进而据此部署"借追悼会做广大的宣传,尤其要紧的是根据中山遗言做反帝、废约的宣传"。③

也正是源于此,中共特别注意在反帝的同时突出强调与国民党不同的政治理念建构:"有明了的政治观念,有集合的战斗力,在国民运动中,能够加敌人以最后致命的打击者,只有工农联合的力量。"④ 首先,在马克思主义和共产国际的指导下的阶级和阶级斗争的观念被突出强调:"民族革命虽然是各阶级共同参加的,可是中国

---

① 孙中山:《三民主义》(1924年),《孙中山全集》第9卷,中华书局1986年版,第185、188页。

② 《对于民族革命运动之决议案》(1925年1月),《中共中央文件选集》第1册,第330页。

③ 《中国共产党为孙中山之死告中国民众》(1925年3月15日)、《中国共产党致唁中国国民党——为孙中山之死》(1925年3月15日)、《中央通告第十九号——宣传孙中山遗言,发展国民党左派力量》(1925年4月4日),《中共中央文件选集》第1册,第399、402、404页。

④ 《中国共产党给第二次全国劳动大会的信》(1925年4月),《中共中央文件选集》第1册,第407页。

资产阶级中主要的买办阶级完全是为外国资本家所养成，不但不能革命，而且是反革命的"；"民族革命运动一切方面的进行，一定要不妨碍工人阶级的发展，而且应该把工人阶级的利益放在第一位，工人阶级参加民族革命运动，必须保持阶级的本色，指示革命的出路，引导革命到底"；[1]进而把党确定为"革命民众势力集中的组织，以为领导全国运动的统一机关"[2]，因为"现在的中国工人已经成了一种社会势力，不像从前那样容易压服了；各省都有了工人的组织，并且有了全国工人的组织，并且有了代表工农利益而奋斗的政党——中国共产党"[3]；到1928年的中共六大上，更在《组织问题决议案提纲》和《组织决议草案》中极端化地规定"党的无产阶级化"和"干部工人化"[4]。其次，突出强调把少数民族有组织地纳入中华民族意义上的"民族革命"当中，"以引导他们参加全国反军阀、反帝国主义的斗争"。在这样的逻辑之下，蒙古人、回民、苗瑶被定位于中华民族之内的民族和民族问题，并把他们分别确定为"弱小民族""少数民族""土著民族"和"古代民族"。[5]

瞿秋白在1927年发表的《中国革命之争论问题》中明确地认为

---

[1] 《工人阶级与政治斗争的决议案》（1925年5月），中共中央文献研究室、中央档案馆编：《建党以来重要文献选编》第2册，中央文献出版社2011年版，第352—353页。

[2] 《中国共产党中国共产主义青年团宣言——告此次为民族自由奋斗的民众》（1925年7月10日），《中共中央文件选集》第1册，第429页。

[3] 《中国共产党为总工会被封告工友》（1925年9月18日），《中共中央文件选集》第1册，第455、449页。

[4] 《中国共产党组织决议案草案》、《组织问题决议案提纲》（1928年7月10日），《中共中央文件选集》第4册，第452、449页。中共中央在1928年11月指出这是"机械的规定"和"形式主义的错误"，《中国共产党中央委员会告全体同志书》（1928年11月11日），《中共中央文件选集》第1册，第707页。

[5] 《中共中央关于西北军工作给刘伯坚的信》（1926年11月9日）、《国民党军中工作方针》（1926年11月3日）、《湖南省第一次农民代表大会解放苗瑶决议案》（1926年12月）、《中共中央临时政治局扩大会议关于中国共产党土地问题党纲草案》（1927年10月），中共中央统战部：《民族问题文献汇编》，中共中央党校出版社1991年版，第45、46、52、83页。

民族问题与中国革命不仅有"政治上的总意义",而且"亦是党的程度之测量表"。①

中共六大闭幕后,中共中央通过一系列《通告》传达大会精神并进行工作部署。1928年10月,中共中央提出"严密地考察重要省区党部关于六次大会决议案实施和宣传的以及了解的程度"②;中共中央此后先后致信给内蒙、满洲、云南等民族地区党组织。在1929年1月10日前后,毛泽东为宣传中共六大决议精神,以《共产党宣言》为题在井冈山起草了"中共版的三民主义",文中把具有中华民族意义的"中国整个民族可以得到解放"置于"第一责任","帝国主义打倒之后,全国才可以统一,工业才可以发展,中国整个的民族才可以得到解放,这是中国共产党第一个责任";"土地革命是中国民权革命主要的内容,地主官僚军阀不除,中国农民得不到土地,民权革命就不算成功。所以推翻封建剥削,解决土地问题,是中国共产党的第二个责任";"要达到打倒帝国主义推翻封建剥削的目的就非推翻军阀国民党政府,建设工农兵代表会议(苏维埃)政府不可,这就是中国共产党第三个责任"。③同年6月,中共中央在陕西问题的决议中提出对西北的少数民族应扩大"联合奋斗的宣传"。④在三天后召开的中共六届二中全会不仅把"少数民族"问题列为党的组织问题之一,而且对"少数民族"的概括比共产国际要更宽泛,也并不限于国内的少数民族:"少数民族问题确是一个很重要的问题,如上海的英美日等国人民,以及印度、安南、朝鲜、

---

① 瞿秋白:《中国革命之争论问题》(1927年2月),《瞿秋白文集:政治理论编》第4卷,人民出版社2013年版,第528—529页。

② 《中共中央工作计划大纲》(1928年10月1日),《建党以来重要文献选编》第5册,第598页。

③ 《中国共产党红四军党部"共产党宣言"》(1929年1月),《民族问题文献汇编》第96页;中共中央文献研究室编:《毛泽东年谱(1893—1949)》上卷,中央文献出版社2002年版,第260页。

④ 《中共中央对陕西问题的决议》(1929年6月22日),《民族问题文献汇编》,中共中央党校出版社1991年版,第108页。

台湾人民，满洲的朝鲜及日本人，山西、顺直的蒙古人，四川的藏人，甘肃的回民、云南的苗族等。安南只有中国华侨支部而无安南党，马来岛、菲律宾亦是如此"；而落实六大关于"准备中国少数民族问题的材料，以便第七次大会列入议事日程并加入党纲"的要求，中共中央指示"各地党部应特别注意调查他们的生活状况及风俗习惯，以供给党关于少数民族策略决定的材料"。①

由于对中国少数民族问题的观察不够，中共中央在给云南省委的指示信中坦承"中央因为没有很充分的材料，所以只能做很原则的指示"；但尽管如此，中共中央在这篇关于"少数民族策略"的指示信中还是根据共产国际关于东方殖民地思想提出了一个关于少数民族的主要策略：民族自决的重点在于让少数民族通过民族自决去裂解旧国家以建新国家，因此这种民族自决"不是民族独立"；"另外一种观念，认为中国革命不成功，少数民族决不会得到解放。这一观念必然使我们忽视少数民族工作之严重意义，这是必须纠正的"。②

三　中华民族的本质属性

1931年"九一八事变"的爆发，使得中共在论述中集中地突出使用中华民族意义上的民族概念。"抓住广大群众对国民党的失望与愤怒，而组织他们引导他们走向消灭国民党统治的争斗，抓住一切灾民，工人，士兵的具体的切身要求，发动他们的争斗走向直接的革命争斗。领导群众〔为〕反对日本帝国主义的暴力政策，反对帝国主义的奴役和侵略，反对进攻苏联和苏区，拥护苏维埃，武装保

---

① 《中共六届二中全会讨论组织问题的结论》（1929年6月25日），《建党以来重要文献选编》第6册，第238页。

② 《中共中央给云南省委的指示信》（1929年9月28日），《民族问题文献汇编》，第110页。

卫苏联，反对帝国主义的强盗战争而争斗"；而"关于苏区党目前的任务，中央另有决议"。①

反帝的目的在于确保中华民族的独立与自由，但帮助少数民族实行民族自决却被误解为是分裂中华民族，为破除这种认识上的误区，中共中央在 1931 年年底的一份文件中反思道："我们没有在斗争中，揭破国民党以及各反革命派别出卖民族利益的事实，我们没有很广泛的，很清楚地把以民众革命来争取中国民族独立解放与中国民族统一，同国民党以及一切派别反对民众革命，投降帝国主义，造成民族耻辱与瓜分局面的民族主义的一切武断宣传与欺骗对立起来。我们甚至怕谈民族两个字，怕落进国民党民族主义的圈套中去。"② 在几天后发表的《为反对国民党无耻出卖民族利益宣言》中，提出"中国民族独立解放万岁"的口号。③

因为"只有苏维埃政府能够领导全中国的革命民众，对帝国主义宣战，而取得中国民族的自由与独立！"④，因此中共在苏区加紧展开建立中华苏维埃政权的工作。1931 年 11 月 7 日，《中华苏维埃共和国宪法大纲》明确规定中华苏维埃共和国人口的多民族构成包括"汉、满、蒙、回、藏、苗、黎和在中国的台湾，高丽，安南人等"。⑤

1934 年 1 月 18 日，中共中央在六届五中全会政治决议案中提出，"党必须领导少数民族的民族解放与自主（包括分立权）而斗

---

① 《中央关于日本帝国主义强占满洲事变的决议》（1931 年 9 月 22 日），《中共中央文件选集》第 7 册，第 416—424 页。

② 《中央关于反帝斗争中我们工作的错误与缺点的决议》（1931 年 12 月 2 日），《中共中央文件选集》第 7 册，第 532 页。

③ 《中国共产党为反对国民党无耻出卖民族利益宣言》（1931 年 12 月 5 日），《民族问题文献汇编》，第 175 页。

④ 《中国共产党为反抗帝国主义、国民党一致压迫与屠杀中国革命民众宣言》（1931 年 10 月 12 日），《中共中央文件选集》第 7 册，第 433 页。

⑤ 《中华苏维埃共和国宪法大纲》（1931 年 11 月 7 日），《中共中央文件选集》第 7 册，第 773 页。

争"。1月22日,第二次全国苏维埃代表大会召开,时任中华苏维埃共和国中央政府主席的毛泽东在报告中提出了各民族基于共同利益结成共同命运并实现自由联合的"三段论"。①

1934年4月20日,中共中央发出《中国人民对日作战的基本纲领》,其中确定了中华民族的大致范围:"现在的全中国的民众,不管是汉人或是其他民族(蒙古,回族,满洲,苗瑶等),都处在一个非常危险的生死关头",并在文末提出"中华民族反日神圣战争万岁"和"大中华民族解放万岁"的口号。根据1934年9月21日《红色中华》第236期,此文的签名者有宋庆龄、何香凝、王克勤、白云梯、王佐臣、李达等1779人。②

至少在1926年,中国共产党已经明确地把满、蒙、回、藏、苗、瑶等族称为"民族",且常用"弱小民族"称之,这些称谓在长征期间不仅得以继续沿用,相关内容也越来越多地从"多元之间"走向"一体之内",由红军标语内容的变化可以看到这个从"弟兄"换为"一家人"、从"一致配合起来"改为"一致起来"的过程。③ 首先,中共明确地以人口规模为指标来定义少数民族的概念:"在四川全省居住的五千多万人口中间,除了汉人(汉族)占最大多数外,还有藏人、回人、番人、苗人、倮倮等各种民族。后面这五种人的人口比我们汉人要少,所以称为少数民族";④ 其次,中共中央在政教关系方面明确提出"宗教与政治必须分立,人民有信仰宗教的自由,同时人民有自己管理自己的自由,宗教不得干涉政

---

① 毛泽东:《中华苏维埃共和国中央执行委员会与人民委员会第二次全国苏维埃代表大会的报告》(1934年1月),《民族问题文献汇编》,第211页。
② 《中国人民对日作战的基本纲领》,《中共中央文件选集》第10册,第681、686页。
③ 《中国工农红军第四方面军在川陕地区的标语、口号、对联》(1934年)、《中国工农红军总政治部关于瓦解贵州白军的指示》(1935年1月1日)、《中国工农红军经过四川时的标语》(1935年),《民族问题文献汇编》,第250、252、486页。
④ 《中国工农红军西北军区政治部:少数民族工作须知》(1935年5月),《民族问题文献汇编》,第278页。

治"；最后，经由《告康藏西番民众书》等文件中可以发现，中共在长征中正在逐步形成各民族命运共同体的论述："康藏民族的解放运动，是与全世界无产阶级的革命运动和被压迫民族的解放运动，不可分离的一个部分，特别是与中国苏维埃运动成为不可分离一个部分，康藏民族解放运动的胜利，必须获得中国苏维埃的帮助，而且中国苏维埃的胜利，将直接影响着帮助着康藏民族的解放运动，因此康藏的民众要得到彻底的解放，必须与全世界无产阶级和被压迫的民族联合起来和中国苏维埃联合起来。"①

由于"民族"与"国家"存在等价代换的对应关系，所以中国的国家危亡就是中华民族的国族危亡，"近年来，我国家、我民族，已处在千钧一发的生死关头。抗日则生，不抗日则死，抗日救国，已成为每个同胞的天职"；有鉴于此，中共中央政治局在沙窝会议上明白地指出民族自决是一个通过裂解旧国家以合成一国的"策略"："目前在少数民族中的基本方针，应首先帮助他们的独立运动，成立他们的独立国家，……在这个时候，联邦的策略才是正确的。"②

1935年11月，毛泽东和朱德在共同签署的《抗日救国宣言》中重新使用了"中华民族"这一概念，"在亡国灭种的前面，中国人民决不能束手待毙。只有全海陆空军与全国人民总动员，开展神圣的反日的民族革命战争，以打倒日本帝国主义，以消灭中国有史以来最大的汉奸卖国贼蒋介石，中华民族才能得到最后的彻底的解放"③。在瓦窑堡会议上，中共中央提出"中华民族的基本利益，在于中国的自由独立与统一，而这一基本利益，只有在苏维埃的坚决方针之下，才能取得，才能保持，才能彻底战胜反对这种利益的敌

---

① 《中国共产党中央委员会告康藏西番民众书——进行西藏民族革命运动的斗争纲领》（1935年6月），《民族问题文献汇编》，第285页。

② 《中央关于一、四方面军会合后的政治形势与任务的决议》（1935年8月5日），《民族问题文献汇编》，第535页。

③ 《中华苏维埃共和国中央政府、中国工农红军革命军事委员会抗日救国宣言》（1935年11月28日），《民族问题文献汇编》，第580页。

人：帝国主义和卖国贼"；因此"一切政策，一切努力，为着反日反卖国贼的胜利，一切与此目标相违背者，均在排弃之列。这就是共产党与苏维埃的策略路线"，所以要"把统一战线运用到全国去，把国防政府与抗日联军建立起来，把苏维埃人民共和国变成全民族的国家，把红军变成全民族的武装部队，把党变成伟大的群众党，把土地革命与民族革命结合起来，把国内战争与民族革命结合起来"[①]。

1937年8月，中共中央在《抗日救国十大纲领》中提出"动员蒙民回民及其他一切少数民族，在民族自决和民族自治的原则下，共同抗日"；[②] 刘少奇则认为"应该宣布""中国境内一切少数民族实行自决，协助他们组织自己的自治政府"；[③] 这意味着在全民族抗战的背景下，民族自决在此时已经不再是中共民族政策的唯一选项。

1937年底，王明以中共中央的名义在《对时局宣言》中说，"蒋介石先生本年十二月十七日告全国国民书所提出之'贯彻抗战到底'，'争取国家民族最后胜利'之主旨，与本党对时局之基本方针，正相符合"；与此同时，他还提出了"大中华民族"的概念："我四万万五千万的大中华民族，在全世界主持正义的人民和国家同情援助之下，定能在持久抗战中最后战胜内受人民仇恨外遭列强疾视的日本帝国主义！"[④] 而在1938年6月，中共中央在建党17周年前夕则明确指出："中国共产党是中国工人阶级的马克思主义的政党，最后解放中华民族与中国人民是它的历史使命"；"中共过去的十七年即是为民族独立、民权自由、

[①] 《中央关于目前形势与党的任务决议》（1935年12月25日），《民族问题文献汇编》，第610、617、622页。

[②] 《中国共产党抗日救国十大纲领——为动员一切力量争取抗战胜利而斗争》（1937年8月25日），《中共中央文件选集》第11册，第328页。

[③] 刘少奇：《抗日游击战争中的若干基本问题》（1937年10月16日），《民族问题文献汇编》，第563页。

[④] 《中国共产党对时局宣言——巩固国共两党精诚团结，贯彻抗战到底，争取最后胜利》（1937年12月25日），《中共中央文件选集》第11册，第411、413页。

民生幸福而艰苦奋斗的十七年。这个奋斗的基本目标，中共远在一九二二年就已经明确的提出来了"①。

在1938年10月召开的中共六届六中全会的政治报告中，毛泽东明确地把中华民族界定为包括"中华各民族（汉、满、蒙、回、藏、苗、瑶夷、番等）"在内的"统一的力量"，这个统一的过程就是"共同抗日图存"的共同命运和共同利益的凝聚；在提出"团结各民族为一体"的共同体思想之后，毛泽东还首次阐发了"中华民族站起来了"的论断："现在全世界的人民都明白，中华民族是站起来了！一百年来受人欺凌，侮辱，侵略，压迫，特别是九一八事变以来那种难堪的奴辱地位，是改变过来了。全中国人手执武器走上了民族自卫战争的战场，全中国的最后胜利，即中华民族自由解放的曙光，已经发现了。"②

1939年1月，国民党第五届五中全会会议决议发动"国民精神总动员运动"并颁行《国民精神总动员纲领》《精神总动员实施办法》及《国民公约誓词》，具体规定了国民精神总动员实施的目的、要求和办法。此所陈述，似极平凡，然中华民族之起死回生，必由斯道；规定在"精神之改造"方面应实现"醉生梦死之生活必须改正""奋发蓬勃之朝气必须养成""苟且偷生之习惯必须革除""自私自利之企图必须打破""分歧错杂之思想必须纠正"③。同年4月，中共连续发出《关于国民精神总动员的指示》《为开展国民精神总动员运动告全党同志书》《关于国民精神总动员的第二次指示》三个文件以为响应：在中国共产党看来，"中华民族是我们全体中国人的民族，尤其是百分数九十的绝大多数劳动人民的民族，我们民族

---

① 《中共中央关于中共十七周年纪念宣传纲要》（1938年6月24日），《中共中央文件选集》第11册，第524页。

② 《论新阶段——抗日民族战争与抗日民族统一战线发展的新阶段》（1938年10月12—14日），《中共中央文件选集》第11册，第619、561页。

③ 《国民精神总动员纲领》（1939年1月），《中国国民党历次全国代表大会暨中央全会文献汇编》第15册，第282—283、278页。

需要生存，需要繁荣，需要独立自由和幸福，我们民族首先需要从日寇的铁蹄之下解放出来。不坚决抵抗日寇到底，就绝不会有民族的解放，就绝不是民族的最后解放；所以，抗战到底和争取民族绝大多数同胞的幸福，这就是'民族至上'"；由此出发，中共对旨在涵养中华民族精神和一致抗战的"国民精神总动员"表示"基本上拥护此纲领"，并要求全党"运用与发挥其中一切积极的东西，来提倡为国家民族、为精诚团结、为三民主义的全部实现、为争取抗战建国最后胜利而牺牲奋斗、而竭忠尽孝的革命精神，来养成奋发有为、朝气勃发、大公无私、见义勇为、杀身成仁、舍身取义，对革命前途充满必胜信心的新国民气象，同时以此来反对与打击一切与此相反的东西，一面反对防共分子的观点，一面反对反民族分子的观点。"[①]

1939年12月，毛泽东在《中国革命和中国共产党》中提出了一个重要的判断，即中国是一个多民族的民族国家。毛泽东这一重要论断，首先意味着多民族国家和单一民族国家都是民族国家的类型之一；其次意味着中国是一个多民族国家，而非单一民族国家；再次，指出了中国的民族构成具有双层的结构，即具有"国家民族"意义中华民族和组成中华民族的"多数民族"；最后，指出了中华民族是一个"历史民族"，更是现代国家的"国家民族"："中国虽然是一个伟大的民族国家，虽然是一个地广人众、历史悠久而又富于革命传统和优秀遗产的国家；可是，中国自从脱离奴隶制度进到封建制度以后，其经济、政治、文化的发展，就长期地陷在发展迟缓的状态中。这个封建制度，自周秦以来一直延续了三千年左右。"

1940年1月，毛泽东在《新民主主义论》中不仅明确提出了"新中国"的概念，而且为这个新中国在政治、经济、文化等方面做出了清晰的规划。到1940年2月，时任中共西北工作委员会秘书长的贾拓夫在文章中首先确定了中华民族的内涵，并在概括历史上民

[①] 《中央关于国民精神总动员的指示》（1939年4月5日），《中共中央文件选集》第12册，第56、45页。

族关系的基础上建构了中华民族共同命运与共同解放的论述。

如前文所述，早在建党初期，中共就在各种公开文件中明确把"回回"称为"回族"。这意味着"中国共产党一贯的承认回回是一个民族"。①《关于回回民族问题的提纲》和《回回民族问题》的重点，其实并不在于认定回回是一个民族，而在于提出回族面临的"三个基本矛盾"和"三个历史任务的解决"。质而言之，就是明确地指出回族与中华民族的命运共同体关系："摆在回族的面前，有三个基本矛盾：回日矛盾，回汉间民族矛盾，回族内部民主力量（主要是农民）与封建残余势力的阶级矛盾。因此，回族解放的历史任务，是打倒日本帝国主义，消灭国内民族不平等，消灭封建残余。但这三个历史任务的解决与整个中国革命的发发［展］和胜利不可分离，今天回族的命运，也和整个中华民族的命运一样，只有从彻底抗日的斗争中，才能争取一切其他方面的解放。"②依照同样的论述逻辑，由"西工委"撰写的《蒙古民族问题》也同样基于"三重不可忍受的压迫"，提出"蒙古民族的解放运动在一定的历史条件下，或是与中国革命密切联系着或是成为中国革命的一个组成部分"这样一个命运共同体的论述。③

值得注意的是，"西工委"在这两份都经过中共中央书记处批准的文件中，都提出了"在平等原则之下共同联合抗日，并实现建立统一的三民主义的新共和国"的政策；在《关于抗战中蒙古民族问题的提纲》则不仅更明确地提到各少数民族都是"国内各民族"，而且在提及建立"新共和国"时也增加了"联合"二字，这就进一步明确了少数民族的国家定位，也同时意味着不再使用联邦制的建

---

① 民族问题研究会编：《回回民族问题》（1941年），民族出版社1980年版，序言第1页。

② 《关于回回民族问题的提纲》（1940年4月25日），《中共中央文件选集》第12册，第376页。

③ 民族问题研究会编：《蒙古民族问题》（1941年），民族出版社1993年版，第19、27页。

国路径并转而趋向各民族联合建立共和制新中国的思考:"蒙古民族与汉、回、藏、维吾尔国内各民族在平等原则之下共同抗日,并实现建立统一联合的三民主义的新共和国。"①

1942年8月,蒋介石在演讲中承袭了傅斯年、顾颉刚等人关于"中华民族是整个的"和"中华民族是一个"的论述,认为中华民族是单质性的国家民族;② 1943年3月,蒋介石在《中国之命运》一书中更明确认可上述观点。毛泽东在1943年4月22日已经注意到了《中国之命运》,要陈伯达写一意见。③ 7月21日,陈伯达在《解放日报》发表《评〈中国之命运〉》,指出"民族历史必须按照科学去解释。法西斯主义曲解历史、削改民族历史、捏造民族历史的伎俩,绝不足为训,如果拿这种东西作为国民的教本,就会愚弄国民。中国大地主大资产阶级之所以要捏造这种单一民族论,其目的就在于提倡大汉族主义,欺压国内弱小民族。……这是每个头脑清楚的中国人所应该注意的";他由此指出这是"买办的封建的法西斯主义"和"新专制主义";同年7月,中共中央宣传部通知"陈伯达同志《评〈中国之命运〉》一文,本日在《解放日报》上发表,并广播两次。各地收到后,除在当地报纸上发表外,应即印成小册子(校对勿错),使党政军民干部一切能读者每人得一本(陕甘宁边区印一万七千本),公开发卖。一切干部均须细读,加以讨论。一切学校定为必修之书";"乘此机会做一次对党内党外的广大宣传,切勿放过此机会";④ 刘少奇在给陈毅、饶漱石的电报中要求"最近

---

① 《关于抗战中蒙古民族问题提纲》(1940年7月),《中共中央文件选集》第12册,第443页。
② 蒋介石:《中华民族整个的责任——在西宁对汉满蒙回藏士绅、活佛、阿訇、王公、百户、千户讲》(1942年8月27日),秦孝仪主编:《总统蒋公思想言论总集》第19卷,中央文物供应社1984年版,第215—216页。
③ 《毛泽东年谱(1893—1949)》中卷,第434页。
④ 《中央宣传部关于广泛印发〈评《中国之命运》的通知〉》(1943年7月21日),《中共中央文件选集》第14册,第79页。

延安民众大会通电、《解放日报》社论及陈伯达《评〈中国之命运〉》等文章,你们应广为散发,并在党内外进行深入的宣传教育,并借机在党内加紧阶级教育";[1] 毛泽东在致电彭德怀时指示"望将延安民众大会通电,解放日报社论及陈伯达、范文澜《评〈中国之命运〉》等文,多印广发,借此作一次广大深入的有计划的阶级教育,澈底揭破国民党的欺骗影响,不要把此事的重要性看低了。国民党思想在我们党内是相当严重地存在的";[2] 中共中央总学习委员会在为期半个月的教育活动中,也把《评〈中国之命运〉》列为五个学习文件之一。[3] 同年8月,周恩来撰文继续批判蒋介石的民族观,"是彻头彻尾的大汉族主义"。[4] 根据罗丹的研究,《中国之命运》甫一发表就遭到了国统区知识分子的反对,"蒋在《中国之命运》中表达的民族观和国民党一党专政的政治构想,令知识阶层中的'出类拔萃之辈'大失所望"。[5] 到1945年4月,毛泽东在中共七大的政治报告中把《中国之命运》视为两党在民族问题上分水岭和赢得民心的试金石。[6]

抗战胜利后,中共中央指示"我们对蒙古民族问题应采取慎重态度,根据和平建国纲领要求民族平等自治,但不应提出独立自决

---

[1] 刘少奇:《关于打破对国民党幻想的指示》(1943年7月23日),《中共中央文件选集》第14册,第81页。

[2] 毛泽东:《关于敌后工作方针、政策和任务的指示》(1943年7月30日),《中共中央文件选集》第14册,第83页。

[3] 《中央总学委关于进行一次国民党的本质及对待国民党的正确政策的教育问题的通知》(1943年8月5日),《中共中央文件选集》第14册,第86页。

[4] 周恩来:《论中国的法西斯主义——新专制主义》(1943年8月16日),《周恩来选集》上卷,人民出版社1980年版,第147页。

[5] 周锡瑞、李皓天主编:《1943:中国在十字路口》,陈骁译,社会科学文献出版社2016年版,第166页。

[6] 毛泽东:《论联合政府》(1945年4月24日),《毛泽东选集》第3卷,第1083—1084、1046页。

口号"。① 内蒙古人民代表会议在宣言中也强调"内蒙古自治政府是内蒙古民族、各阶层联合内蒙古区域内各民族实行高度区域性自治的地方民主联合政府,并非独立自治政府";"内蒙古人民坚决拥护中国真正的民主联合政府,中国民主联合政府成立,内蒙古自治政府即包括为其一部分"。②

在新中国成立前夕,毛泽东在中国人民政治协商会议第一届全体会议上,把中华民族视为新中国的"国家民族":"我们的民族从此将列入爱好和平自由的世界各民族的大家庭";"我们的民族将再也不是一个被人侮辱的民族了,我们已经站起来了"。③

中华民族这一概念的提出,自其伊始就是一个关于中国人的集合概念;在现代国家的场域下,其所对应的就是"国家民族"的概念,因而理所当然是一个包括各阶级、各阶层、各民族的共同体。对应于现代国家的三要素,作为"国家民族"的中华民族首先与领土相关联,即它所界定的是中国领土之上的人群;其次具有集合性,这个概念包括了中国领土上的各个民族;再次是主权性,这意味着中华民族及其国家拥有独立的主权,由此用以区分中国人的内与外,即国籍上的中国人与非国籍的中国人。从历史的脉络来看,中华民族是一个历史民族,从共有文化上看中华民族是一个文化民族,但在与现代国家相对应和相关联的时候,中华民族才具有主权性,这其实也是"中华民族大团结"的目标、方向和意义与价值。由本章的梳理可知,中华民族这一概念自清末提出以来,其实一直与现代国家的建立与建构关联在一起;因而在这个意义上说,中华民族这一在近代中国以来的争议焦点,其实并不在于中华民族是不是"一

---

① 《中共中央关于内蒙民族问题应采取慎重态度的指示电》(1946年2月18日),《民族问题文献汇编》,第1000页。
② 《内蒙古人民代表会议宣言》(1947年4月30日),《民族问题文献汇编》,第1118页。
③ 毛泽东:《中国人民站起来了》(1949年9月21日),中共中央文献研究室编:《开国文选》,中央文献出版社1999年版,第293页。

个",而在于中华民族是怎样的"一个",即中华民族的内部是单一性的,还是多元性的;是平面结构的,还是双层结构的。换言之,中华民族作为 nation 意义的国家民族,它是单质性的,还是多元一体的?近代以来统一多民族国家的建构,就是这样一个历程和见证。

中华人民共和国在 1949 年的建立,意味着中国共产党领导全国各民族建立"中华民族的新社会与新国家"的努力已经实现,中华民族不仅实现了完全自觉,而且成为中国的国家民族。由于中国是一个统一的多民族国家,这个国家民族就应该且必须是多元一体的,而在建国之后如何以及怎样地把中华民族凝聚成"包容性更强、凝聚力更大"的国家民族共同体,因而也就成了中华民族在 1949 年展开历史新纪元的重大问题,同时也是中国共产党踏上历史新征程的重大使命。

第四章　马克思主义民族理论中国化的缘起

——基于共产国际和中国共产党文献的研究

摘要：中国共产党对中华民族这一个与"国家民族"概念的厘定与厘清，既是不断深刻认识多民族国情的过程，也是中国革命所必须处理的重大事项，更与马克思主义中国化的提出以及中国特色解决民族问题正确道路的探索相伴随。马克思主义中国化天然地、内在地包括对中国民族问题的处理与解决之道，在这个并非一蹴而就的历史进程中，既有中国共产党人前仆后继的艰辛摸索与不断深化的自主实践，也与共产国际的策略转变、外在帮助与关键节点的强力支持密不可分。本章依据共产国际和中国共产党的历史文献，对从瓦窑堡会议到中共六届六中全会的这段"决定中国命运"的历史脉络，进行了重新的梳理和研究。

关键词：中华民族；民族政策；共产国际；瓦窑堡会议；中共六届六中全会

"今日欲救中国，无他术焉，亦先建设一民族主义之国家而已"，[①] 中华民族这一概念，自其提出伊始就与国家概念相关联。早

[①] 梁启超：《论民族竞争之大势》（1902年），梁启超著、张品兴主编《梁启超全集》，北京出版社1999年版，第899页。

在中国共产党成立之初的 1921 年 11 月，中国共产党就通过其下属的中华女界联合会把全体中国人视为对外意义上的"国家民族"，认为"在民族生存权的理由上，我们须与外国帝国主义之侵略奋斗"；① 而到 1922 年，中共在二大宣言中明确地把"推翻国际帝国主义的压迫，达到中华民族完全独立"作为党的奋斗目标；② 中共的下属组织也明确地把"华人"对应为与国家关联的"中华民族"："争我国家体面，挽我中华民族的人格。"③ 但是，关于如何以及怎样清晰而准确地认识和定位具有"国家民族"意义的中华民族并由此实现中华民族的内部团结和独立解放，中国共产党的这一理论探索一直到六届六中全会才得以基本完成，而这一时点恰恰与马克思主义中国化的提出完全同步。这一波澜壮阔的历史进程，既有中国共产党人前仆后继的艰辛摸索与不断实践，也有共产国际的外在帮助与关键支持。接续此前的概述和研究，④ 本章基于中国共产党历史文献的梳理和比较，呈现了这一历程。

一 共产国际指导中国革命方式方法的偏差

中国共产党对中华民族内涵的深刻体认，既有共产国际的指导，也有地方党组织与中央的互动，因而是一个由外及内、上下激荡的

---

① 《中华女界联合会纲领》（1921 年 11 月），中共中央统战部：《民族问题文献汇编（1921—1949）》，中共中央党校出版社 1991 年版，第 4 页。

② 《中国共产党第二次代表大会宣言》（1922 年 7 月），中央档案馆编：《中共中央文件选集》第 1 册，中共中央党校出版社 1990 年版，第 110、115 页。

③ 《中国劳动组合书记部等九团体为澳门葡兵惨杀华人事件致各团体呼吁书》（1922 年 6 月 20 日）《邓中夏全集》上册，人民出版社 2014 年版，第 180 页。

④ 梁端、陈建樾：《作为共同体的中华民族：中国共产党的思考》，《青海民族研究》2021 年第 1 期；陈建樾：《马克思主义民族理论中国化的早期探索——基于共产国际和中国共产党文献的研究》，《西南民族大学学报》2022 年第 5 期；陈建樾：《激荡与互动：中国共产党民族团结思想的提出与清晰化》，《西南民族大学学报》2017 年第 2 期。

历史过程。

在大革命失败后的 1927 年 5 月 24 日，斯大林在共产国际执行委员会第八次全会第十次会议上指责共产国际在"中国革命问题上"存在着"两条路线"，并指名道姓地批判托洛茨基和季诺维也夫；① 同年 7 月 28 日，斯大林在《真理报》上撰文严厉地批评那种"企图把对一切国家的领导千篇一律化"的行为：

> 他们真诚地相信：根据共产国际的某些公认的一般原理，不用顾到中国经济、中国政治制度、中国文化、中国习俗和传统的民族特点，所谓用电报就能领导中国革命。实在来说，这些"领导者"不同于真正领导者的地方，就在于他们衣袋里藏着两三个现成的、对一切国家都"适用的"、在任何条件下都"必须的"公式。顾到每个国家的民族特殊的和民族独有的东西的问题，对他们来说是不存在的。把共产国际的一般原理和每个国家革命运动的民族特点结合起来的问题，使共产国际的一般原理适应于各个国家的民族—国家的特点的问题，对他们来说是不存在的。

针对"不懂得发现和掌握每个国家的民族特点"的问题，斯大林强调：

> 只要各民族间和各国间的民族差别和国家差别还存在（这些差别甚至在无产阶级专政在全世界范围内实现以后也还要保持很久很久），那么各国共产主义工人运动的国际策略的统一要求的不是消除多样性，不是消灭民族差别（这在目前是可笑的幻想），而是在运用共产主义基本原则（苏维埃政权和无产阶级

---

① 斯大林：《中国革命和共产国际的任务》（1927 年 5 月 24 日），《斯大林全集》第 9 卷，人民出版社 1954 年版，第 279、281 页。

专政）时，把这些原则在细节上加以正确的变更，使这些原则正确地适应并且适用于民族的和民族国家的差别。①

1928年6月底到7月中，中共六大在莫斯科召开。根据周恩来的回忆，斯大林在会前与参会的中共领导人谈了两个问题，"一个是中国革命的性质，一个是革命的高潮与低潮。……'六大'前，中国党是不懂这个问题的"。② 因为需要更多地了解中国情况和进行指导，在六大后留在莫斯科并陪同米夫访问中国的王明，越来越多地在共产国际和中共之间发挥了作用：1930年12月，王明通过米夫的操作被选为江苏省委书记，并在1931年1月在中共六届四中全会上成为中共中央委员和政治局委员；11月王明赴莫斯科担任中共驻共产国际代表；1933年8月，王明被吸收参加共产国际执委会会议，并被会议确定为与阿布拉莫夫、米夫共同负责共产国际与中共中央的联络；10月7日，王明进入中共中央书记处；1933年1月，王明起草了以中共中央名义发出的《给满洲各级党部及全体党员的信——论满洲的状况和我们党的任务》；3月发表《马克思主义与中国革命》，这些都深刻地影响到了共产国际关于中国革命的政策思考与指导。

1933年4月21日，共产国际执行委员会东方地区书记处讨论通过了"关于中共民族政策的总原则的建议"；这份文件在传达给中共中央时还夹带有王明的附信，"中国共产党必须从这些条款出发，提出为消灭帝国主义、中国封建主、资本家和国民党政权对中国非汉族人民的民族压迫而斗争的问题"；并"要十分明确地提

---

① 斯大林：《时事问题简评·关于中国》（1927年7月28日），《斯大林全集》第9卷，第299、303—304页。

② 周恩来：《关于党的"六大"的研究》（1944年3月3、4日），《周恩来选集》上卷，人民出版社1980年版，第158页。

出具体的民族问题"①。三天后，共产国际执委会东方书记处听取了王明关于"中国反帝斗争中的统一战线问题"的报告，并责成王明代表共产国际对中共"起草简要的指示"。②

在这份名为关于"中共民族政策总原则"的建议中，共产国际明确地把中国的"民族问题"视为国家独立解放的问题："从民族问题的角度来说，中国国情的最重要特点是：作为半殖民地的中国正处在帝国主义列强的压迫和剥削之下。特别是在目前形势下，日本帝国主义在吞没中国一个又一个的地区（满洲、热河），中国面临着被帝国主义者重新瓜分的危险。帝国主义强盗正在利用地主资产阶级反革命和中国军阀集团的统治，把中国分割成帝国主义的'势力范围'"；其次，共产国际认为的中国民族问题在对内意义上是"对待非汉族人民的民族问题"，也就是内部各民族的解放问题，因为"中国这个封建官僚制国家，是在中国封建主和商业高利贷资本奴役许多非汉族人民，尤其是边远地区人民的基础上成长起来的。国民党地主资产阶级反革命继续实行对中国非汉族人民的野蛮民族压迫政策"；所以"中国的反帝反封建革命，在工人阶级和它的先锋队共产党的指导下，必然将彻底消灭汉族对非汉族人民和少数民族的压迫"；有鉴于此，共产国际要求"中国共产党在为争取民族自决权而斗争"的同时，要"应当首先注意到（蒙古族、回族、朝鲜族、傣族、彝族、满族等非汉族民族），他们在中国边远地区（满洲、内蒙古、甘肃、贵州、云

---

① 《王明给中共中央的复信》，中共中央党史研究室第一研究部译：《共产国际、联共（布）与中国革命档案资料丛书》第 13 卷，第 402—403 页，中共党史出版社 2007 年版；同年 10 月，王明和康生在给中共中央关于"中国人民对日本作战的基本纲领"中，使用了"中华民族"来概括"汉人"和"其他民族"，《王明和康生给中共中央政治局的信》（1933 年 10 月 27 日），《共产国际、联共（布）与中国革命档案资料丛书》第 13 卷，第 566—567 页。

② 《共产国际执行委员会东方书记处处务委员会会议第 15 号记录》（1933 年 4 月 28 日），《共产国际、联共（布）与中国革命档案资料丛书》第 13 卷，第 423 页。

南）居民中占大多数，并形成了广东、广西、湖南、四川西部的地区少数民族"；在具体工作中，"中国共产党应当捍卫无条件地实行民族平等的义务，在苏维埃管理机关内承认一切民族群体和少数民族的语言权利，保障各省、州和地区的自治权，对于一切民族群体和少数民族，法庭和学校都应当使用当地语言，并根据劳动居民的意愿划分出单独的民族苏维埃共和国。中国共产党应当坚持必须在苏维埃民主的基础上，对方言、历史和生活条件方面有所不同的所有地区，实行广泛的区域自治"。

通过这份文件，共产国际还要求"中国共产党应该在广大群众面前揭露国民党在民族问题上的反革命的和封建强制的政策，这种政策甚至比1911年宪法更反动。在南京宪法中只字未提中国的各民族，而国民党竭力对中国存在成千上万的革命的非汉族居民这一事实保持沉默"；并且提出了"反对民族压迫及对非汉民族和少数民族的不平等的"的总口号："打倒帝国主义统治；打倒国民党反动派政权；独立的中国万岁；中国各族人民的劳动联盟万岁；争取实现民族自决权直至民族分离（争取建立内蒙古人民共和国、甘肃回族人民共和国）；争取在华南按大多数劳动人民的意愿成立民族苏维埃共和国；争取新疆的独立自由；争取被压迫民族的劳动群众与苏维埃中国结成兄弟般的、牢不可破的联盟，同国际帝国主义和地主资产阶级反革命进行斗争；中国各族人民的全面平等万岁；同苏联的友谊和兄弟联盟万岁。"[1] 根据这个"总原则"的建议，共产国际还在另一份发给中共中央的文件中分门别类地对满洲、蒙古族、甘肃、华南、新疆等地区的民族问题进行了具体的规划和指导。[2]

---

[1] 《共产国际执行委员会东方地区书记处关于中共民族政策总原则的建议》（1933年4月21日），《共产国际、联共（布）与中国革命档案资料丛书》第13卷，第403—409页。

[2] 《中国共产党在民族问题方面的近期任务》（1933年4月），《共产国际、联共（布）与中国革命档案资料丛书》第13卷，第403—422页。

二 共产国际的策略变化

其实在遭到斯大林批评的前后，季诺维也夫和托洛茨基已经先后失去了在共产国际执委会的职务；到1929年4月，接替季诺维也夫的布哈林也被解除了在共产国际执委会的领导职务；莫洛托夫"在形式上成为共产国际的领袖"，但在1927—1935年间，共产国际实际上由马努伊尔斯基等人领导。①

在严厉批评季诺维也夫等人的时候，斯大林已经注意到了国际形势即将发生急剧的变化："新的帝国主义战争的威胁这一问题是现时的基本问题，这是几乎不能怀疑的了。这里所说的不是什么不固定的无形的新战争'危险'，而是一般新战争特别是反苏战争的真正的实在的威胁"；"最近一次帝国主义战争所造成的对世界的重新分割和对势力范围的重新划分已经'过时'了。某些新的国家（美国、日本）跑到前面去了。某些老的国家（英国）落在后面了。在凡尔赛几乎被埋葬了的资本主义德国正在复活、成长并日益强大起来。"②

1934年，斯大林在联共（布）第十七次全国代表大会的报告中继续指出："这几年是资本主义国家之间的关系和这些国家内部的关系更加尖锐化的年份。日本对中国发动战争并侵略了东北，使远东的关系尖锐化了；法西斯主义在德国取得胜利，复仇思想占了上风，使欧洲的关系尖锐化了；日本和德国退出国际联盟，更加推动了军

---

① ［美］威廉·福斯特：《三个国际的历史：1848年—1955年的国际社会主义和共产主义运动》，李潞等译，生活·读书·新知三联书店1961年版，第451页。

② 斯大林：《时事问题简评·论战争的威胁》（1927年7月28日），《斯大林全集》第9卷，第291页。

备的扩充和帝国主义战争的准备……。"① 这国际形势和战争危险的观察，斯大林不仅意识到苏联的外交政策需要做有针对性的调整，而具有"保卫苏联"功能的共产国际也应做相应的政策改变。

1934年2月16日，因"国会纵火案"被拘押的季米特洛夫，被苏联大使馆授予"苏维埃俄罗斯公民"；2月27日，季米特洛夫被释放后到达莫斯科。经过短暂的治疗和休养后，季米特洛夫在4月7日与斯大林碰面。在与季米特洛夫的谈话中，斯大林对马努伊尔斯基、皮亚特尼茨基、库西宁、克诺林等共产国际的领导人表达了明显的不满，"谁说这'四个人'应该这样待下去"；"这些人不爱进行马克思主义的分析。总说些大话和一般论断。这还是季诺维也夫留下的东西"；"我们曾在这张会议桌上讨论过（共产国际）全会的提纲，后来怎么样？他们回去就依然如故了"；在谈话中，斯大林直接把共产国际的工作委托给了季米特洛夫，"您跟几个同志先干起来吧，我们会帮您的"。1934年4月29日，季米特洛夫当选为共产国际执委会政治书记处书记、共产国际政治委员会委员和中欧地区局领导。通过5月2日的另一场谈话记录，我们可以发现斯大林把懂不懂"民族问题"和"无产阶级国际主义和民族主义"视为由谁来担任共产国际领导人的一个重要指标，而季米特洛夫显然是斯大林心中的不二人选，这一点就连马努伊尔斯基等人也清楚地看出来了：5月23日，季米特洛夫当选为共产国际执委会主席团成员；8月，季米特洛夫在共产国际七大上当选为共产国际执委会总书记，由此正式成为共产国际的"管家人"。②

1934年11月7日是十月革命纪念日，季米特洛夫在《真理报》发表了题为《为建立统一战线而斗争》的文章，其中指出"法西斯

---

① 斯大林：《在党的第十七次代表大会上关于联共（布）中央工作的总结报告》（1934年1月26日），《斯大林全集》第13卷，第252页。

② ［保］季米特洛夫：《季米特洛夫日记选编》，马细谱等译，广西师范大学出版社2002年版，第37、38、41、39页。

是一些最反动的帝国主义分子和最反动的沙文主义分子的代表，他们采取重新瓜分世界的办法来寻求摆脱危机的出路时，竭力用民族主义或种族主义的宣传来愚弄广大群众，唆使一些民族反对另一些民族，以此来发动新的帝国主义战争"，他由此提出"当前，关于无产阶级统一阵线的问题已成为各国工人运动的中心问题和首要任务。"①

1935年8月，共产国际七大在莫斯科召开。中共代表在贺词中向共产国际保证"中国共产党将尽一切努力，团结全国所有的反帝力量，并在反对帝国主义和反革命国民党的斗争中领导他们胜利前进"。②虽然共产国际此时已经失去了与中共的联络且并不知道中共正在进行长征，中国革命还是被高度赞誉为"第一个殖民地革命的范例"："在革命中实现了无产阶级思想上的领导和初级形式的国务上的领导。以中国工人阶级为代表的殖民地无产阶级，实际上证明了自己能够解决一些伟大的历史性问题，能够捍卫国家经济上和政治上的完全独立，能够彻底消灭封建残余，废除地主的土地所有制，铲除高利贷祸害，实行胜利走向社会主义的革命改造。"按照共产国际反对关门主义的统一战线新策略，"随着国际形势和国内形势的变化，一切殖民地和半殖民地国家的反帝国主义统一战线问题就成为极其重要的问题"。③

在"苏联社会主义的胜利、资本主义更加的危机、德国法西斯主义的暴行和新的战争危险的影响下"，旨在"制定共产国际新的策

---

① 季米特洛夫：《为建立统一战线而斗争》（1934年11月7日），中共中央党史研究室第一研究部译：《共产国际、联共（布）与中国革命档案资料丛书》第16卷，中共党史出版社2007年版，第500、502页。

② 周和生：《致共产国际第七次代表大会贺词》（1935年7月25日），《共产国际、联共（布）、与中国革命档案资料丛书》第17卷，第79页。

③ 威廉·皮克：《关于共产国际执行委员会工作》（1935年7月26日），《共产国际、联共（布）、与中国革命档案资料丛书》第17卷，第89—90页。

略"①的共产国际七大提出应该把工作重点转到"基本政治路线和策略路线"的制定方面，以便"帮助各国共产党利用自身的经验和国际共产主义运动的经验"；而且"同时也要避免把一国的经验机械地套用到另一个国家，避免用陈规旧习和一般公式来代替具体的马克思主义分析"。②

在长篇报告中，季米特洛夫对法西斯主义进行了深入的剖析，"法西斯获得政权，并不是一个资产阶级政府对另一个资产阶级政府的简单取代"；因此"如果忽略这个区别，那就是极其严重的错误"："法西斯主义之所以能够吸引群众，是由于它用蛊惑人心的方式迎合群众迫切需要和要求。法西斯主义不仅仅激起群众根深蒂固的偏见，并且也利用群众的高尚情感，利用他们的正义感，有时甚至利用他们的革命传统"；"法西斯分子正在翻查每一民族的全部历史，以便装作是民族历史上一切丰功伟绩的继承者，而把一切贬低和侮辱人民的民族情感的东西都作为武器，用来打击法西斯的敌人"。

基于这一分析，季米特洛夫提出"只要各国共产党在各方面加强自己的队伍，只要他们发挥自己的主动性，实行马克思列宁主义的政策，正确地、灵活地应用考虑到阶级力量的实际情况和对比的策略，它们就能保证动员极广大的劳动群众，来反对法西斯主义和反对资本进攻的统一斗争"；而"阻碍我们为实现统一战线而斗争的主要是关门主义"："关门主义满足于教条主义的狭隘观念，满足于脱离群众的实际生活，满足于以其极简单的方法，按照一成不变的公式来解决工人运动中极复杂的问题。关门主义自以为无所不知，用不着向群众学习，用不着从工人运动的教训中学习。总之，在关

---

① 《三个国际的历史：1848年—1955年的国际社会主义和共产主义运动》第459页。

② 《关于共产国际执行委员会工作报告的决议——关于皮克同志报告的决议》(1935年8月1日)，王学东主编：《国际共产主义运动历史文献》第58卷，中央编译出版社2015年版，第618页。

门主义看来，如大家所说的，一切都是轻而易举的"；"我们要与最广大的群众打成一片，以便进行反对阶级敌人的斗争。我们要找到方法和途径，以彻底克服革命先锋队脱离无产阶级群众和一切劳动人民而孤立的现象，同时也要克服工人阶级本身在反对资产阶级、反对法西斯主义斗争中脱离它的天然同盟者而孤立的危险现象"。

"随着国际形势和国内形势的变化，一切殖民地和半殖民地国家的反帝国主义的统一战线就成为极其重要的问题"，季米特洛夫由此建议中共"建立一个反对日本帝国主义及其中国代理人的最广泛的反帝统一战线，这一统一战线要联合中国境内所有那些愿意为救国救民而真正斗争的有组织的力量。"①

就在季米特洛夫做报告的当天，《真理报》以社论的形式扼要地向外界传递了共产国际七大的内容，"过去的七年再次证明国际的路线是正确的，它的马克思列宁主义的战略和策略是正确的。大会指出了国际若干支部存在的严重缺点，也承认共产国际对这些支部的政治帮助太迟了"；"大会建议执行委员会'把自己活动的重心转移到为世界工人运动制定基本的政治和策略方针，在解决一切问题时都从每个国家的具体条件和特点出发，并一般应避免对各国共产党的内部组织事务进行直接干预'"。②

根据季米特洛夫的报告，共产国际七大决议要求各国共产党"积极发挥自身的主动性，执行马克思列宁主义的原则政策，根据具体形势和阶级力量组合正确而灵活地运动策略"以"保证动员最广大的劳动群众参加反对法西斯主义和资本主义的统一的斗争"；同时要求中共"应该把扩大苏维埃运动和加强红军的战斗力与开展全国的反帝人民运动联系起来。这个运动必须在这样的口号下进行：武

---

① 《季米特洛夫关于〈法西斯主义的进攻和共产国际在争取工人阶级统一、反对法西斯主义斗争中的任务〉的报告》，《国际共产主义运动历史文献》第 57 卷，第 390、391、444、437、449—450、457、437 页。

② 《到群众中去！》（1935 年 8 月 2 日），《共产国际、联共（布）、与中国革命档案资料丛书》第 17 卷，第 107、108 页。

装人民进行民族革命斗争，反对帝国主义压迫者，首先是反对日本帝国主义及其在中国的走狗。苏维埃必须成为全中国人民团结起来进行解放斗争的中心"。①由于中国革命受到共产国际的赞誉，共产国际七大的会场上挂有"中国苏维埃万岁！"横幅，②大会的开幕词中也特别"向发展壮大中的中国革命致敬"，③中国在共产国际七大关于季米特洛夫报告的决议中成为唯一被提到的殖民地半殖民地国家，而所有这些都凸显出共产国际对中国革命的特别关注。

在共产国际七大闭幕时，季米特洛夫再次强调，"我们预先提出警告，在（统一战线）这个问题上不要犯简单化和公式化的毛病。实际生活要比任何公式复杂的多"：④

> 共产党人不仅要把国际工人运动其他队伍过去的经验，而且要把它们目前斗争的经验认真地运用到自己的国家中去。然而，正确运用经验，绝不是机械地把现成的斗争形式和斗争方法，由一种情况搬到另一种情况中去，由一个国家搬到另一个国家中去，而这种现象，在我们党内却是屡见不鲜的。……从俄国布尔什维克的经验中，我们应当学习的东西是：从每个国家的特点出发，灵活而具体地运用在反对资本主义斗争中的统一的国际主义路线；毫不留情地摒弃、鄙视和公开耻笑说空话、墨守成规、咬文嚼字和学理主义等恶习。

---

① 《关于季米特洛夫同志报告的决议》（1935年8月20日），《国际共产主义运动历史文献》第58卷，第633、632页。

② 《共产国际第七次代表大会第一次会议》（1935年7月25日），《国际共产主义运动历史文献》第57卷，第3页。

③ 《共产国际第七次代表大会开幕词》（1935年7月25日），《国际共产主义运动历史文献》第57卷，第10页。

④ 季米特洛夫：《在共产国际第七次代表大会上所作的结束语》（1935年8月13日），《共产国际、联共（布）、与中国革命档案资料丛书》第17卷，第116、126—127页。

在共产国际七大期间，中国驻共产国际执委会代表团的吴玉章等人委托王明代表中共驻共产国际执委会代表团起草《中国苏维埃政府、中国共产党中央为抗日救国告全体同胞书》（《八一宣言》）；7月14日，王明起草完成后，[1] 在7月19日通过米夫提交给共产国际执委会；9月7日，共产国际执委会书记处决定通过飞行表决予以批准；9月10日，共产国际执委会完成了飞行投票表决，并在9月24日正式批准。[2] 在这份经由共产国际批准的《八一宣言》中，中共呼吁"中国境内一切被压迫民族（蒙、回、韩、藏、苗、瑶〔瑶〕、黎、番等）的兄弟们"，"大家起来！冲破日寇蒋贼的万重压迫"[3]。

而另一方面，共产国际也迫不及待地想与中共建立联系，"共产国际和中共驻共产国际执委会代表团以及苏联特工部门早在共产国际七大结束前就已采取措施，让中共中央和中国其他地区的中共组织了解（共产国际）新的策略。在代表大会结束前就派遣参加过《八一宣言》讨论的中共驻共产国际执委会代表团成员张浩（李复生）扮成商人前往中共中央"。[4]

三　马克思主义民族理论中国化的提出

1935年10月19日，中央红军到达陕北吴起镇。22日，张闻天在中共中央政治局会议的总结发言中指出，长征意味着"一个历史

---

[1] 《吴玉章自传》，《历史研究》1981年第4期；周国全、郭德宏：《王明年谱》，安徽人民出版社1991年版，第76页。

[2] 《王明给米夫的信》（1935年7月19日）、《共产国际执行委员会书记处会议第3号记录》（1935年9月24日），《共产国际、联共（布）、与中国革命档案资料丛书》第15卷，第33、44页。

[3] 《为抗日救国告全体同胞书》，《中共中央文件选集》第9册，第486页。

[4] 《共产国际、联共（布）、与中国革命档案资料丛书》第15卷"前言"，第8页。

时期已经完结,一个新的历史时期开始了",他要求"打通国际线路",因为"特别是现在世界形势剧变,日本加紧进攻我们,我们不但要取得国际的政治帮助,而且还要取得技术帮助"①。11 月 7 日,张闻天、秦邦宪、刘少奇、李维汉等人及中央机关进驻瓦窑堡;10 日,中华苏维埃共和国中央政府西北办事处在瓦窑堡成立;②13 日,张闻天在中共中央政治局会议上指出"认清陕北苏区的重要"之一就是"靠近外蒙古及苏联,便于打通与苏联的联系";他同时要求"发动群众,粉碎敌人进攻,准备与日本帝国主义作战来开展全国的民族革命战争",由于"必须动员最广大的群众来参加这一战争",他提出"还要特别加强在蒙古少数民族中的工作"。③

1935 年 11 月下旬,共产国际派张浩(林育英)经外蒙古、内蒙古到达陕北,并从定边被护转到瓦窑堡。11 月 18 或 19 日,张闻天在瓦窑堡与张浩"彻夜长谈,听取了他关于共产国际七大建立反法西斯统一战线和人民阵线等精神,以及中共驻共产国际代表团起草、以中共中央名义发表的《八一宣言》的内容";20 日,张闻天向毛泽东通报了共产国际七大的会议精神,"同时立即研究共产国际的新精神,结合中国的实际情况,着手制定党的新的策略路线方案"。④ 李维汉就此回忆说,共产国际七大的报告实际上"为瓦窑堡会议的召开做了思想准备"⑤。

根据林育英的口头传达,张闻天在 1935 年 11 月 29 日举行的中共中央政治局会议上做了专题报告,他提出"我们目前要利用统一

---

① 张闻天:《长途行军结束后的新任务》(1935 年 10 月 22 日),中央党史研究室张闻天选集传记组编:《张闻天文集》第 2 卷,中共党史出版社 1993 年版,第 1、2 页。

② 魏建国:《瓦窑堡时期中共中央大事记》,魏建国主编:《瓦窑堡时期中央文件选编》下册,东方出版社 2012 年版,第 298—299 页。

③ 张闻天:《把陕北建成领导反日的中心》(1935 年 11 月 13 日),《张闻天文集》第 2 卷第 3、4 页。

④ 中共中央党史研究室张闻天选集传记组编:《张闻天年谱》上卷,中共党史出版社 2000 年版,第 278 页。

⑤ 李维汉:《回忆与研究》上册,中共党史出版社 2013 年版,第 287 页。

战线，争取广大阶层在我们的领导之下，也就是动员广大群众，争取广大群众在我们的周围，扩大统一战线，甚至对上层统一战线，我们都要争取"；目前"最阻碍我们工作的关门主义，使我们不能深入到群众中去领导群众"。由于"不打破关门主义就不能到广大群众中去"，所以"统一战线不只是限于宣传，要变成实际行动"。① 11月28日，中共在抗日救国宣言中再次把"中国人民"和"中国民族"等同起来，这进一步凸显出经过长征的共产党人继续坚持成为中华民族利益代表者的初心与使命："在亡国灭种的面前，中国人民决不能束手待毙。只有在全国海陆空军与全国人民总动员，开展神圣的反日的民族革命战争，以打倒日本帝国主义，以消灭中国有史以来最大的汉奸卖国贼蒋介石，中国民族才能得到最后的彻底的解放。"②

1935年底，中共中央政治局会议在由张闻天起草的《中央关于目前政治形势与党的任务决议》中，劈头第一句就说明了中国形势的变化以及与世界革命的关联性："目前政治形势已经起了一个基本上的变化，在中国革命史上划分了一个新时期，这表现在日本帝国主义变中国为殖民地，中国革命准备进入全国性的大革命，在世界是战争与革命的前夜"；也正因于此，"党的策略路线是在发动、团结与组织全中国全民族一切革命力量去反对当前主要的敌人——日本帝国主义与卖国贼头子蒋介石"；"不但要团结一切可能的反日的基本力量，而且要团结一切可能的反日同盟者，是在使全国人民有力出力，有钱出钱，有枪出枪，有知识出知识，不使一个爱国的中国人，不参加到反日的战线上去。这就是党的最广泛的民族统一战线策略的总路线"。

---

① 张闻天：《反对日本帝国主义侵略的策略》（1935年11月29日），《张闻天文集》第2卷，第13、15页。

② 《中华苏维埃共和国中央政府、中国工农红军革命军事委员会抗日救国宣言》（1935年11月28日），《中共中央文件选集》第10册，第580页。

出于这样的考虑，中国共产党宣告把苏维埃工农共和国改为苏维埃人民共和国，"这些政策的改变，首先就是在更充分的表明苏维埃不但是代表工人农民的，而且是代表中华民族的"；在这一决议中，中国共产党特别向回族、蒙古族等少数民族说明，日本帝国主义及中国卖国贼"是我们的共同的敌人"并呼吁联合起来将其打倒。如果联系到"中华民族的基本利益，在于中国的自由独立与统一"，① 我们就可以发现中国共产党此时阐发的中华民族概念已经具有了对外和对内的两个面向，即在对外意义上中华民族是中国人同义的"国家民族"概念；而在对内意义上又内在地包含着各个少数民族。由此可见，较之"推翻国际帝国主义的压迫，达到中华民族完全独立"的中共二大宣言，② 瓦窑堡会议在中华民族的概念上有了更进一步的认知。

"要战胜更强大的敌人，就必须尽最大的努力，同时必须极仔细、极留心、极谨慎、极巧妙地一方面利用敌人之间的一切'裂痕'，哪怕是最小的'裂痕'"，因为"谁不懂得这一点，谁就是丝毫不懂得马克思主义，丝毫不懂得现代社会的科学社会主义"。③ 援引精读过这本列宁著作的④毛泽东，在瓦窑堡会议后着重指出："国民党营垒中，在民族危机到了严重关头的时候，是要发生破裂的。……由于中国政治经济的不平衡，以及由此而生的革命发展的

---

① 《中央关于目前政治形势与党的任务决议（瓦窑堡会议）》（1935年12月25日），《中共中央文件选集》第10册，第598、604、605、609—610、616页。

② 《中国共产党第二次代表大会宣言》（1922年7月），中央档案馆编：《中共中央文件选集》第1册，第115页。

③ 列宁：《共产主义运动中的"左派"幼稚病》（1920年4—5月）中共中央马克思恩格斯列宁斯大林著作编译局编译：《列宁选集》第4卷，人民出版社2012年版，第180页。

④ 根据陈晋的研究，红军在1932年4月打下福建漳州后，毛泽东得到了《社会民主党在民主革命中的两种策略》和《国际共产主义运动中的"左派"幼稚病》，"这两本书对毛泽东当时认识中国革命实践的是是非非，直接有用，读起来特别'解渴'"，陈晋：《毛泽东阅读史》，生活·读书·新知三联书店2014年版，第68—73页。

不平衡，增大了这种破裂的可能性"，"马克思列宁主义反对革命队伍中的幼稚病。坚持关门主义策略的人们所主张的，就是一套幼稚病。革命的道路，同世界上一切事物活动的道路一样，总是曲折的，不是笔直的。革命和反革命的阵线可能变动，也同世界上一切事物的可能变动一样"；因此"关门主义的所谓'纯粹'和'笔直'，是马克思列宁主义向之掌嘴，而日本帝国主义则向之嘉奖的东西。我们一定不要关门主义，我们要的是抵制日本帝国主义和汉奸卖国贼的死命的民族革命统一战线"；而在民族问题上，"少数民族，特别是内蒙民族，在日本帝国主义的直接威胁之下，正在起来斗争。其前途，将和华北人民的斗争和红军在西北的活动，汇合在一起"。①而在瓦窑堡会议的军事决议中，中共要求"把蒙回两族（首先是蒙古）反日反中国统治者的斗争提到武装斗争的程度，并把他们的斗争同我们的斗争直接结合起来"。②

在1944年的一份回忆中，周恩来反思说，在大革命那个时代"我们的缺点，一是公式化，一是定型化。所谓公式化，就是教条地搬用俄国1905年反对沙皇和资产阶级立宪民主党的公式到中国来"，"所谓定型化，是把人定死了，不懂得人是会变的"。③从关于抗日民族统一战线的中央决议和毛泽东的相关论述中，我们可以发现中国共产党人的马克思主义中国化的理论探索，已经迈出了实践上坚实而重要的一步。而这一步，显然与共产国际的指导密不可分，毛泽东就此指出："我们的抗日战争需要国际人民的援助，首先是苏联人民的援助……我们不会再是孤立的了。这是中国抗日战争和中国

---

① 毛泽东：《论反对日本帝国主义的策略》（1935年12月27日），《毛泽东选集》第1卷，人民出版社1991年版，第147、155、151页。
② 《中央关于军事战略问题的决议（瓦窑堡会议）》，《中共中央文件选集》第10册，第592页。
③ 周恩来：《关于党的"六大"的研究》（1944年3月3、4日），《周恩来选集》上卷，第167页。

革命取得胜利的一个必要条件。"①

如果说瓦窑堡会议启动了中国以反蒋抗日为诉求的民族统一战线，那么在西安事变后举行的洛川会议则全面开启了全国各阶层的抗日民族统一战线：在瓦窑堡会议的决议中虽然有建立"最广泛的抗日民族统一战线（下层的和上层的）"字样，但核心还是聚焦于"反蒋抗日"，而真正的最广泛抗日民族统一战线要到西安事变后的第二次国共合作才告达成，而这个"历史性的转变"，共产国际同样给予了重要的指导和强力的推动。

1936年初，从莫斯科国际列宁学院毕业的刘长胜受共产国际委托携带国际密码回到延安，他同时还带回了共产国际七大的文件。"因为张浩回来传达'七大'精神，全凭头脑记忆，不像文件那样周全，现在有了正式文件，就可以更充分地学习与贯彻。"根据刘英的回忆，中央政治局连续开了一个星期左右的会议以"研究国际'七大'文件，讨论统一战线和红军战略问题"，"通过这次会议党中央更加团结一致了，充分肯定了瓦窑堡会议对形势的分析和策略的转变"。②

1937年11月11日，斯大林、季米特洛夫在克里姆林宫与即将回国的王明、康生和王稼祥谈话，其间斯大林指出"对于中国共产党现在的基本问题是：融入全民族的浪潮并取得领导地位"，"口号就是一个：争取中国人民独立的胜利斗争。争取自由中国，反对日本侵略者"；③ 13日，季米特洛夫在与王明、康生和王稼祥的临行谈话中再次肯定了毛泽东与中共中央，"对于中国党的路线，我的印象中没有听过国际说过路线不正确的话"，并嘱咐王明"你回国去要与

---

① 毛泽东：《论反对日本帝国主义的策略》（1935年12月27日），《毛泽东选集》第1卷，第161—162页。

② 刘英：《我和张闻天命运与共的历程》，中共党史出版社1997年版，第95—96页。

③ 《季米特洛夫日记选编》，第60页。

中国同志关系弄好"①；29 日，王明经由新疆回到延安，毛泽东以《饮水思源》致欢迎辞。②但王明旋即忘记了斯大林和季米特洛夫的临行嘱咐，在中共中央政治局十二月会议上"进攻中央的路线"，使得毛泽东被孤立。③

1938 年 4 月 14 日，任弼时代表中共中央在莫斯科向共产国际递交了题为《中国抗战形势及中共的工作和任务》的书面报告；7 月 17 日，王稼祥和任弼时在参加共产国际执委会主席团会议上做了口头说明和补充，王稼祥在发言中着重补充说明了中共倡导的抗日民族统一战线与第一次国共合作的不同之处。④

瓦窑堡会议后，中共中央对蒙回少数民族工作进行了部署和规划，例如 1936 年在关于内蒙工作的指示中要求围绕"把蒙古人民吸引在中国苏维埃的影响下"、"进行两个民族的联络"，"从现在的宣传组织以及个别问题上的斗争走上将来的公开的独立组织内蒙政权与队伍，进行武装反日反中国军阀的斗争"；⑤ 1937 年 7 月，中共中央在另一封指示信中提出"蒙汉联合抗日，是目前绥蒙工作的最高原则"；⑥ 8 月 12 日，中共在地方工作的原则指示中指出，"在民族自决，民族独立，共同抗日的口号之下，组织与武装全体韩民，蒙民，回民参加抗战。应该争取这些少数民族的动摇上层分子（如德王之类）到抗战中来。汉人的政府与军队，应该同少数民族的上下

---

① 王稼祥 1941 年 10 月 8 日下午在中央书记处工作会议上的发言，徐则浩：《王稼祥年谱（1906—1974）》，中央文献出版社 2001 年版，第 308 页。

② 《王明年谱》，第 91 页。

③ 中共中央文献研究室编：《毛泽东年谱（修订本）》1893—1949 中卷，中共文献出版社 2013 年版，第 480—481 页。

④ 《王稼祥年谱（1906—1974）》，第 189 页。

⑤ 《中央关于内蒙工作的指示信》（1936 年 8 月 24 日），《中共中央文件选集》第 11 册，第 74、75 页。

⑥ 《中央关于蒙古工作的指示信》（1937 年 7 月 10 日），《中共中央文件选集》第 11 册，第 284 页。

层建立良好关系，反对大汉族主义，使他们自愿的同我们亲密的联合"；① 8月25日，中共在洛川会议后发布的《抗日救国十大纲领》中，把"动员蒙民回民及其他一切少数民族，在民族自决和民族自治的原则下，共同抗日"列入"全国人民的总动员"的内容之一；11月，毛泽东、张闻天、肖劲光在给高岗的指示中，要求以"蒙汉两民族团结一致抗日"和"保卫绥远"为口号去发起各旗王的联席会议，同时做好在蒙汉民的工作。② 但这些工作，并没有被写入由王稼祥向共产国际汇报的工作报告当中。③

1938年6月11日，共产国际执委会主席团在决议中充分肯定"中共的政治路线是正确的"，同时提醒中共要更多地注意"在吸收中国少数民族，蒙古人和穆斯林参加全国自卫斗争方面，必须开展广泛的工作，因为现在日本帝国主义者正在他们中间进行蛊惑宣传和挑拨离间的工作；必须帮助蒙古人和穆斯林组织起来，保卫自己的土地和生命，反对日本侵略者"。④ 7月初，季米特洛夫在与任弼时和王稼祥的谈话中指出："应该告诉大家，应该支持毛泽东同志为中国共产党的领导人，他是在实际斗争中锻炼出来的。其他人如王明，不要再去竞争党领导人了。"7月4日，王稼祥携带共产国际给中共的30万美元从莫斯科启程，于月底经新疆、兰州、西安到达延安；8月24日，中共中央政治局常委会讨论毛泽东转变在六届六中全会政治报告的大纲；9月8日，《新华日报》全文刊登了《共产国际执委会主席团的决定》，共产国际对中共中央及毛泽东的支持由此

---

① 《中央关于抗战中地方工作的原则指示》（1937年8月12日），《中共中央文件选集》第11册，第320页。
② 《关于边区八路军出兵内蒙抗日的指示》（1937年11月16日），《中共中央文件选集》第11册，第396页。
③ 《中国共产党抗日救国十大纲领——为动员一切力量争取抗战胜利而斗争》（1937年8月25日），《中共中央文件选集》第11册，第328页。
④ 《共产国际执行委员会主席团就中共中央代表的报告通过的决议》（1938年6月11日），《共产国际、联共（布）与中国革命档案资料丛书》第18卷，第100页。

得以公开发表;① 9月14日，王稼祥在中共中央政治局会议上传达了共产国际的指示和季米特洛夫的意见："中共一年来建立了抗日统一战线，尤其是朱、毛等领导了八路军执行了党的新政策，国际认为中共的政治路线是正确的，中共在复杂的环境及困难条件下真正运用了马列主义"；"国际认为，统一战线是建立起来了，但今天还不够广泛与坚固，这是总的估计"。②

1938年10月，中共扩大的六届六中全会召开。毛泽东代表中共中央在会议的政治报告中正式提出了马克思主义中国化的议题：

> 没有抽象的马克思主义，只有具体的马克思主义。所谓具体的马克思主义，就是通过民族形式的马克思主义，就是把马克思主义应用到中国具体环境的具体斗争中去，而不是抽象地应用它。……因此，马克思主义的中国化，使之在其每一表现中带着中国的特性，即是说，按照中国的特点去应用它，成为全党亟待了解并亟须解决的问题。

如果说，瓦窑堡会议期间的中国共产党人进一步确认了成为中华民族利益代表者的使命与担当，那么通过中共六届六中全会则进一步厘定了中国共产党所代表的中华民族的内涵。在"团结中华各族，一致对日"的问题上，毛泽东指出："我们的抗日民族统一战线，不但是国内各个党派各个阶级的，而且是国内各个民族的。对着敌人已经并还将加紧进行分裂我国内各少数民族的诡计，当前的第十三个任务，就在于团结各民族于一体，共同对付日寇。"③

在关于统战和组织工作的报告中，张闻天要求"在组织工作中

---

① 《王稼祥年谱（1906—1974）》，第190—195页。
② 王稼祥：《国际指示报告》（1938年9月），《王稼祥选集》编辑组：《王稼祥选集》，人民出版社1989年版，第138—139页。
③ 毛泽东：《论新阶段——抗日民族战争与抗日民族统一战线发展的新阶段》（1938年10月12—14日），《中共中央文件选集》第11册，第658—659、619页。

必须熟习马列主义的基本原则。但必须严格的估计到中国民族的、政治的、文化的、思想习惯的各种特点,来决定组织工作的特点,来使组织工作中国化";同时开列了六条关门主义的表现,要求在干部教育中做到理论联系实际、循序渐进,"特别着重于马列主义的革命精神与方法的教育,着重于拿实际问题来说明马列主义的原则"。这一报告中还专设了"关于少数民族中的工作",用一节的篇幅规定了抗战期间的少数民族工作,其中特别指出"日本正在挑拨汉族与蒙、回民的斗争,反对中国,破坏中国的国际交通线。国民政府对蒙、回民等少数民族没有一定的方针(抗战建国纲领上,没有一条说到)。而它过去对少数民族的大汉族主义,造成了民族之间很深的仇恨";而对中共来说,"少数民族的重要作用,特别在西北";因此中共的方针应该确定为"争取少数民族,在平等的原则下同少数民族联合,共同抗日";在这里,"给少数民族以自治权"的内涵已经调整为"在有少数民族居住地区的地方政府中,应有少数民族的代表参加,组织少数民族部(给少数民族以自治权)",① 这表明中共越来越多地把解决民族问题的道路从苏联经验的联邦制移转到民族区域自治的方面,而这恰恰是基于中国的多民族国情和历史传统所做出的自主选择。②

1945年6月,毛泽东在中共七大上发言指出,"中国共产党历史上有两个重要关键的会议。一次是一九三五年一月的遵义会议,一次是一九三八年的六中全会";"六中全会是决定中国命运的。六中全会以前虽然有些著作,如《论持久战》,但是如果没有共产国际指示,六中全会还是很难解决问题的"。③ 也正如此,中共中

---

① 洛甫(张闻天):《关于抗日民族统一战线的与党的组织问题》(1938年10月15日),《中共中央文件选集》第11册,第663、701—702、710、698—699页。

② 详见陈建樾:《"达到中华民族的完全独立":民族自决的路径与转换》,《贵州民族研究》2020年第12期。

③ 毛泽东:《关于第七届候补中央委员选举问题》(1945年6月10日),《毛泽东文集》第3卷,第424、425页。

央在六届六中全会期间，专门发出电报感谢斯大林和季米特洛夫"给予了中国共产党新的政策及抗日民族统一战线政策的支持和帮助。近三年来的世界事变，特别是中国的事变过去和现在都表明，斯大林同志和季米特洛夫同志，你们的指示是完全正确的"；"在你们的领导和帮助下，在我党中央的正确领导下，在全体党员的英勇斗争中实现了历史性的转变。从过去国内各党派之间、军队之间和政府之间的斗争转到在国共两党合作基础上建立抗日民族统一战线的新政策。结果是，在蒋介石领导下的国民党所实行的政策有了改变，十年内战结束了，神圣的抗日民族自卫战争开展起来了。"[1]

1938年11月6日，王稼祥在中共六届六中全会闭幕词中指出，"此次大会表示我们已掌握马列主义，以之分析具体的复杂的环境，定出正确的方针与政策"；"此次大会在中华民族史上亦有重大的意义，推动抗日战争走向最后胜利。"[2]

多民族国家的民族问题，因国情而具有内与外以及上与下、一与多的多层次性。在对外意义上，民族问题意味着"自立于世界民族之林"，而在对内意义上则意味着各民族的共同团结奋斗与发展繁荣；而这两个层次民族问题的解决之道都是经典作家所揭示并践行的民族平等原则。作为中国革命成功经验的一个重要组成部分，中国特色解决民族问题的正确道路天然地包含在马克思主义中国化及其作为第一次飞跃标志的毛泽东思想当中，因此它与马克思主义中国化的历程同步，就是一个历史的必然。

中苏（俄）两国都是具有历史继承性的多民族国家，因此处理民族问题的经验和举措对于半殖民地的中国显然具有重要的借鉴价

---

[1] 《中共扩大的六中全会给斯大林和季米特洛夫的电报》（1938年11月5日），《共产国际、联共（布）、与中国革命档案资料丛书》第18卷，第102—103页。

[2] 王稼祥：《中共六届六中全会闭幕词》（1938年11月6日），《王稼祥选集》，第147页。

值。也正是多民族的国情和革命建国的经验，联共（布）和共产国际也能够在历史的关键节点上给予中共及时的提醒和原则指导，正是在这种内外合力的交互作用之下，中国共产党由此开启了独立自主地探索具有中国特色的解决民族问题的正确道路。

第五章　共同体视角下的中华民族观

摘要：铸牢中华民族共同体意识，是以习近平同志为核心的党中央在民族理论方面做出的重大原创性贡献，是马克思主义民族理论的最新发展，是形成新时代中国特色的民族观的核心内容。从树立正确的民族观入手，有利于澄清在国家观、历史观、文化观和宗教观等方面的困惑，有利于在全党全社会深入推进"五个认同"教育，更好地把爱国主义思想和正确的"五观"内容植根青少年灵魂深处，为做好新时代的民族工作和推进中华民族复兴伟业奠定坚实的理论前提。

关键词：共同体；民族；民族观

只要有民族存在就有民族观，不同人群、不同时代都有不同的民族观。根据不同时代特征，我们可以把中国自古以来的民族观概括为三种类型，即古典的民族观、近代的民族观和当代的民族观。他们之间既保持了一定的历史延续性，又体现了不同时代的性质和特征。用不同类型的民族观分析中国的民族现象尤其是"中华民族"这一问题，形成了不同的中华民族观。本章从民族观演变的角度，对习近平总书记提出的铸牢中华民族共同体意识这一重大原创性论断进行梳理，分析中华民族共同体作为新中华民族观的理论意义。

一 民族与民族观

民族是一个富有弹性的复杂概念,为民族下一个科学、全面、放之四海而皆准的定义是一件极为困难的学术命题。古今中外关于这方面的研究十分丰富,但直到今天关于"民族"的定义也没有一个统一的认识。现代意义的"民族"概念在中国的传播是一件相当晚近的事情,考察现代意义的民族含义须将其放到民族国家演进的历史语境中。民族国家作为现代国家形式在全球的"普遍性胜利"距今也不到一百年的时间,至于现代意义的"民族"更是借助"民族国家"的躯壳才获得了生命力。民族是一个有争议的概念,从早期的"民族主义双父"①（the twin founding fathers）到 20 世纪 60—80 年代之间涌现出的一大批民族主义研究学者②,他们虽然都试图为"民族"下一个科学而全面的定义,但事实上,"民族根本不可能具有恒定不变、放之四海而皆准的客观定义"③。值得庆幸的是,他们得出了一些界定现代"民族"的指标谱系,譬如地域、语言、文化传统、经济生活、历史记忆和责任使命,等等。

---

① 卡尔顿·海斯（Carleton B. Hayes）和汉斯·科恩（Hans Kohn），卡尔顿·海斯著有 *The Historical Evolution of Modern Nationalism* 一书，汉斯·科恩著有 *The Idea of Nationalism: A Study in its Origin and Background* 一书，这两本书涵盖了有关民族主义研究的丰富史料。

② 20 世纪 60—80 年代涌现出一大批关于民族主义研究的理论大家和精彩著作，诸如：厄内斯特·盖尔纳（Ernest Gellner）的 *Nations and Nationalism*，埃里克·霍布斯鲍姆（Eric J. Hobsbawm）的 *Nation and Nationalism since 1780*，安东尼·史密斯（Anthony D. Smith）的 *Theories of Nationalism*，本尼迪克特·安德森（Benedict Anderson）的 *Imagined Communities: Reflections on the Origin and Spread of Nationalism*，查尔斯·蒂利（Charles Tilly）的 *The Formation of National States in Western Europe*。

③ ［英］埃里克·霍布斯鲍姆：《民族与民族主义》，李金梅译，上海人民出版社 2006 年版，第 5 页。

第五章　共同体视角下的中华民族观

基于不同的学术视角和知识体系，学者们通常会得到不同的"民族"定义。查尔斯·蒂利（Charles Tilly）将民族描述成"政治词典中最令人迷惑和最有倾向性的术语之一"。在以往关于民族概念的研究中，学者们通常聚焦于民族的"主观性和客观性"之争。埃里克·霍布斯鲍姆认为，"并不是民族创造了国家和民族主义，而是国家和民族主义创造了民族"。[1] 本尼迪克特·安德森则直接将民族描述成"一种想象的共同体——并且，它是被想象为本质上有限的（limited），同时也享有主权的共同体"。[2] 厄内斯特·盖尔纳认为，"民族是共享同一种文化的人的信念、忠诚和团结的产物"。[3] 约瑟夫·斯大林从"四个共同"的角度界定了民族，并一度成为马克思主义对民族概念界定的范本。他认为民族是"人们在历史上形成的有共同语言、共同地域、共同经济生活以及表现在共同文化上的共同心理素质的稳定的共同体"。[4] 安东尼·史密斯主张跨越"主观—客观"的标准谱系来定义民族，并指出民族是"具有族称，占有领土的人类共同体，拥有共同的神话、共享的历史和普通的公共文化，所有成员生活在单一经济之中并且有着共同的权利和义务"[5]。

民族研究不是象牙塔的学问，对复杂多变的民族现象给出具有说服力并得到大家认同的合理解释，对解决民族问题提供有益的帮助，这就使得政治集团乃至实践工作部门也需要建立一套满足政治建构和实际工作需要的"民族"概念和话语体系。世界各国自近代以来，无不为此进行了艰苦的实践探索和理论建构。西方民族主义

---

[1] ［英］埃里克·霍布斯鲍姆：《民族与民族主义》，李金梅译，上海人民出版社2016年版，第9页。

[2] ［美］本尼迪克特·安德森：《想象的共同体：民族主义的起源与散布》，吴叡人译，上海人民出版社2016年版，第6页。

[3] Emest Gellner, *Nations and Nationalism*, Basil Blackwell, Oxford, 1983, p.7.

[4] 《斯大林选集》上卷，人民出版社1979年版，第64页。

[5] ［英］安东尼·史密斯：《民族主义：理论，意识形态，历史》，叶江译，上海人民出版社2006年版，第14页。

的民族国家理论成为主导近代民族国家独立建国的思想武器。俄国十月革命后按照列宁、斯大林关于民族问题的理论，建立了社会主义的苏联加盟共和国制度。斯大林关于民族的定义，即民族是共同语言、共同地域、共同经济生活、共同的民族文化特点上的共同心理素质的共同体思想，成为最经典、最权威、最有影响力的概括和归纳。

纳入世界体系的近代中国也是如此，从晚清到"中华民国"建立，从新文化运动到中国共产党的成立，从第一次国共合作到抗日战争，从国共内战到中华人民共和国成立，从中华人民共和国社会主义建设到改革开放，中国各政治集团对此也是投入了大量的精力。中国共产党自成立以来，统战和民族工作一直是十分重要的工作领域，关于民族问题的理论建设也成为中国共产党探索解决中国民族问题正确道路的重要内容，并成为马克思主义理论中国化的重大成果（毛泽东思想、中国特色社会主义理论体系、习近平新时代中国特色社会主义思想）的有机组成部分。革命战争时期的民族区域自治理论、中华人民共和国成立后的民族识别理论、改革开放后推进各民族加快经济现代化的民族发展理论，以及党接受并不断发展的中华民族多元一体格局理论，都是在实践基础上进行理论归纳总结的重要探索。

从给民族下定义的角度来看，毛泽东在《中国革命与中国共产党》一文中把"中华民族"概括为"中国各民族的统称、中国是统一的多民族国家、各民族一律平等"的定义是最简洁明确的，充分彰显了中国共产党在新民主主义革命时期对中国民族现象的准确把握和民族政策的清晰指向。这是中国共产党人对解决中国民族问题正确道路早期探索的理论结晶。中华人民共和国成立之后的理论探索并没有停止，相关论述不仅内容日益丰富，而且指引民族工作领域的理论与政策更加系统完善。

2005年中央民族工作会议，集中研究部署进入21世纪初期的我国民族工作，归纳提炼了新时期民族理论的"12条"，将民族定义为"民族是在一定的历史发展阶段形成的稳定的人民共同体。一般来说,民族在历史渊源、生产方式、语言、文化、风俗习惯以及心理认同等方面具有共同的特征"。[①]正如将民族自决权转变为民族区域自治、在民族识别中坚持各民族一律平等原则、提出民族区域自治立法与协调推进全国一盘棋(中华民族多元一体格局)思想相类似,2005年,中国共产党基于中国国情实际对民族概念作出的新概括,这在一定程度上是对斯大林民族定义的继承和超越。斯大林民族定义实际上是对应的中华民族这个层次的"民族",而民族理论"12条"中界定的民族则是费孝通先生所论述的"多元"意义上的民族。[②]作为工作实践中的民族概念,主要是针对"少数民族"和"民族地区"这一传统民族工作的核心,同时也越来越涉及对统一多民族国家中的一体即"中华民族"和"国家建设"的内容。

以上一系列关于民族的定义,无非是说民族现象的复杂性、民族定义的艰巨性、民族工作的重要性以及民族理论的发展性。冷战后提出"文明终结论"的弗朗西斯·福山(Francis Fukuyama)认为,冷战结束后资本主义与社会主义两种制度的竞争结束了,今后的国家建设更立足于国家内部。"国家建设成功的关键在于并行发生的民族建设,民族建设的本质在于创建基于民族传统、符号、共享的历史记忆和共同的文化习俗而产生的民族认同。"[③]

尽管民族现象十分复杂,理论界和实践部门在不同时代都需要提出自己的意见和主张,推动民族工作实践不断向前。不论是理论工作者还是实践工作者,也需要站在新时代的角度,对民族现象及其发展规律作出新的解释和概括,对新时代民族工作的理论政策走向及重点内容,进行系统化的梳理和清晰化的解读。

---

① 《中共中央、国务院关于进一步加强民族工作,加快少数民族和民族地区经济社会发展的决定》,《光明日报》2005年6月1日。

② 参见叶江《民族概念三题》,《民族研究》2010年第1期。

③ [美]弗朗西斯·福山:《政治秩序与政治衰败:从工业革命到民主全球化》,毛俊杰译,广西师范大学出版社2015年版,第168页。

根据前面的介绍和梳理，我们可以对纷纭复杂的民族现象和丰富多彩的民族概念进行简要归纳，"民族"从实质上看就是一种"人群共同体"，可以划分为不同层次、不同类型。这种人群共同体的成员具有某些或一系列的共同特点或特征，这些特点或特征形成了比较稳定的群体属性或共同性，这种群体属性或群体共同性有时被称之为"族性"。"族性"是区分不同群体、划分群体成员类型的基本属性或者叫本质规定性。群体内部的成员之间如果具有完全意义上的"族性"，实际上成为了"同质性"。这种类型的人群共同体就成为"同质性"民族。当然，不论一个人群共同体的规模有多大，要使这个人群共同体成员的"族性"达到"同质性"的程度也是不可能的。世界上没有不存在"差异"具有完全"同质性"的"民族"。因此，各种类型的"民族"必然是"共同性"和"差异性"并存的人群共同体。区分或识别不同人群共同体或者"民族"的关键，就是如何从主客观两个层面判定其"族性"的差异，也就是在各种类型的人群共同体区分或认定其"共同性"或"差异性"的程度。对此，理论界可以设定一系列的指标进行验证。当然，理论界对人群共同体中区分"共同性"或"差异性"的分析把握也只能是一种抽象的概括，不一定完全符合实践和社会事实（比如人们的民族身份及其主观认同都是不断变化的），所有的认识都具有时代特征和阶段性。由于民族现象的复杂性，研究民族现象的概念范畴和学术话语体系存在极大的多元性和差异性，对于同一现象甚至存在截然不同乃至相互对立的认识和观点，进而成为影响一个国家、地区稳定和发展的重要因素。

二 历史演进中的中华民族观

民族观是对民族现象本质属性及其内涵外延特征的集中概括。对不同的民族现象或同一民族现象的不同认识，形成了丰富多彩的民族观。对民族观的系统解释和理论说明，需要一系列的概念、范畴，进而形成了关于民族的定义、类型、变化、演进规律进行分析研究的学术系统，形成研究民族现象的学科体系、学术体系、话语体系、教学教育体系、宣传传播体系等。前面我们从定义或内涵的角度，罗列了多种多样的"民族"概念，分析了上述不同民族概念背后的理论内涵及时代背景。下面我们以"中华民族"这一概念为例，进一步分析不同时代"民族"内涵的演进，研究不同时期的民族观，尝试把中华民族共同体概括为一种"新的民族观"，更好地理解和服务于以铸牢中华民族共同体意识为主线的新时代民族工作。

中国是历史悠久的文明古国，对民族现象的关注和记录是最齐全的。汗牛充栋的历史文献记载及连绵不绝的中华文化，在全世界范围内唯此一家。限于篇幅，无法详细梳理中国历史上的民族现象及民族观。但是，有几点认识是获得大家共识的。比如，中国历史上的多民族社会现实和政治上的"大一统"思想，已经演变为中华文明和文化的重要传统和思想基础。中华大地上的各民族在几千年的演变进程中形成了"中华民族"的"多元一体格局"。各民族在漫长的历史发展中不断交流交往交融客观上凝聚为一个"自在"的"中华民族"，近代以来中华民族抵御帝国主义侵略中实现了"自觉"。政治上的"大一统"或者在几个政权并列时期对政治上"大一统"的追求与维护，是中国始终保持了"大一统"格局的文明传统。这种传统与近代民族主义的按民族划定或组成国家的"民族国家"不同，属于古代的国家观，也就是维护政治上"大一统"的"天下"观。以政治"大一统"的"天下"观为核心，形成了中国古代的民族观即"天下观"下的"民族观"。

几千年延续下来的这样一个中华民族"大一统"局面在近代遭到了严峻的挑战，中华民族的生存发展出现了严重的危机。同时，传统"天下观"下的"民族观"也不得不面临向近代"民族国家"下的"民族观"转型的压力。1840年鸦片战争爆发后，伴随着外国列强的入侵，一方面严重侵蚀破坏了传统乡土社会的经济社会结构；另一方面伴随西学东渐而来的西方自然与社会知识，也对传统中国固有的知识观念系统造成了前所未有的冲击。中国作为"天下"观念下的"中央之国"的信念、知识、理论逐步发生动摇。特别是甲午战争后，一个长期仰慕中国的日本在明治维新后崛起为压倒"泱泱大国"的现实，导致传统封建王朝政权的存在面临巨大"合法性"危机。这个时候从西方传来的"物竞天择、适者生存"理论和民族主义的"民族国家"理论，成为压倒传统封建帝制王朝的最后一根稻草。戊戌变法失败后东渡日本逃命的维新派代表人物梁启超，也把民族主义的"中华民族"观念引入中国，从而开启了"传统民族观"即"天下观"向"近代民族观"即民族国家观演变的历程。

在中国的近代知识启蒙和革命实践中，梁启超最先提出了"中华民族"概念。他批判那种"只知有天下有朝廷有自己而不知有国家之旧时观念拘囿"，指出国家是国民个体彼此之间"团结""补助"与"利益"的保护者，是民族立于世界之最有力的保证，[①] 要求将中国疆域内各民族统合至"中华民族"之下，以民族主义为依托，为近代中国争取民族独立和国家主权完整提供了探索道路。

中国近代民主革命的先行者孙中山，基于推翻封建王朝腐朽统治、建立民主共和国家的需要，利用近代西方民族主义理论，提出"驱除鞑虏、恢复中华"的口号凝结革命力量。这里的"中华"显然与梁启超早期"中华民族"的内涵都是指汉人是一样的。中华民国建立之后，新政权显然不能仅仅属于汉族，而是属于以"汉满蒙回藏"五族所代表的各民族。他在《临时大总统宣言书》中宣告，"合汉满蒙回藏诸地为一国，即合汉满蒙回藏诸族为一人，是曰民族

---

① 参见梁启超《政治学大家伯伦知理之学说》，载于《饮冰室合集》文集之十三，中华书局1989年版，第75—76页。

之统一，各族均享受自由平等之幸福",① 进一步提出要打造以中华民族为公民身份认同的现代主权中国。当然，这里的"五族"在新政权下并不具有各自相对独立的地位，因为这是一个"统一的民族"。至于这个民族如何概括，他当时并没有给出清晰的答案。直到第一次国共合作时期，才逐步把"统一的民族"向"中华民族"趋近。孙中山去世之后国民党把近代民族主义倡导的"统一的民族"明确为"中华民族"，而且不承认"中华民族"之内还有"民族"，民族只剩下"民族国家"一种类型，民族国家内部的群体只能算"宗族"或"宗支"，不具备独立的"民族"地位。

苏联十月革命给中国送来了马克思列宁主义。马克思列宁主义关于阶级斗争和世界各民族（主要是指近代民族国家）一律平等原则，契合了中国共产党领导劳苦大众反帝反封建的现实需要，马克思主义的民族观成为中国共产党领导人民反对三座大山的理论武器。马克思恩格斯强调建立独立主权的现代民族国家的重要性，认为"不恢复每个民族的独立和统一，那就既不可能有无产阶级的国际联合"；② 列宁则侧重于现代主权国家内部多民族治理实现民族融合的重要意义，提出"社会主义的目的不只是要消灭人类分为许多小国的现象，消灭一切民族隔绝状态，不只是要使各民族接近，而且要使各民族融合"。③ 毛泽东进一步强调了马克思主义的民族形式和民族特点运用于中国革命的必要性："所谓具体的马克思主义，就是通过民族形式的马克思主义，就是把马克思主义应用到中国具体环境的具体斗争中去，而不是抽象地应用它。"④ 与接受西方民族主义的孙中山及国民党不同，中国共产党则是把马克思主义的民族理论与

---

① 孙中山：《临时大总统宣言书》，载于《孙中山全集》第二卷，中华书局1982年版。
② 《马克思恩格斯文集》第二卷，人民出版社2009年版，第26页。
③ 《列宁全集》第27卷，人民出版社1990年版，第258页。
④ 毛泽东：《论新阶段》，载于《中共中央文件选集》第11册，中共中央党校出版社1991年版，第202页。

中国多民族国情相结合，探索形成了解决民族问题的新的理论和实践道路。

这条道路经历了近百年的发展，以中华人民共和国成立为界大致分为两大时期。第一个时期的主要任务，是依靠工人阶级和劳苦大众、团结带领民族资产阶级和全国各族人民，共同完成反帝反封建和推翻国民党反动统治，建立权力真正属于人民的社会主义国家。完成这个任务与孙中山领导革命党人推翻清朝封建帝制一样，都具有革命的意义，充分体现了这个时期"民族观"中的阶级性、民族性和革命性。然而，一旦完成推翻腐朽政权黑暗统治的革命、建立新的国家政权之后，如何对待革命过程中的"民族因素"和"阶级因素"的关系，如何确立国家内部各民族的地位并处理好"统一的多民族"国家建设中的民族关系，就成为新政权必须面对的重大问题。自中华民国建立直到抗日战争全面爆发之后的国民政府在这方面的探索，有一定积极意义，但总体上看是不成功的。

中华人民共和国成立后，尽管社会主要矛盾和党的中心任务在不同时期有所不同，但民族工作在党和国家工作全局中的战略地位一直没有改变。70多年来，我国民族工作不论是理论探索还是具体实践，不论是中华人民共和国初期进行民族识别、推广民族区域自治、建立社会主义民族关系，还是改革开放以来大力发展民族地区经济、完善少数民族和民族地区优惠扶持政策，应该说是轰轰烈烈，扎扎实实，成就斐然，经验丰富。理论界围绕民族工作进行了大量的调查研究，特别是1988年费孝通提出的"中华民族多元一体格局"理论，对民族研究乃至民族工作的健康发展发挥了重要参考作用。多元一体思想被纳入党的民族工作会议的报告中，成为党的民族理论的重要组成部分。其实，每个时期党都对民族工作的经验进行总结梳理。2014年，中央民族工作会议把中国特色解决民族问题正确道路，概括为"八个坚持"。2019年，在庆祝中华人民共和国成立70周年暨全国民族团结进步表彰大会上，进一步充实"八个坚持"的内容，提出了"九个坚持"。

回顾近代以来中国民族观的历史演进，可以简要地概括为"三观两跳三个阶段"。"三观"是指古代中国天下观下的古典民族观、近代中国民族国家转型中的民族主义民族观和马克思主义指导下的社会主义民族观。"两跳"是指民族观的演进经历了从古代到近代再到当代的转换，在一百多年中先后迈上了两个台阶。"三个阶段"是指中华人民共和国成立后民族工作大体经历了社会主义建设阶段、改革开放阶段和党的十八大以来的中国特色社会主义建设新时代，目前我们仍处于中国特色社会主义建设新时代。理论界对于古典民族观和近代民族观的研究很多，对于社会主义民族观本身特别是马克思主义民族理论政策的研究也不少。但是，对于中华人民共和国成立以来社会主义民族观在三个不同阶段的内涵、特征及演进规律的研究相对薄弱。由于后一方面研究积累的不足，在准确理解和把握铸牢中华民族共同体意识的主线定位，全面推进新时代民族工作的改革与转型方面的困惑比较多。其中一个重要原因，就是理论界还没有研究清楚铸牢中华民族共同体意识背后的理论逻辑，没有明确铸牢中华民族共同体意识与中华民族共同体建设的关系。我们认为，铸牢中华民族共同体意识不仅仅要在宣传教育方面下功夫，还应该强调建设中华民族共同体这一根本任务和方向。中华民族共同体，是中国民族观理论的新概括和新发展，是一种新的民族观或者说"新中华民族观"。

三　共同体视角下的中华民族观

我们尝试着把"中华民族共同体"作为一种新的民族观，这一立论尚待深入细致地严密论证，但这一观点却不是凭空产生的，而是在大量调查研究和研讨交流中逐步形成的。把中华民族共同体本身作为一种新民族观，不是对以前我国民族研究理论观点的否定，而是基于调查研究提出的一些新见解，为阐释铸牢中华民族共同体意识重大论断的理论逻辑提供一种新思维、新视野。我们认为，新民族观既是对以往民族观的承接和延续，更是创新和发展。

（一）新中华民族观的继承性

从古代辉煌和近代屈辱一步步走过来的今日之中国，是一个文化丰富多彩、文明连绵不绝、精神独树一帜的中国。以华夏文明几千年的历史积淀为根基，中国的地理版图和生存空间保持着巨大的稳定性。中华大地上的各族人民在长期交往交流交融过程中日益融合成统一的中华民族，尽管历史上的各民族与进行民族识别后的族称不完全一致，但是各民族历史上的联系和连续性是不容置疑的。受各种因素的制约，历史上的中国既存在中央政权的统一时期，也存在多种地方政权的并存时期。但是，中华大地上生存的各民族及其在历史上不同时期建立的地方性政权，都把国家统一、政治一统作为一个不变的追求。

回望中国近现代历史，既是中华民族从自在走向自觉、自强的时代征程，也是中华文化兼容并蓄、博观约取的发展历程。近现代的志士仁人，特别是以孙中山为代表的革命党人和以马克思主义为指导的中国共产党人，不仅通过旧民主主义革命和新民主主义革命实现了国家形态的转变，而且对旧的思想文化体系进行了彻底的改造。在继承维护国家统一、坚持中华文化包容性的同时，也把近代民族国家观念和国家主权意识、民族主义思想及马克思主义民族观念，也引入中国，并且结合中国国情和革命、建设、改革需要，进行与时俱进的革新与发展。

中国拥有注重历史记载和不断总结经验的传统。中华文化特别强调理论叙述和社会实践的延续性、包容性。源于中国古代的族类观、近代以来的民族国家观和马克思主义民族观，在中华大地上并行不悖。我们的民族概念是多元多层的，区分不同情况确定具体内涵，在保持延续性的同时为其内容的调整与变化提供了巨大的弹性空间。中国往往把界限清晰甚至相互对立的概念糅合在一起，比如"对立统一""多元一体"，等等。在民族观方面的继承性尤其明显，今日中国的"民族",可以应用于古代的族类区,也可应用于一体化的"中华民族"。不论是古典民族观和近代民族观,还是中华人民共和国前两个阶段强调的各民族一律平等的"社会主义民族观"和多元一体"中华民族观",其主体是中华民族这一事实没有变,概括的这一事实的观念保持着连续性和一致性。铸牢中华民族共同体意识,建设中华民族共同体,把中华民族共同体作为一种新的民族观,可以更好地体现它对马克思主义民族观的继承和各类民族观的包容,更大限度地在各民族间客观存在差异和分歧中凝聚更广泛的共识,共同推进民族团结进步事业,共同促进中华民族伟大复兴伟业。

(二) 新中华民族观的创新性

继承性固然是中华文明的基本特征之一。与此相对应的是对变化的适应和变革性的追求。几千年来,中国的民族观一直在调整,以适应形势的变化和当前任务的需要。中国自古以来便有"民群""族""族类"等具有"民族"识别特征的思想观念和客观实体,但是单纯就概念而言,对译英文 nation 的民族一词在中国的普遍使用,在古代并不常见。由于自诩为"天下"的中心,每个朝代具体管辖的疆界范围尽管相对确定,却没有形成近代民族国家意义上的国家疆界和国家主权。国家边界特别是现代国家主权意识,是清朝晚期被纳入西方主导的世界体系时才逐步确立的。

伴随帝国主义侵略与西学传入,中国知识界逐步接触并介绍西方国家的"民族"理论。王韬、梁启超、杨度等人把西方的"民族"理论和相关概念介绍到中国。在"民族主义"思潮下,"民族"在传统人群"类别"划分之基础上增添了新内容,"民族国家"这种新的国家类型被纳入其内容之中。

中国古代的族类概念与引入民族国家内涵的近代民族面临着两大基本问题:一是民族国家的民族是多民族还是单一民族,背后隐含的是单一民族建国还是多民族共建一国的实践道路;二是如果延续历史上的多民族共建一个现代国家,如何处理内部不同"民族"间的相互关系。历史上的民族关系,显然是不平等的,不符合现代民族国家"主权在民"的"民主"理念。源自西方古典民族主义所持的"民族",基于"一个国家、一个民族、一个人民"的狭义政治空想,无法化解多民族国家内民族认同与国家认同之间的张力或冲突。以民族主义为驱动的"民族建国"观念很容易就回归到建立"单一民族国家"的逻辑上,而且把这一政权看成是唯一合法的主权国家。其目的是要求现代民族国家内的所有群体,尤其是所有公民个人必须具有非常鲜明的同质性特征。

两次世界大战后,原来的封建帝国体系逐步瓦解,民族解放运动风起云涌,越来越多的民族实现独立,组建了越来越多的所谓"民族国家"。"冷战"结束之后,又兴起了第三次民族独立的浪潮。但是,在这些所谓的"民族国家"内部,其"民族"也不是完全同质的,依然存在诸多具有不同文化特征的族群,有些国家族群数量还很多。苏联解体之后,俄罗斯依然拥有多个民族或族群。美国、加拿大、澳大利亚和拉丁美洲等所谓的移民国家,国家内部族群类型日益多元化。伴随经济全球化的深入发展,跨国移民规模的不断扩大,绝大多数现代民族国家早已不是所谓的"单一民族国家",而是日益演化为多民族的国家。在这种情况下,多民族国家建构与早期的民族国家建构,就不完全一样。一方面,需要建立一个一国家范围内所有群体和公民均认同的新观念,也就是促进政治整合、文化包容、社会团结的国族观念;另一方面,又需要对国家内部的不同群体、民族和族群实施权力均等而又有所差异的具体政策,尤其是对少数族群给予承认乃至优惠扶持的特殊政策。

近代以来不同时期中国民族观的演变,在思想上主要体现了西方民族理论的影响,但也结合中国传统进行了"中国化"的改造;中华人民共和国成立之后民族观演进的三个不同阶段,则更多是基于中国实际和民族工作实践进行的再创造和新概括,是可以作为一种独立存在的模式与西方民族观并立的。进入新时代,以建设中华民族共同体为核心,提出新的中华民族观,则是在继承基础上的创新,在总结实践经验基础上的新综合。

这一新概括，与"在历史上形成的有共同语言、共同地域、共同经济生活以及表现于共同的民族文化特点上的共同心理素质",① 具有鲜明同质性的狭义民族观不同，中华民族共同体应当被理解为民族概念的广义形式，指的是具有某一些或一系列共同性的、比较稳定的人群共同体。在政治实践中，它往往表现出多民族国家内部成员对于国家作为政治共同体的身份认同，因而具备包容性更大、凝聚力更强的政治团结性。

中华民族共同体作为一种"民族"形式的概念构建，必然与民族主义理论发生交叉。但当我们以民族主义理论审视中华民族共同体的发展历程时，必须理解中华民族共同体本身即是对具有鲜明同质性特征的狭义民族概念的超越，其回应的是现代多民族国家实现国家整合的必然诉求，彰显的是作为国族身份的共同性特征。理解中华民族共同体的共同性特征，应当注意以下三个方面。

首先，中华民族共同体的本质是以超越民族主义的爱国主义为纽带，是中国人民坚持爱国、爱党和爱社会主义高度统一，对自身所处的中国社会的政治道路、经济模式以及生活方式的广泛认同，以此产生的中华民族共同体全体成员之间凝结的深厚情感认同。

其次，中华民族共同体在既往各民族交往交流交融的历史中，始终共享着多重公共价值。中华民族作为一个自在的民族实体是在几千年的历史进程中所形成的，在生存空间场域和文明发展的进程中形成了非常深厚的共享基础：在经济、政治和社会发展上共享着规范化的制度模式，切实实现各民族共同繁荣和共同发展；在语言、文化上共享着相同的发展权益，并以此为基础实现融合共享。以语言政策为例，在中华人民共和国宪法保障各民族使用自己语言文字权利的同时，普通话作为统一的信息符号系统，已逐渐成为各民族

---

① 斯大林认为："民族是人们在历史上形成的一个有共同语言、共同地域、共同经济生活以及表现在共同文化上的共同心理素质的稳定的共同体。"参见《斯大林选集》（上卷），人民出版社1979年版，第64页。

的通用语。

最后，中华民族共同体是中华民族近百年来为寻求自身民族独立、维护国家主权权益、实现中华民族伟大复兴而自觉建构起来的政治共同体。中华民族共同体中的每一个成员都共同拥有统一的公民身份，履行共同的权利义务，彼此之间有着共同的经济利益、政治利益、文化利益、社会利益乃至生态环境利益。中华民族共同体中的每一位成员，都与这一共同体本身的前途和命运息息相关、休戚与共，都是该共同体内部实现政治团结的重要组成力量。

（三）新中华民族观的基本内容

新中华民族观有着深刻的学理渊源。在理论与实践相结合的过程中，新中华民族观逐渐形成了自身特有的理论特色与现实关怀，其当代构建不断与中国特色社会主义的道路探索合二为一，最终造就了以马克思主义民族理论为指导进而付诸实践的理论底色，形成了一种具有中国特色的政治共同体主张。

综合来看，新中华民族观的核心概念是中华民族共同体。在认知性维度上，中华民族共同体概念结构中存在"中华人民共和国""中华民族"和"共同体"三个组成部分。对其进行理论厘定，却不能仅以国家主义（Statism）、民族主义（nationalism）和共同体主义（communitarianism）作为逻辑锚点和元理论背景进行解构：一方面是三者均源于西方政治哲学基底，在对我国进行宏大结构分析时存在天然的诠释劣势；另一方面是此三者的思想背景、研究对象以及分析范式各有其局限性，无论是哪一种主义，都无法孤立、完整地表达出中华民族共同体的价值内涵和理论外延。因此，想要对中华民族共同体进行理论厘定，必须要引入马克思主义作为指引，将马克思主义基本原理同中国革命、建设和改革的实践结合起来，同中国的优秀历史传统和优秀文化结合起来进行分析。

马克思主义在逻辑上国家主义将国家视为集体永恒的庇护所，而是以反对剥削阶级的形式建立国家，在制度设计上压抑了资本家和特权者作为一个剥削阶层或者普遍现象的出现，并以构建民族团结为国家指向；在政治上不同于民族主义对民族与国家之间关系的狭义规定，而是主张现代民族国家应当采取社会主义共和国形式，以更加广义的国族概念来组建政治国家，并且认为国家应该成为无产阶级实现民族平等和民族自决的政治组织形式。① 在价值规范性上也不同于共同体主义，它将共同体的可行性范围扩展到大型政治共同体层面，并以爱国主义、民族平等、消灭剥削等一系列价值规范作为共同体内部成员的价值原则，从而引导个人之间实现经济、政治、文化、社会等诸方面的利益共享，进而走向政治团结。

习近平总书记在党的十九大报告中指出："民族团结进步教育，铸牢中华民族共同体意识，加强各民族交往交流交融，促进各民族像石榴籽一样紧紧抱在一起，共同团结奋斗、共同繁荣发展。"② 铸牢中华民族共同体意识，构建新的中华民族观，是中国共产党在新时代以马克思主义为指导提出的重要理论创新。以中华民族共同体为核心的新中华民族观不以同质性为指向，而以共同性为目标，对于增进我国各民族之间的共同意识、民族友谊，促进全国各族人民在多元一体的民族结构下进一步实现民族团结进步发展，有着深刻的理论价值和现实意义。

四 中华民族共同体民族观的意义

突出共同体意识的新民族观，吸收借鉴了其他民族观的有益成分，既不是简单的古代天下观，也不是近代西方民族国家的民族观，更不是简单追求推翻反动政权实现民族平等的民族观。新民族观是

---

① 任勇、付春：《马克思主义政治学视野中的民族和民族国家》，载《马克思主义政治学研究》（第1辑）房宁、杨海蛟主编，中国社会科学出版社2013年版，第179页。

② 习近平：《决胜全面建成小康社会夺取新时代中国特色社会主义伟大胜利——在中国共产党第十九次全国代表大会上的报告》，人民出版社2017年版，第40页。

在中国共产党的领导下，全国各族人民为实现人民的主体性和建设社会主义现代化国家进程中形成的具有博采众长品质的民族观。新民族观具有鲜明的引领性、凝聚性、能动性和创造性，为我国新时代民族理论创新和民族工作实践提供了根本指导。

（一）新民族观的理论意义：厘清了民族研究领域若干概念的关系

新民族观与以往理论研究的一个最大不同是，对民族现象中的共同性、同质性、差异性三个基本概念的关系进行了清晰准确的区分，即共同性包含同质性和差异性，共同性不等于同质性。新民族观则追求不断增强共同性而非同质性的民族观。新民族观强调的是要把中华民族建设成为中华民族共同体，增强中华民族的共同性。中华民族自古以来是一个自在且经历了自觉的实体，而中华民族共同体则是一个需要在新时代围绕实现中华民族伟大复兴目标而进行建构的实体。新民族观关于民族现象中共同性、同质性和差异性关系的理论创新，为我们厘清中华民族和中华民族共同体的关系、中华民族共同体与中华民族外延的关系、中华民族与56个民族的关系，以及中华文化与56个民族的文化的关系提供了理论指导。

（二）新民族观的文化意义：新民族观就是一种新文化观

新民族观并不是"飞来峰"，也不是凭空出现，而是对中国传统优秀文化、现代西方民族国家文化、马克思主义无产阶级革命文化、社会主义建设与改革实践文化、社会主义现代化文化的新综合，吸收了上述各种文化的优秀精华成分，从而对民族现象有了更加理性且符合中国特色社会主义国情的认识，是一种在文化现象中借鉴、反思、创新并彰显了鲜明自主性的新民族观，体现了社会主义现代化中国对新时代民族现象的文化解释，体现了对一与多、共同与同质、共同与差异等基本问题的思维态度，是新时代社会主义现代化中国的一种新文化观。

（三）新民族观的时代意义：为服务两个大局提供新理论工具

2020年8月24日，习近平总书记在主持召开经济社会领域专家座谈会时指出："我们要辩证认识和把握国内外大势，统筹中华民族伟大复兴战略全局和世界百年未有之大变局，深刻认识我国社会主要矛盾发展变化带来的新特征新要求，深刻认识错综复杂的国际环境带来的新矛盾新挑战，增强机遇意识和风险意识。"[①] 统筹两个大局要求我们必须统一思想认识，形成凝心聚力、团结合作的中国力量。新民族观以建设中华民族共同体为主线方向，突出强调了增强中华民族的共同性，为如何把实现中华民族伟大复兴和建设人类命运共同体有机结合提供了理论指导。

（四）新民族观的工作意义：为推进民族工作改革完善提供新的引领

中华民族共同体这一新民族观不只是中国特色民族理论上的创新，它能帮助我们形成正确的国家观、历史观、文化观、宗教观，具有鲜明的工作意义。新民族观还加深了人们对中华民族共同体的认识，培育中华民族共同体思维，让我们更加理性科学地认识新时代民族工作的新形势、新要求，为民族工作高质量发展奠定原则基础，为民族工作领域的具体改革措施提供时代标杆和方向，对推进各领域、各地区的民族工作能够发挥直接引领作用。

[①] 《习近平主持召开经济社会领域专家座谈会强调 着眼长远把握大势开门问策集思广益 研究新情况作出新规划》，《人民日报》2020年8月25日第1版。

第六章　铸牢中华民族共同体意识的话语体系建设

内容摘要：铸牢中华民族共同体意识，是中华民族迎来从站起来、富起来到强起来伟大飞跃的重要历史基础和精神动力，是实现中华民族伟大复兴的重要思想基础、群众基础和社会基础。因此，对于如此重要之理念，相应的研究应及时跟进。本章聚焦话语体系问题展开研究，在分析我国在民族领域话语体系和话语权方面面临的形势基础上，着重揭示了若干话语存在的诸多问题，提出了加强铸牢中华民族共同体意识话语体系建设的思路与对策。

关键词：中华民族；中华民族共同体；话语体系；建设

党的十八大以来，中国特色社会主义进入新时代，党和国家的民族团结进步事业进入了一个新的发展阶段。铸牢中华民族共同体意识成为新时代党的民族工作的主线和"纲"。2014年5月，习近平总书记在第二次中央新疆工作座谈会上明确指出："民族团结是各族人民的生命线。要高举各民族大团结的旗帜，……"① 同年9月，中央民族工作会议暨国务院第六次全国民族团结进步表彰大会在北京举行，习近平总书记在会上发表重要讲话。会议强调，"加强中华

---

① 《坚持依法治疆团结稳疆长期建疆 团结各族人民建设社会主义新疆》，《人民日报》2014年5月30日第1版。

民族大团结……"① 党的十九大和党的二十大进一步明确新时期党的民族工作方针。这是中国共产党马克思主义理论在民族领域的创新发展，标志着我国民族团结进步事业贯彻落实习近平新时代中国特色社会主义思想。与中国发展的实践创新与辉煌成就相比，在我国的话语体系和话语权方面，仍然呈现"西强中弱"的态势，这固然有其历史原因，但时代发展的要求也给了中国话语的构建、中国声音的传播以上升空间。

一 铸牢中华民族共同体意识话语体系的人心核心概念

铸牢中华民族共同体意识的话语体系，必须突出"共"这一特点，必须围绕"共"来构建话语体系的内容，主要包括以下六个核心话语：

1. 共同梦想

必须要从中华民族伟大复兴的战略高度把握新时代党的民族工作的历史方位，以实现中华民族伟大复兴为出发点和落脚点，围绕共同梦想构筑共同愿景。

2. 共同核心

中国近代以来的历史与实践证明，只有中国共产党才能实现中华民族的大团结，只有中国特色社会主义才能凝聚各民族、发展各民族、繁荣各民族。② 党的领导地位是在各民族共同奋斗过程中形成并得到各民族确认的。

---

① 《中央民族工作会议暨国务院第六次全国民族团结进步表彰大会在北京举行》，《人民日报》2014年9月30日第1版。
② 《习近平在全国民族团结进步表彰大会上的讲话》，《人民日报》2019年9月28日。

3. 共同奋斗

我国是多民族的国家，各民族共同开发了祖国的锦绣河山、广袤疆域，共同创造了悠久的中国历史、灿烂的中华文化。构建铸牢中华民族共同体意识的话语体系，必须要明确各民族仍要在坚持平等、团结、互助、和谐的基础上接续共同奋斗，为全面建设社会主义现代化国家贡献力量。

4. 共同富裕

必须要坚持完善民族区域自治制度和差别化区域支持政策相统一，坚持发挥民族地区自身优势与支持民族地区全面深化改革开放相统一，让各族人民共创美好未来、共享中华民族新的光荣和梦想。

5. 共有精神家园

必须要将共有精神家园纳入进来，坚持正确的中华民族历史观，促进各民族在理想、信念、情感、文化上的团结统一，在党史、新中国史、改革开放史、社会主义发展史学习教育中，深入总结我们党百年民族工作的成功经验。

6. 共同道路

必须继续沿着中国特色解决民族问题的正确道路，以铸牢中华民族共同体意识为新时代党的民族工作的主线，推动各民族坚定对伟大祖国、中华民族、中华文化、中国共产党、中国特色社会主义的高度认同，不断推进中华民族共同体建设。[①]

二 铸牢中华民族共同体意识话语体系建设

我国是历史悠久的统一的多民族国家，各民族共同创造了中国历史和中华文化，并凝结为中华民族精神。中国共产党领导全国各

[①] 《以铸牢中华民族共同体意识为主线 推动新时代党的民族工作高质量发展》，《人民日报》2021年8月29日。

族人民共同缔造新中国，开启中华民族发展新纪元，必须深刻认识和把握中华民族、中华各民族与国家特别是与新中国的关系问题，扎实推进实施"中华民族共同体意识"历史文化工程。

（一）深刻认识和把握中华民族、中华各民族与国家特别是与新中国的关系问题

深刻认识和把握中华民族、中华各民族与国家特别是与新中国的历史逻辑、政治逻辑、理论逻辑和实践逻辑即彼此关系。然而，在这一关系问题上，当前不仅在思想认识上存在着一些不适宜乃至错误的研究阐释和表述，更面临各种分裂势力分裂国家和西方反华势力通过历史文化特别是民族、宗教问题进行"西化""分化"中国的各种图谋，模糊、否定或动摇中华民族、中华各民族与国家、与新中国的理论与实践关系，特别是混淆或消解关于新中国的国家学说和民族问题理论，亟待加强中华民族、中华各民族与国家、与新中国的理论研究和建设。

当前，在中华民族、中华各民族与国家、与新中国的关系问题上，存在的不适宜乃至错误的研究阐释和表述主要是：

1. 所谓"中华人民共和国的成立标志着'中华民族—国家'建立"

此说——中华人民共和国的成立是"中华民族—国家"建立的标志——"割裂"了中华民族与古代中国、近代中国的关系，也不利于阐明中华各民族与祖国、与新中国的历史与逻辑关系。自古以来，中华民族与中国就是一体两面、融合一起的，中华民族是中华各民族的统称。中国是中华民族的，也是中华各民族的。新中国是党领导全国各族人民共同缔造的，传承和发展着中华民族、中华各民族共同创造的中国历史、中华文化和中华民族精神。

2. 所谓"中华民族自决建立中华人民共和国"

这里将新中国的建立表述为"中华民族自决"建立，若特指中华民族独立自主地建立新中国、中华各民族当家做主，是毫无疑问的。

然而，若用"民族自决"界定"中华民族自决"，因"民族自决"包含有"自由分离权"等内容，则极易对新中国的政治制度和国家结构特别是中华民族与新中国的关系，产生严重政治歧义，切不可滥用、泛用"民族自决"。

3. 所谓民族识别人为地"制造"民族，并认为民族区域自治是当代中国民族问题的症结所在，主张以族群概念将民族"去政治化"

此种观点歪曲和诋毁新中国成立以来的民族识别乃至在此基础上的民族工作理论与实践，也否定了中国特色解决民族问题正确道路的制度基础。民族识别不是代替各民族来决定应不应当成为少数民族或单独民族，只是提供科学的识别依据，最终是由各族体人民来决定的。在民族识别工作中，凡是被甄别为属于某一民族的，不分人口多少、历史长短、居住地域大小、社会发展阶段和经济文化发展水平高低，一律称为民族。民族识别依据的是民族特征，遵循了"尊重民族意愿原则""名从主人"。这样的民族识别反映了我国各民族的实际，体现了各民族的意志，是保障民族平等的前提，同时也是实现民族平等的过程，因此是科学的、成功的，为实施民族区域自治提供了科学认识依据和现实依据。

4. 所谓"不论各族在历史上曾经处于什么样的状态，与中原政权曾经保持过什么样的联系，在今天都已经不重要了"

这是历史虚无主义在我国民族历史问题上的一种表现。如果这样的话，那么我们维护祖国统一、反对民族分裂的历史依据又在哪里？正是中国是一个统一的多民族国家，各少数民族是祖国大家庭的重要组成部分，各少数民族地区是祖国不可分割的一部分，奠定了新中国实现平等、团结、互助、和谐的社会主义民族关系的根本历史基础、政治前提和法理依据，是我们战胜一切民族分裂活动的根本准则和法宝，也是搞民族分裂注定要失败的根源所在。

当前，在中华民族、中华各民族与国家、中华各民族与新中国的关系问题上，更面临"疆独""藏独""台独""港独"等分裂势力破坏民族团结、图谋分裂国家、颠覆国家政权的危害，西方以历史文化和民族、宗教问题为突破口、渗透和挑拨我国民族宗教关系、"西化""分化"中国的各种图谋的威胁，也面临不断深化中华民族共同体意识的各种挑战与考验，特别是如何从历史文化、思想意识、心理和价值追求上巩固和发展中华民族共同体意识的历史文化根基。

（二）实施"中华民族共同体意识"历史文化工程

中华民族共同体意识是具体的、历史的，又具有时代内涵与特点，来源于中国人民生产生活实践、中华民族形成与发展，深深蕴含于中国历史、中华文化和中华民族精神之中。历史文化是一个国家和民族安身立命的重要基础，中国历史、中华文化和中华民族精神是铸牢中华民族共同体意识的重要源泉与根基。新时代推进铸牢中华民族共同体意识话语体系建设，有必要实施"中华民族共同体意识"历史文化工程，以铸牢中华民族共同体意识为重要精神纽带，大力弘扬和践行中华民族精神。

1. 坚持以马克思主义祖国观、历史观、民族观、宗教观和文化观为指导，深入推进中华民族史、中华各民族关系史、中华文化史和台港澳史研究

系统总结中华民族发展、中华民族伟大复兴的历史进程，特别是爱国主义、国家统一和民族团结的成就与经验，以中华民族精神、社会主义核心价值观培育和践行中华各民族的精神力量和价值追求，构建中华各民族共有精神家园，不断增强中华各民族对伟大祖国的认同、对中华民族的认同、对中华文化的认同、对中国共产党的认同、对中国特色社会主义的认同，共同走中国特色解决民族问题的正确道路，不断推进中华民族伟大复兴伟业。

2. 围绕民族与国家的关系，深入推进中华民族、中华各民族与国家的关系特别是关于新中国的国家理论研究和建设

根据中华民族、中华各民族与国家的历史与实践关系，是党对共产党执政规律、社会主义建设规律和人类社会发展规律的科学探索。它以回答什么是社会主义、怎样建设社会主义，建设一个什么样的党、怎样建党，实现什么样的发展、怎样发展，新时代坚持

和发展什么样的中国特色社会主义、以建设一个什么样的新中国和怎样建设新中国为思想认识内涵，深刻揭示党的领导与新中国创立、建设和发展的历史逻辑、政治逻辑、理论逻辑和实践逻辑及其辩证统一，新中国的基本国情、发展道路和进步方向，新中国从哪里来、到哪里去，新中国的国体、政体和基本制度，新中国的建设和发展及其经验，以及新中国与世界的关系，特别是新中国在世界社会主义运动和人类社会发展中的地位、贡献与作用等。这一国家理论在马克思主义中国化中确立、丰富和发展，指导新中国的建设和发展，深刻影响着世界社会主义运动和人类社会发展。党关于新中国的国家理论，思想深刻、内涵丰富并不断发展，具体、历史地贯穿于马克思主义中国化之中，贯穿于新中国建设和发展的理论与实践之中，并深刻指向新中国的发展前景、趋势和前途命运。

3. 以"家国情怀"为纽带，积极塑造和引领国家历史记忆，加强"家与国"，中华各民族团结，国史与国情的研究、编纂、宣传、教育和传播

这是一项基础性、系统性工程。为此，可组织中国社会科学院、教育部、中共中央党校（国家行政学院）、中央文献和党史研究院等有关部门和科研力量，加快构建相关学科体系、学术体系、话语体系和教材体系，进一步将中华优秀传统文化创新性发展、创造性转化，将家国情怀、民族团结、国史和国情宣传教育纳入国民教育体系和干部学习培训体系，积极推进"讲好中国故事、传播好中国声音"的融媒体建设、大众化发展，不断丰富和拓展其在海外交流传播的内容、形式和渠道，不断增强中华民族的归属感、认同感、尊严感和荣誉感。

第七章 铸牢中华民族共同体意识传播体系建设

内容摘要：铸牢中华民族共同体意识是新时代党的民族工作的主线和"纲"。铸牢中华民族共同体意识是维护各民族根本利益的必然要求，是实现中华民族伟大复兴的必然要求，是巩固和发展平等团结互助和谐社会主义民族关系的必然要求，是党的民族工作开创新局面的必然要求。构建铸牢中华民族共同体意识话语体系有着理论必要性与现实紧迫性。铸牢中华民族共同体意识的话语体系，必须突出"共"这一特点，必须围绕"共"来构建话语体系的内容，即共同梦想、共同核心、共同奋斗、共同富裕、共有精神家园、共同道路六个方面。同时，还要从新中国史通史编纂、丰富完善中国特色社会主义大党大国典礼制度、积极构建在港澳地区的文化领导权、促进港澳地区与内地的文化交流等方面完善传播体系。

关键词：铸牢中华民族共同体意识；话语体系；理论研究；传播体系

铸牢中华民族共同体意识是党的十八大以来，以习近平同志为核心的党中央，立足全面推进中华民族伟大复兴实践，坚持把马克思主义民族理论基本原理同中国具体实际相结合，同中华优秀传统文化相结合，把握民族工作规律，深化对中国特色解决民族问题正确道路的认识，总结民族工作经验，提出的重大理念。铸牢中华民族共同体意识，就是要引导各族人民牢固树立休戚与共、荣辱与共、生死与共、命运与共的共同体理念，① 成为新时代党的民族工作的主线和"纲"。习近平总书记在党的二十大报告中强调，"以铸牢中华民族共同体意识为主线，坚定不移走中国特色解决民族问题的正确道路，坚持和完善民族区域自治制度，加强和改进党的民族工作，全面推进民族团结进步事业"。② 这成为今后我们开展民族工作的重要遵循。在此背景下，加强对铸牢中华民族共同体意识话语体系的研究，对于新征程赶考路上，巩固全党全国各族人民团结奋斗的共同思想基础，凝聚起全面建成社会主义现代化强国的精神力量，无疑有着巨大的理论意义与现实意义。

一　夯实铸牢中华民族共同体意识话语体系的理论基础

我国是一个统一的多民族国家。习近平总书记指出，一部中国史，就是一部各民族交融汇聚成多元一体中华民族的历史，就是各民族共同缔造、发展、巩固统一的伟大祖国的历史。③ 中华民族拥有五千多年的文明发展进步史，创造了灿烂多彩的中华文明，为人类作出了历史性卓越贡献，成为世界民族之林中的伟大民族。中国共产党根据中国人民发展史、中华民族发展史特别是党史、新中国建设和发展史，把马克思主义民族理论与中国具体实际相结合，与中

---

① 习近平：《以铸牢中华民族共同体意识为主线 推动新时代党的民族工作高质量发展》，《人民日报》2021年8月29日。

② 习近平：《高举中国特色社会主义伟大旗帜 为全面建设社会主义现代化国家而团结奋斗——在中国共产党第二十次全国代表大会上的报告》，人民出版社2022年版，第39—40页。

③ 习近平：《在全国民族团结进步表彰大会上的讲话》，《人民日报》2019年9月28日。

华优秀传统文化相结合，形成、丰富和发展关于中华民族大家庭、中华民族共同体和铸牢中华民族共同体意识等科学理念，贯彻落实关于马克思主义唯物史观指导下正确的祖国观、民族观、文化观和历史观，推进中国特色社会主义进入新时代，接续全面建设社会主义现代化国家新征程，奋进实现中华民族伟大复兴。①

中华民族共同体意识是国家统一之基、民族团结之本、精神力量之魂。② 铸牢中华民族共同体意识，实质在于引导各族人民牢固树立休戚与共、荣辱与共、生死与共、命运与共的共同体理念，守望相助，共同团结奋斗、繁荣发展，推动中华民族坚如磐石。无论从历史与现实、理论与实践的结合上，还是从人民、国家、社会、民族等范畴来看，中华民族是中国人民以中华各民族为主体基础，并相互构成和凝聚在一起的民族和命运共同体，中华民族共同体意识是历史的客观存在和发展的，是自在到自觉的，是物质与精神相统一的，是建立在共同性和差异性辩证统一基础上的思想认同、理论自觉和精神形态，是中国人民推动人类社会发展进步的文明样态。铸牢中华民族共同体意识，是历史发展的必然结论，是维护各民族根本利益、巩固和发展平等团结互助和谐社会主义民族关系，实现中华民族伟大复兴的重要思想基础、政治前提、制度保障与精神动力。③

（一）充分认识铸牢中华民族共同体意识的重要意义

铸牢中华民族共同体意识是维护各民族根本利益的必然要求。中华民族是一个大家庭，56个民族的根本利益是一致的。实现好、维护好、发展好各民族根本利益，是各族人民的共同职责所在。只

---

① 宋月红：《铸牢中华民族共同体意识推进新时代西藏长治久安和高质量发展》，《西藏民族大学学报》（哲学社会科学版）2021年第6期。

② 《十八大以来重要文献选编》（中），中央文献出版社2016年版，第104—105页。

③ 宋月红：《铸牢中华民族共同体意识推进新时代西藏长治久安和高质量发展》，《西藏民族大学学报》（哲学社会科学版）2021年第6期。

有铸牢中华民族共同体意识，构建起维护国家统一和民族团结的坚固思想长城，各民族共同维护好国家安全和社会稳定，才能有效抵御各种极端、分裂思想的渗透颠覆，才能不断实现各族人民对美好生活的向往。

铸牢中华民族共同体意识是实现中华民族伟大复兴的必然要求。实现中华民族伟大复兴，是近代以来各民族共同的梦想，也是近代以来各族人民最伟大的梦想。民族复兴梦承载着一代代中国人民的美好期盼。只有铸牢中华民族共同体意识，才能有效应对实现中华民族伟大复兴过程中民族领域可能发生的风险挑战，才能为党和国家兴旺发达、长治久安提供重要思想保证。

铸牢中华民族共同体意识是巩固和发展平等团结互助和谐社会主义民族关系的必然要求。国家的统一，人民的团结，国内各民族的团结，这是我们的事业必定要胜利的基本保证。正确认识和处理民族关系，最根本的是要坚持民族平等，加强民族团结，推动民族互助，促进民族和谐。只有铸牢中华民族共同体意识，才能增进各民族对中华民族的自觉认同，夯实我国民族关系发展的思想基础，推动中华民族成为认同度更高、凝聚力更强的命运共同体。

铸牢中华民族共同体意识是党的民族工作开创新局面的必然要求。民族工作是党和政府的一项重要工作，做好这项工作是全国各族人民的共同心愿，是中华民族大团结的保证，意义十分重要。只有顺应时代变化，按照增进共同性的方向改进民族工作，做到共同性和差异性的辩证统一、民族因素和区域因素的有机结合，才能把新时代党的民族工作做好做细做扎实。①

（二）切实贯彻习近平总书记关于加强和改进民族工作的重要思想

中国共产党自成立之日起，就高度重视我国的民族问题。一百

---

① 《习近平谈治国理政》第4卷，外文出版社2022年版，第245—246页。

多年来，党的民族工作取得历史性成就，最大成就就是走出了一条中国特色解决民族问题的正确道路。党的十八大以来，以习近平同志为核心的党中央，坚持守正创新，既一脉相承又与时俱进贯彻党的民族理论和民族政策，不断积累把握民族问题、做好民族工作的新鲜经验，形成了关于加强和改进民族工作的重要思想，概括起来有以下方面。

一是必须从中华民族伟大复兴战略高度把握新时代党的民族工作的历史方位，以实现中华民族伟大复兴为出发点和落脚点，统筹谋划和推进新时代党的民族工作；二是必须把推动各民族为全面建设社会主义现代化国家共同奋斗作为新时代党的民族工作的重要任务，促进各民族紧跟时代步伐，共同团结奋斗、共同繁荣发展；三是必须以铸牢中华民族共同体意识为新时代党的民族工作的主线，推动各民族坚定对伟大祖国、中华民族、中华文化、中国共产党、中国特色社会主义的高度认同，不断推进中华民族共同体建设；四是必须坚持正确的中华民族历史观，增强对中华民族的认同感和自豪感；五是必须坚持各民族一律平等，保证各民族共同当家做主、参与国家事务管理，保障各族群众合法权益；六是必须高举中华民族大团结旗帜，促进各民族在中华民族大家庭中像石榴籽一样紧紧抱在一起；七是必须坚持和完善民族区域自治制度，确保党中央政令畅通，确保国家法律法规实施，支持各民族发展经济、改善民生，实现共同发展、共同富裕；八是必须构筑中华民族共有精神家园，使各民族人心归聚、精神相依，形成人心凝聚、团结奋进的强大精神纽带；九是必须促进各民族广泛交往交流交融，促进各民族在理想、信念、情感、文化上的团结统一，守望相助、手足情深；十是必须坚持依法治理民族事务，推进民族事务治理体系和治理能力现代化；十一是必须坚决维护国家主权、安全、发展利益，教育引导各民族继承和发扬爱国主义传统，自觉维护祖国统一、国家安全、社会稳定；十二是必须坚持党对民族工作的领导，提升解决民族问题、做好民族工作的能力和水平。我们党关于加强和改进民族工作的重要思想，是党的民族工作理论和实践的智慧结晶，是新时代党的民族工作的根本遵循，全党必须完整、准确、全面把握和贯彻。①

习近平总书记关于加强和改进民族工作的重要思想，是一个逻辑严密、系统完备的科学理论体系，深刻回答了民族工作举什么旗、走什么路的根本性问题，是马克思主义民族理论中国化的最新成果。这一思想既总结了我国历史上治理民族事务的宝贵经验，又借鉴了世界范围内处理民族问题的经验教训；既保持了党的民族理论政策的稳定连贯，又根据民族工作形势任务的发展变化与时俱进；既是观察民族问题的认识论，又是做好民族工作的方法论。其中，蕴含了习近平总书记最新的重大原创性论断，比如，提出新时代党的民族工作的历史方位；强调必须以铸牢中华民族共同体意识为新时代党的民族工作的主线，不断推进中华民族共同体建设；强调必须坚持和完善民族区域自治制度，确保党中央政令畅通，确保国家法律法规实施；在民族工作中提出必须坚决维护国家主权、安全、发展利益。特别是提出必须坚持正确的中华民族历史观，科学回答了中华民族从哪里来、向哪里去的时代之问，具有深远的历史意义和重大的现实意义，标志着我们党开辟了马克思主义唯物史观的新境界。② 这一思想是习近平总书记新时代中国特色社会主义思想的重要组成部分，标志着我们党对民族问题的认识、对民族工作规律的把握运用达到了新高度，为做好新时代党的民族工作提供了行动指南和根本遵循。③ 我们必须完整、准确、全面把握这一重要思想的丰富内涵、核心要义、精神实质

---

① 《习近平谈治国理政》第 4 卷，外文出版社 2022 年版，第 244—245 页。

② 中共国家民委党组：《以铸牢中华民族共同体意识为主线 推进新时代党的民族工作高质量发展的纲领性文献——深入学习贯彻习近平总书记在中央民族工作会议上的重要讲话》，《人民日报》2021 年 11 月 8 日。

③ 王希恩：《抓住铸牢中华民族共同体意识这条主线（深入学习贯彻习近平新时代中国特色社会主义思想）》，《人民日报》2022 年 3 月 28 日。

和实践要求，推动中国特色解决民族问题的正确道路越走越宽广。

（三）铸牢中华民族共同体意识要正确把握四个关系

正确把握共同性和差异性的关系。增进共同性、尊重和包容差异性是民族工作的重要原则。共同性和差异性是辩证统一的。增进共同性，就必须要增强各族人民对伟大祖国、中华民族、中华文化、中国共产党、中国特色社会主义的高度认同，以及牢固树立国家意识、公民意识和法治意识。尊重和包容差异性，就必须要注意对各民族在饮食服饰、风俗习惯、文化艺术、建筑风格等方面的保护和传承。

正确把握中华民族共同体意识和各民族意识的关系。中华民族多元一体是先人们留给我们的丰厚遗产，也是我国发展的巨大优势。中华民族和各民族的关系，形象地说，是一个大家庭和家庭成员的关系，各民族的关系是一个大家庭里不同成员的关系。中华民族多元一体格局，一体包含多元，多元组成一体；一体离不开多元，多元也离不开一体；一体是主线和方向，多元是要素和动力，两者辩证统一。因此，习近平总书记强调，要引导各民族始终把中华民族利益放在首位，本民族意识要服从和服务于中华民族共同体意识，同时要在实现好中华民族共同体整体利益进程中实现好各民族具体利益。

正确把握中华文化和各民族文化的关系。文化是一个民族的魂魄，文化认同是民族团结的根脉。各民族都对中华文化的形成和发展作出了贡献，各民族要相互欣赏、相互学习。把汉文化等同于中华文化、忽略少数民族文化，把本民族文化自外于中华文化、对中华文化缺乏认同，都是不对的。我国各民族多姿多彩的文化是中华文化的重要组成部分。中华文化是主干，各民族文化是枝叶，根深干壮才能枝繁叶茂。

正确把握物质和精神的关系。物质和精神是辩证统一的。长期以来，党和国家大力支持少数民族和民族地区的发展，但经济社会发展并不自然而然带来民族团结，并不自然而然带来中华民族共同体意识。如果只是抓好了经济社会发展工作,忽视了国家认同建构工作,就会不恰当地强调特殊性和差异性,形成狭隘甚至极端的民族意识。① 因此,要赋予所有改革发展以彰显中华民族共同体意识的意义,以维护统一、反对分裂的意义,以改善民生、凝聚人心的意义,让中华民族共同体牢不可破。

这四个关系,既讲"两点论"又讲"重点论";既讲"普遍性"又讲"特殊性";既讲"怎么看"又讲"怎么办",为我们以铸牢中华民族共同体意识为主线推进新时代党的民族工作高质量发展,提供了根本遵循。②

二 把握铸牢中华民族共同体意识的话语表达

习近平总书记强调,做好新形势下民族工作,必须加强党对民族工作的领导。要加强民族领域基础理论问题和重大现实问题研究,创新中国特色社会主义民族理论政策的话语体系,提升其在国际上的影响力和感召力。③ 这为进一步构建铸牢中华民族共同体意识话语体系指明了方向,提供了重要遵循。

构建铸牢中华民族共同体意识话语体系有着理论必要性与现实紧迫性。一方面,有学者指出,过去民族理论主流话语是强化中华民族内部 56 个民族的特点,按照"各民族共同繁荣发展"的主旨,建构了一套民族政治发展、民族经济发展、民族文化发展、民族人

---

① 柯杰:《深刻领会铸牢中华民族共同体意识需要把握的"四个关系"》,《中央社会主义学院学报》2022 年第 2 期。
② 中共国家民委党组:《以铸牢中华民族共同体意识为主线 推进新时代党的民族工作高质量发展的纲领性文献——深入学习贯彻习近平总书记在中央民族工作会议上的重要讲话》,《人民日报》2021 年 11 月 8 日。
③ 习近平:《在全国民族团结进步表彰大会上的讲话》,《人民日报》2019 年 9 月 28 日。

口发展等体现差异性的话语体系。中华民族共同体意识面临着"主体民族"话语、"跨境民族"话语、"中华文化"虚化三个方面的冲击。① 其中的部分内容实际上与现在所强调的中华民族共同体并不完全契合，甚至在一定程度上是冲突的。另一方面，西方利用"话语霸权"极力塑造中国民族政策的"东方主义"形象，我们的话语体系面临被消解、破坏和碎片化的风险。② 因此，必须加快构建起适应新时代铸牢中华民族共同体意识工作的话语体系，从个体话语叙事转向整体性话语叙事，深化全体中国人"你中有我，我中有你"的命运共同体意识。

（一）铸牢中华民族共同体意识话语体系的核心内涵

习近平总书记在中央民族工作会议上强调，铸牢中华民族共同体意识，就是要引导各族人民牢固树立休戚与共、荣辱与共、生死与共、命运与共的共同体理念。③ 因此，铸牢中华民族共同体意识的话语体系，必须突出"共"这一特点，必须围绕"共"来构建话语体系的内容，主要包括以下六个部分：

1. 共同梦想

1840年鸦片战争以后，中国逐步成为半殖民地半封建社会，国家蒙辱、人民蒙难、文明蒙尘，中华民族遭受了前所未有的劫难。从那时起，实现中华民族伟大复兴，就成为中国人民和中华民族最伟大的梦想。④

一百多年来，中国共产党团结带领中国人民进行的一切奋斗、

---

① 沈桂萍：《铸牢中华民族共同体意识面临的突出问题及对策——以民族理论和政策话语重构为例》，《中央社会主义学院学报》2021年第1期。

② 何月华：《构建铸牢中华民族共同体意识的话语体系》，《中国社会科学报》2022年9月30日。

③ 《以铸牢中华民族共同体意识为主线 推动新时代党的民族工作高质量发展》，《人民日报》2021年8月29日。

④ 习近平：《在庆祝中国共产党成立100周年大会上的讲话》，《人民日报》2021年7月2日。

一切牺牲、一切创造，归结起来就是一个主题：实现中华民族伟大复兴。一百多年来，党团结带领全国各族人民创造了新民主主义革命伟大成就，为实现中华民族伟大复兴创造了根本社会条件；创造了社会主义革命和建设伟大成就，为实现中华民族伟大复兴奠定了根本政治前提和制度基础；创造了改革开放和社会主义现代化建设伟大成就，为实现中华民族伟大复兴提供了充满新的活力的体制保证和快速发展的物质条件；创造了新时代中国特色社会主义的伟大成就，为实现中华民族伟大复兴提供了更为完善的制度保证、更为坚实的物质基础、更为主动的精神力量。中华民族迎来了从站起来、富起来到强起来的伟大飞跃，实现中华民族伟大复兴进入了不可逆转的历史进程。

实现中华民族伟大复兴中国梦是中国共产党、中华民族、中国人民团结奋进的共同梦想，是中华民族的最大公约数。构建铸牢中华民族共同体意识的话语体系，必须要从中华民族伟大复兴的战略高度把握新时代党的民族工作的历史方位，以实现中华民族伟大复兴为出发点和落脚点，围绕共同梦想构筑共同愿景。

2. 共同核心

加强和完善党的全面领导，是做好新时代党的民族工作的根本政治保证，在新时代党的民族工作格局中居核心地位。必须坚决维护党中央权威和集中统一领导，把党的领导落实到党和国家事业各领域各方面各环节，使党始终成为风雨来袭时全体人民最可靠的主心骨，确保我国社会主义现代化建设正确方向，确保拥有团结奋斗的强大政治凝聚力、发展自信心，集聚起万众一心、共克时艰的磅礴力量。中国近代以来的历史与实践证明，只有中国共产党才能实现中华民族的大团结，只有中国特色社会主义才能凝聚各民族、发展各民族、繁荣各民族。[1] 党的领导地位是在各民族共同奋斗过程中

---

[1] 《习近平在全国民族团结进步表彰大会上的讲话》，《人民日报》2019年9月28日。

形成并得到各民族确认的。

构建铸牢中华民族共同体意识的话语体系，必须要明确中国共产党是领导核心，党的领导是中国特色社会主义最本质的特征和中国特色社会主义制度的最大优势，也是民族工作取得一切成就的最为重要的宝贵经验。坚持从政治上看待民族问题、做好民族工作，牢记"国之大者"，不断提高政治判断力、政治领悟力、政治执行力。要把党的领导贯穿民族工作全过程，推动形成党委统一领导、政府依法管理、统战部门牵头协调、民族工作部门履职尽责、各部门通力合作、全社会共同参与的新时代党的民族工作格局。抓基层、打基础、固根本，加强基层民族工作机构建设和民族工作力量，加强民族地区基层政权建设，充分发挥基层党组织战斗堡垒作用，确保党的民族理论和民族政策到基层有人懂、民族工作在基层有人抓。①

3. 共同奋斗

我国是多民族的国家，各民族共同开发了祖国的锦绣河山、广袤疆域，共同创造了悠久的中国历史、灿烂的中华文化。近代以来，中国人民和中华民族弘扬伟大爱国主义精神，心聚在了一起、血流到了一起，共同书写了抵御外来侵略、推翻反动统治、建设人民国家、推进改革开放的英雄史诗。② 一部中国史，就是一部各民族交融汇聚成多元一体中华民族的历史，就是各民族共同缔造、发展、巩固统一的伟大祖国的历史。③

构建铸牢中华民族共同体意识的话语体系，必须要明确各民族仍

---

① 中共国家民委党组：《以铸牢中华民族共同体意识为主线 推进新时代党的民族工作高质量发展的纲领性文献——深入学习贯彻习近平总书记在中央民族工作会议上的重要讲话》，《人民日报》2021年11月8日。

② 习近平：《在纪念辛亥革命110周年大会上的讲话》，《人民日报》2021年10月10日。

③ 习近平：《在全国民族团结进步表彰大会上的讲话》，《人民日报》2019年9月28日。

要在坚持平等、团结、互助、和谐的基础上接续共同奋斗，共同当家做主，推进民族事务治理体系和治理能力现代化，坚决维护国家主权、安全、发展利益，为全面建设社会主义现代化国家贡献力量。

4. 共同富裕

中华民族是一个大家庭，一家人都要过上好日子。共同富裕是中国特色社会主义的本质要求，也是一个长期的历史过程。我们坚持把实现人民对美好生活的向往作为现代化建设的出发点和落脚点，着力维护和促进社会公平正义，着力促进全体人民共同富裕，坚决防止两极分化。没有民族地区的全面小康和现代化，就没有全国的全面小康和现代化。共同富裕是社会主义的本质要求，是中国式现代化的重要特征，①也是各民族所要实现的奋斗目标。

构建铸牢中华民族共同体意识的话语体系，必须要坚持完善民族区域自治制度和差别化区域支持政策相统一，坚持发挥民族地区自身优势与支持民族地区全面深化改革开放相统一，让各族人民共创美好未来、共享中华民族新的光荣和梦想。

5. 共有精神家园

文化是一个民族的魂魄，文化认同是民族团结的根脉。中华民族具有5000多年连绵不断的文明历史，创造了博大精深的中华文化，为人类文明进步作出了不可磨灭的贡献。经过几千年的沧桑岁月，把我国56个民族、14多亿人紧紧凝聚在一起的，是我们共同经历的非凡奋斗，是我们共同创造的美好家园，是我们共同培育的民族精神，而贯穿其中的、更重要的是我们共同坚守的理想信念。②

在百年抗争中，各族人民血流到了一起、心聚在了一起，共同体意识空前增强，中华民族实现了从自在到自觉的伟大转变。中华民族精神是各族人民共同培育、继承、发展起来的，已深深融进了各族人民的血液和灵魂，成为推动中国发展进步的强大精神动力。

---

① 习近平：《扎实推动共同富裕》，《求是》2021年第20期。
② 习近平：《论坚持人民当家作主》，中央文献出版社2021年版，第20页。

爱国主义是中华民族精神的核心。爱国主义精神深深植根于中华民族心中，是中华民族的精神基因，维系着华夏大地上各个民族的团结统一，激励着一代又一代中华儿女为祖国发展繁荣而不懈奋斗。在新的时代条件下，弘扬爱国主义精神，必须把维护祖国统一和民族团结作为重要着力点和落脚点，教育引导全国各族人民像爱护自己的眼睛一样珍惜民族团结，维护全国各族人民大团结的政治局面，不断增强对伟大祖国、中华民族、中华文化、中国共产党、中国特色社会主义的认同，筑牢国家统一、民族团结、社会稳定的铜墙铁壁。

构建铸牢中华民族共同体意识的话语体系，必须要将共有精神家园纳入进来，坚持正确的中华民族历史观，促进各民族在理想、信念、情感、文化上的团结统一，在党史、新中国史、改革开放史、社会主义发展史学习教育中，深入总结我们党百年民族工作的成功经验，深化对我们党关于加强和改进民族工作重要思想的研究，加强现代文明教育，深入实施文明创建、公民道德建设、时代新人培育等工程，引导各族群众在思想观念、精神情趣、生活方式上向现代化迈进。[①]

6. 共同道路

方向决定道路，道路决定命运。回顾党的百余年历程，党的民族工作取得的最大成就就是走出了一条中国特色解决民族问题的正确道路。中国特色解决民族问题的正确道路，就是坚持在中国共产党领导下，坚持中国特色社会主义道路，坚持维护祖国统一，坚持各民族一律平等，坚持和完善民族区域自治制度，坚持各民族共同团结奋斗、共同繁荣发展，坚持打牢中华民族共同体的思想基础，坚持依法治国，加强各民族交往交流交融，促进各民族和睦相处、和衷共济、和谐发展，巩固和发展平等团结互助和谐的社会主义民

---

① 《以铸牢中华民族共同体意识为主线 推动新时代党的民族工作高质量发展》，《人民日报》2021年8月29日。

族关系，共同实现中华民族伟大复兴。民族区域自治是党的民族政策的源头，我们的民族政策都是由此而来、依此而存。民族区域自治制度是我国的一项基本政治制度，是中国特色解决民族问题正确道路的重要内容和制度保障。民族区域自治制度符合我国国情，在维护祖国统一、领土完整，在加强民族平等团结、促进民族地区发展、增强中华民族凝聚力等方面都起到了重要作用。

构建铸牢中华民族共同体意识的话语体系，必须继续沿着这条正确道路，以铸牢中华民族共同体意识为新时代党的民族工作的主线，开拓创新，从实际出发，顶层设计要缜密、政策统筹要到位、工作部署要稳妥，推动各民族坚定对伟大祖国、中华民族、中华文化、中国共产党、中国特色社会主义的高度认同，不断推进中华民族共同体建设。[①]

（二）铸牢中华民族共同体意识话语体系需要重点关注的几个问题

关于民族关系。团结就是力量，民族团结是我国各族人民的生命线。党坚持马克思主义民族理论中国化，坚持和完善民族区域自治制度，把铸牢中华民族共同体意识作为党的民族工作主线，巩固和发展平等团结互助和谐的社会主义民族关系，促进各民族共同团结奋斗、共同繁荣发展。做好民族工作，最关键的是搞好民族团结，最管用的是争取人心。必须高举中华民族大团结旗帜，坚持和发扬各民族心连心、手拉手的好传统，在各民族中牢固树立国家意识、公民意识、中华民族共同体意识，促进各民族在中华民族大家庭中像石榴籽一样紧紧抱在一起，不断巩固和发展各民族大团结、全国人民大团结、全体中华儿女大团结，铸牢中华民族共同体意识，形成海内外全体中华儿女心往一处想、劲往一处使的生动局面，汇聚起实现中华民族伟大复兴的磅礴伟力，使每个民族共享祖国繁荣发

---

① 《以铸牢中华民族共同体意识为主线 推动新时代党的民族工作高质量发展》，《人民日报》2021年8月29日。

展的成果。

关于反分裂斗争。民族复兴、国家统一是大势所趋、大义所在、民心所向。民族地区反分裂斗争具有长期性、复杂性、尖锐性，维护民族地区社会稳定和实现长治久安具有重要性和紧迫性。香港、澳门回归祖国后，重新纳入国家治理体系，走上同祖国共同发展、永不分离的宽广道路。"一国两制"实践取得了举世公认的成功。事实证明，"一国两制"是解决历史遗留的香港、澳门问题的最佳方案，也是香港、澳门回归后保持长期繁荣稳定的最佳制度，是完全行得通、办得到、得人心的，是有强大生命力的。解决台湾问题、实现祖国完全统一，是全体中华儿女共同愿望，是中华民族根本利益所在。"和平统一、一国两制"是解决台湾问题的基本方针，也是实现国家统一的最佳方式。

关于维护国家主权、安全和发展利益。国家安全是国家生存发展的基本前提，保证国家安全是头等大事，维护国家安全是全国各族人民根本利益所在。发展是安全的基础和目的，安全是发展的条件和保障，发展和安全要同步推进。我国面临复杂多变的安全和发展环境，各种可以预见和难以预见的风险因素明显增多，各方面风险可能不断积累甚至集中显露，维护国家安全和社会稳定的任务十分艰巨。必须高举和平、发展、合作、共赢的旗帜，统筹国内国际两个大局，统筹发展安全两件大事，牢牢把握坚持和平发展、促进民族复兴这条主线，维护国家主权、安全、发展利益，为和平发展营造更加有利的国际环境，坚持开放、不搞封闭，坚持互利共赢、不搞零和博弈，坚持主持公道、伸张正义，站在历史正确的一边，站在人类进步的一边，为实现中华民族伟大复兴的中国梦提供有力保障。

三 完善铸牢中华民族共同体意识的传播体系

"酒香也怕巷子深。"我们的话语体系建构还存在着"说了传不开"等问题，势必影响到工作效能的发挥。因此，构建铸牢中华民族共同体意识话语体系，要围绕"讲什么，怎么讲，怎么传"，从历史、现实和理论维度全面发力，整合传播内容，创新传播方式，提升传播效力，通过多元途径推进中华民族共同体意识"入脑入心"。

（一）在新中国史通史编纂中融入铸牢中华民族共同体意识内容

历史是一个国家形成和发展的真实记录，同时也给国家的盛衰成败及其前途命运提供借鉴与启示。历史时空的昨天、今天和明天是相连相通的。① 一个国家、一个民族的历史承载着这个国家与民族的共同回忆，对国家认同、民族认同的形成有着极为重要的作用。人民是历史的创造者，全国各族人民是新中国史的创造者。中华民族共同体意识在各族人民共同建设新中国的历史进程中得以巩固，在为实现中华民族伟大复兴中国梦的实践发展中得到升华。

新中国史是把新中国的昨天、今天和明天联系起来并与现实和未来紧密结合在一起的国家历史，② 以中国共产党、中国人民和中华民族为历史发展主体，既是历史问题，更是政治问题。铸牢中华民族共同体意识，必须发挥国史，特别是国史通史的作用。

近些年国史通史著作比较有代表性的成果主要有以下几种：本书编写组：《中华人民共和国简史》，人民出版社、当代中国出版社2021年版；齐鹏飞：《中华人民共和国史》（第2版），中国人民大学出版社2021年版；郑谦、庞松主编：《中华人民共和国通史》，广东人民出版社2020年版；当代中国研究所：《新中国70年》，当代中国出版社2019年版；当代中国研究所：《中华人民共和国简史1949—2019》，当代中国出版社2019年版；庞松主编：《中华人民共

---

① 宋月红：《论国史通史研究和编纂的学理基础与方法》，《河北学刊》2019年第4期。

② 宋月红：《论国史通史研究和编纂的学理基础与方法》，《河北学刊》2019年第4期。

和国 70 年简史 1949—2019》（上下），浙江人民出版社 2019 年版；当代中国出版社：《中华人民共和国史稿》，当代中国出版社 2012 年版；《中华人民共和国史》编写组：《中华人民共和国史》，高等教育出版社、人民出版社 2013 年版；张静如主编：《中华人民共和国发展史》，青岛出版社 2009 年版等。

这些通史著作中涉及民族史的内容主要包括以下五个方面：

一是各民族奋斗共同缔造了中华人民共和国，相关内容主要集中在对中国人民政治协商会议第一次全体会议的叙述上。

二是平等团结互助和谐民族关系的形成。相关内容聚焦从新中国成立初期到新世纪以来，我国民族关系的发展、维护。

三是民族区域自治制度。相关内容在政治制度史视域下，对民族区域自治制度的建立与发展、《中华人民共和国民族区域自治法》的颁布实施进行了描写。

四是加强民族团结，调整民族政策，促进民族地区的稳定与发展。

五是各民族绚丽多姿的文化是中华文化的重要组成部分。

国史通史的编纂，应在已有的基础上，更加强调各民族的共同奋斗史。历史叙事应讲清楚各族人民在中国共产党的领导下，在经济建设、政治建设、文化建设、社会建设、生态文明建设等各个领域，创造了震惊世界的伟大成就，突出各族人民的贡献，增强各族人民的历史认同。

同时，重点应放在中国特色社会主义新时代史上。新时代十年的伟大变革，在党史、新中国史、改革开放史、社会主义发展史、中华民族发展史上具有里程碑意义。新时代史是各族人民共同经历、共同创造的，更容易引起共鸣。编纂好新时代史，也是构建铸牢中华民族共同体意识话语体系的应有之义。

（二）不断丰富完善中国特色社会主义大党大国典礼制度——以黄帝陵祭祀为中心的分析

"国之大事，在祀与戎。"中华文明有着悠久的奉祀传统。祭祀是中华礼制的核心之一。黄帝陵是中华文明的精神标识。黄帝陵祭祀是近现代中华民族共同体意识形成和发展的重要载体。晚清以来，革命党人对传统黄帝陵祭祀加以改造利用，为中华民族共同体意识的初步形成作出贡献。民国时期，借由对黄帝陵祭祀的制度化，黄帝为整个中华民族始祖的身份逐渐广为人知。新中国成立初期，中国共产党祭黄帝陵的仪式进行了借用与创造，赋予了"黄帝符号"以"劳动人民性"等新内涵。

改革开放后，黄帝陵祭祀越来越得到重视，这一时期的黄帝陵祭祀有两大特点。一是弘扬中华优秀传统文化，团结全国各族人民；二是在推进祖国统一大业方面发挥重要作用，与台港澳同胞和海外华人华侨等全体黄帝子孙共同铸牢中华民族共同体意识。1951年，台湾当局首度遥祭黄帝陵即在台北圆山忠烈祠举行，正殿中立有"中华民族远祖黄帝之神位"，1969年将圆山忠烈祠改建为"国民革命忠烈祠"，大殿正中供奉"国民革命烈士之灵位"，左侧供奉孙中山像，右侧即供奉"中华民族远祖黄帝之灵位"。2005年5月6日，访问大陆的亲民党主席宋楚瑜一行赴黄帝陵祭祀，表示"此次大陆之行的第一站选择向中华民族的始祖黄帝祭拜"，"只要找到'根'，不忘'本'，海峡两岸之间的问题就可以迎刃而解"。① 2005年4月，中国国民党主席连战率团访问大陆西安时表示，"黄帝陵，已成为海内外华夏儿女寻根认祖的圣地"。② 2009年4月4日，中国国民党名誉主席连战参加了黄帝陵公祭典礼。③ 是否祭祀黄帝陵，如何祭祀黄帝陵，反映了台湾社会各界对中华民族共同体和祖国统一的态度。

黄帝陵祭祀作为一种仪式操演，以现实的文化形式强化了近代以来借由黄帝符号所构建的历史叙事，即中华民族由黄帝以来五千

---

① 《"慎终追远，不忘根本"——亲民党大陆访问团祭祀黄帝陵侧记》，《人民日报》2005年5月7日。

② 《中国国民党大陆访问团抵达西安 陕西省委书记会见并宴请连战一行》，《人民日报》2005年5月1日。

③ 《海内外华人公祭轩辕黄帝》，《人民日报》2009年4月5日。

年绵延不绝这一由共同体成员所共享的历史文化记忆,从而在铸牢中华民族共同体意识上发挥了独特作用。特别是对于港澳台同胞和海外华人华侨,更是起到增强对祖国向心力、认同感的凝聚作用。或许正是如此,黄帝陵祭祀自改革开放以来愈来愈受各级政府重视,其典礼规模越来越大,建筑空间越来越高大豪华,举办层级也逐步上升,逐渐由改革开放之初黄陵县主办,升格为陕西省主办,再到陕西省人民政府、国务院台湾事务办公室、国务院侨务办公室、中华全国归国华侨联合会主办。黄帝陵祭祀作为一个现代仪式,自20世纪30年代"重新发明"以来已近百年,不仅在过去为铸牢中华民族共同体意识作出巨大贡献,在今天仍有其重大现实意义。①

(三) 积极构建在港澳地区的文化领导权——以新中国成立初期香港为中心的分析

新中国成立初期,中国共产党通过创办和掌握爱国报刊、开展出版工作、促进爱国电影发展,积极构建在香港的文化领导权。启示是应高度重视在香港的文化领导权,充分利用香港在对外文化交流中的战略角色,宣传领域分工细致、特色分明,以及实现接地气、不说教的本地化传播。文化领导权建设的主要内容包括以下三个方面。

1. 创办和掌握爱国报刊

新中国成立时,中国共产党从香港撤回《华商报》《群众》等党报党刊,留下了爱国主义的宣传阵地,通过合法注册,保存或创办爱国报刊,用爱国主义思想引导读者爱社会主义祖国。

香港《文汇报》和《大公报》成为兄弟报纸。《新晚报》有意走"灰色"路线,突出报道香港社会新闻、体育赛事,富有知识性、趣味性,副刊曾因连载武侠小说而大受欢迎。《商报》的创办使命是办成"灰色"报纸,保存爱国宣传力量,通过增设副刊、服务类信

---

① 章舜粤:《铸牢中华民族共同体意识视域下近现代黄帝陵祭祀研究》,《云南民族大学学报》(哲学社会科学版) 2021 年第 5 期。

息，销量快速攀升。《晶报》是为侧面配合中共中央提出"和平解放台湾"的任务而创立的，后来很快打入了台湾地区。到"文化大革命"前，香港爱国报纸的发行量已达到全港的2/3。

2. 开展出版工作

出版工作是对港统宣工作的重要部分。新中国成立后，香港工委和新华分社领导的出版机构主要有三家：生活·读书·新知三联书店、商务印书馆和中华书局，均来自内地。它们出版教科书、工具书以及涉及历史、人文科学和社会科学等领域的书籍。

1956年，港澳及海外出版工作座谈会召开。廖承志到会讲话，认为港澳出版应不同于内地，内容上要因地制宜。他希望香港多编一些为海外读者所喜欢的读物，帮助港澳同胞东南亚侨胞进一步认识祖国，热爱祖国；希望多出版一些青年读物，内容可以包括文艺、体育、民间故事等方面。关于教科书的供应问题，他认为内地主要是起"种子"的作用，港澳及国外可以根据具体情况编新的教科书，但要注意不能灌输奴化教育，不要有殖民地气味，不要有对祖国不利的东西，不要有对当地人民不利的东西。

香港出版业深受内地影响，从人员、技术、资金、设备到出版内容、销售范围和读者队伍，都与内地密不可分。新中国的成立极大地激发了港澳同胞和海外侨胞的爱国情怀。党的出版方针适应了这种需要，推动了中华文化和民族精神在港澳本地生根开花结果，并通过香港在广大海外侨胞中传播。

3. 促进爱国电影发展

新中国成立初期，中国共产党大力支持聚集香港的革命进步影人以重组、联合、加入等方式，组建了长城制片有限公司、凤凰影业公司和新联影业公司，同时推动其他民间爱国电影公司的成长。三家公司的员工多来自上海。他们继承了上海左翼文化运动的优良传统，致力创作进步电影，拍摄的电影涵盖了社会写实、家庭伦理等题材，弘扬传统价值（如节俭、知足），导人向上向善，成就了一大批可观性高、有深度和寓教于乐的作品。

对于香港电影的定位，廖承志指出，香港电影是"祖国电影事业的一部分"，是祖国社会主义和无产阶级电影的"侧翼"和"补充"。他提出了符合香港实际的"三结合"方针，即"进步的思想，民族的风格，灵活的手法"，具体包括：香港电影题材很宽广，可以上下数千年，从反封建礼教一直到反专制压迫，从反对封建剥削一直到反对帝国主义；黄色的东西不宜搞，也不能流于低级趣味；要在思想性、艺术性的基础上卖座，有较高的思想性、艺术性，同时又场场满座，那就皆大欢喜了。

在上述方针指导下，新中国成立后，香港电影在商业框架内实现了进步意识形态的表达，巧妙地回击了反共文艺和美元文化的政治挑衅，在香港银幕成功开展了数年"光与影的作战，善与恶的交锋"。

党在香港的文化领导权建设不仅要取得宣传媒介的阵地，而是要真正摧毁维护旧制度的种种思想、文化、价值观念，确立新秩序所要求的思想观念。这是一场思想文化的攻坚战。新中国成立初期党在香港的文化领导权建设对争取香港"人心回归"具有以下启示。

一是高度重视在香港的文化领导权。新中国成立初期，党认为香港将来总会回归祖国，"这里的报纸对促进爱国的舆论、促进正义的舆论是很有益的"。党在香港的宣传阵营分成电影、新闻、出版战线，每一个战线又分"红线"和"灰线"。如报刊领域，中共创办和掌握的爱国报刊有公开的进步报刊，还有半公开或未公开的外围进步报刊，以及与中方有来往的中间报刊。由此建立起一种新文化，并将新文化传播到社会，构筑党对香港的文化领导权。

二是充分利用香港在对外文化交流中的战略角色。新中国成立后，中国共产党将香港视为"我们通往东南亚、亚非拉和西方世界的窗口。它将是我们的瞭望台、气象台和桥头堡"。我党充分把握香港独特的地理条件和社会影响，以爱国主义为旗帜，向海外进行新中国对外推广工作。"背靠祖国，面向海外"的理念被广泛推行。以电影为例，香港是第二次世界大战后最大的电影生产地之一，成为沟通海内外侨胞的桥梁。目前应继续利用香港地区的平台优势更好服务于社会主义祖国，特别是要将内地更多优秀文艺作品在香港影院以及无线电视（TVB）播放，并向海外传播。

三是宣传领域分工细致、特色分明。电影方面，新联公司是专拍粤语片的。爱国报纸中，有的面向商家，有的面向工人，有的面向知识分子，有的则致力于对台统战，有的是内围，有的是外围，各有侧重。同时，注重发展报纸副刊，重视其思想性和艺术性。副刊刊载琴棋书画、音乐、电影等消闲性栏目，天马行空，轻松愉快，内容可雅可俗，富有生活情趣，迎合普通市民的口味，实现了独特的意识形态表达功能。

四是实现了接地气、不说教的本地化传播。呈现出驾驭影像和文字、娱乐与政治各方面的灵活技巧。以报纸为例，《晶报》把报纸办给港台、海外的国民党军政人员看，使他们看得进去，常以夹杂文言文、白话文和粤语的"三及第文字"撰写，还会引用"四书"及"三民主义"。爱国电影公司则将爱国意识、统战策略、中华文化、明星魅力、个人理想、商业运作、大众娱乐等不同元素相互融合，成功地呈现出一个"政治以外"的新中国，在吸引海内外民众趣味的同时，以轻松却有效的方式宣传爱国主义、讲好"中国故事"。

（四）促进港澳地区与内地的文化交流——以澳门经验为中心的分析

习近平总书记指出："中华文化既坚守本根又不断与时俱进，使中华民族保持了坚定的民族自信和强大的修复能力，培育了共同的情感和价值、共同的理想和精神。"[1] 内地与澳门各具特色的文化艺术形式交融于博大精深的中华文明。回归20多年来，澳门经济社会发展取得了长足进步和巨大成就，澳门与内地的文化交流发挥了难

---

[1] 《十八大以来重要文献选编》（中），中央文献出版社2016年版，第121页。

以替代、不可或缺的独特作用。

　　回归20多年来，澳门和内地文化交流的经验有以下三个方面。一是树立以人民为中心的工作导向，以文化交流增进文化认同、坚定文化自信。文化是一种基础性、持久性的力量，艺以融情、文以通心，文化是心灵沟通最有效的方式，文化认同形成于文化交流的过程之中。20多年来，澳门与内地的文化交流明确发力方向，服务社会、文化惠民一直是文化交流的宗旨和出发点，深耕厚植、静水流深，在做好常规交流的同时，应做好重点交流项目。澳门和内地文化交流逐步建立起更加便利、惠民的文化服务环境，打造富有特色又形式多样的文化精品，丰富两地民众多元文化生活。

　　二是尊重文化交流规律，不断打造文化交流新平台。充分挖掘内地与澳门"血脉同宗、文化相通"的人文特点，通过中央与地方、官方与民间、单向传播与双向互动等多种形式，提升文化交流的综合效能。按照"政府统筹、社会参与、官民并举、市场运作"的思路，政府加强顶层设计、整合资源，构建常态化文化交流机制，促进中央与地方、官方与民间相结合，将政府主导与充分调动社会各界力量广泛参与相结合，形成全方位、多层次交流格局。以"艺海流金"为例，文化部联合四川、河南、贵州等地人民政府成功举办了"艺海流金"巴蜀之旅、燕赵之旅等大型活动，扩大了丰富多彩的地域文化在澳门地区的影响力。

　　三是根据青少年的文化心理特点，寓教于文，培育澳门青少年的家国情怀。20多年来，澳门和内地针对不同年龄段的学生群体，分门别类、量身打造了一系列创意新颖、形式活泼的品牌活动。内地青少年艺术团赴澳门交流增多，澳门青少年艺术团体也积极参加内地举办的全国性、区域性、国际性大型艺术节的交流活动。针对大学生，有"港澳大学生文化实践活动""粤港澳青年文化之旅"等活动；针对中学生，有"千人计划"（中学组）、"国粹港澳校园行"等活动。青少年文化交流从舞台拓展到生活，从大城市拓展到乡村和基层，把宣教和研习相结合，更多引入生活体验，增强了澳门青少年对中华文化的认知。

未来，开展澳门与内地文化交流的建议措施有以下四点。首先，在全国性重点文化活动以及在国家对外文化交流框架下，制度性安排澳门在国际性文化活动中亮相，并逐步纳入国家文化外交平台，与全国、全世界的艺术团体在交流中增进了解、提升水平，展示澳门的文化风采和艺术成果。根据澳门节庆文化的特点，积极利用内地文化资源，不断挖掘中华优秀传统文化的时代内涵，支持澳门特区政府开展庆祝国庆、回归纪念日、传统节日活动，全国各大院团及各省市文化团组携手合作，以舞台表演、民俗体验、手工技艺活态展示等多种形式展示特色非遗项目和保护成果，发挥重大活动的联动效应。

其次，以文化为纽带，强化"同根"情结，推动共建粤港澳"人文大湾区"，推动大湾区的文化交流向纵深发展。粤港澳居民有着相同的文化传统、地方语言和生活习俗，粤菜、粤语、粤剧、武术、醒狮、舞龙等都是大湾区居民共有的独特文化资源。粤港澳可进一步打造大湾区新媒介载体，利用微博、微信公众号、手机 App 等，设置丰富、敏捷、实用的栏目和标签，即时发布湾区信息，实现粤港澳文化创意资讯大融合。澳门可整合大湾区的权威报纸期刊以及其他各类数字文创平台，并在文化旅游、创意开发方面继续拓展空间。简化大湾区民众过境手续，促进大湾区文化旅游产业发展。发挥文化产业各类平台作用，加快广州南沙开发区、珠海横琴新区等地的文化产业园区建设，促进粤港澳文化产业加速融合发展。

再次，抓住"青少年文化交流"与"青少年品牌项目"两条主线，采取"送过去"与"请进来"两种方式，更深刻地研习和鉴赏璀璨的中华文化，从小培养浓厚的家国情怀。加强大湾区教育文化资源融合发展，建设粤港澳高校联盟、慕课联盟，大湾区高校应加强中华传统文化的研究，三地政府应支持设立中华文化重点研究项目，鼓励高校师生共同研究中华文化。启动澳门—横琴文化交流项目，促进两地青少年交流、分享澳门回归以来取得的巨大成就。加强内地和澳门的中小学联谊活动，使青少年在互动和实践中学习历史文化，强化对中华文化的文化认知和记忆。开辟专门的网络社区、网络空间，增强对澳门青少年的吸引力，为大湾区文化产业发展培育复合型人才。

最后，探索东西方文明交流互鉴的澳门模式。习近平总书记在会见香港澳门各界庆祝国家改革开放40周年访问团时的讲话指出："要保持香港、澳门国际性城市的特色，利用香港、澳门对外联系广泛的有利条件，传播中华优秀文化，讲好当代中国故事，讲好'一国两制'成功实践的香港故事、澳门故事，发挥香港、澳门在促进东西方文化交流、文明互鉴、民心相通等方面的特殊作用。"[①] 历史上，澳门作为海上丝绸之路的重要节点，处于多种文化的交织过程中，形成了以中华文化为主体，同时融合了葡萄牙文化、西方宗教文化的多元文化。澳门数百年来一直发挥着中西文明交流的门户作用，积累了丰厚的文化底蕴。加强澳门与内地文化交流，有助于多渠道对外传播中华文化，增强中华文化的全球辐射力与感召力。作为一个充分吸纳了西方文明元素的中国城市，澳门讲述的"中国故事"更容易得到西方国家的理解，在东西方文化互动方面潜力巨大。为此，应积极探索"美美与共"的文化交流新体制，形成可复制、可推广的文明互鉴模式，为推动构建人类命运共同体作出独特贡献。[②]

铸牢中华民族共同体意识话语体系的建设需要群策群力，久久为功，既要在顶层设计上动脑筋，又要在细节落实上下功夫。新征程赶考路上，我们要更加紧密地团结在以习近平同志为核心的党中央周围，增强"四个意识"、坚定"四个自信"、做到"两个维护"，

---

① 习近平：《会见香港澳门各界庆祝国家改革开放40周年访问团时的讲话》，《人民日报》2018年11月13日。
② 胡荣荣：《回归以来澳门与内地的文化交流：历程、经验与建议》，《广州社会主义学院学报》2021年第1期。

牢记"国之大者"，坚持以习近平新时代中国特色社会主义思想为指导，深入学习贯彻习近平总书记关于加强和改进民族工作的重要思想，贯彻落实党的二十大精神，坚定不移走中国特色解决民族问题的正确道路，不断开创新时代党的民族工作新局面，为实现全面建成社会主义现代化强国的第二个百年奋斗目标、实现中华民族伟大复兴的中国梦作出新的更大贡献！

第八章　中华民族共有精神家园建设

摘要：各民族共有精神家园是基于中国多民族国情、政情提出的统一多民族国家建构的重要话语，也是对新中国成立70多年来统一多民族国家建设中各民族精神层面上形成的共同体的准确表述。其目标是从精神层面形成中华民族共同体的重要链接纽带和强健联系。中华人民共和国国家建构的五种逻辑，即文明型国家、社会主义国家、现代国家、超大规模的统一的多民族国家，中国共产党的统一领导决定了各民族共有精神家园的形成以"五个认同"为核心内容，以社会主义核心价值观为基本价值，以社会主义民族关系、民族团结进步、多元一体的文化认同为实践路径。

关键词：国家建构；共有精神家园；五个认同；文化软实力

在2014年9月召开的中央民族工作会议上，习近平总书记强调，"解决好民族问题，物质方面的问题要解决好，精神方面的问题也要解决好"；提出"加强中华民族大团结，长远和根本的是增强文化认同，建设各民族共有精神家园，积极培养中华民族共同体意识"；强调要把"建设各民族共同的精神家园作为战略任务来抓"。[1] 民族精神是学界政界长期研究的重要议题，各民族共有精神家园的提出，是对民族精神既有研究成果和理念的总结与升华。"各

---

[1] 《中央民族工作会议暨国务院第六次全国民族团结进步表彰大会在北京举行》，《人民日报》2015年9月30日。

民族共有的精神家园"的思想，对于我国民族团结、加强中华民族凝聚力具有重要的理论价值，是关系中华民族伟大复兴的重大主题。各民族共有精神家园与民族理论、政治学学界长期研究的以下三个议题密切相关，即民族精神、多民族国家建构和国家认同，并以符合中国国情、政情的形式对以上三个方面议题进行了推进。各民族共有精神家园是统一多民族国家建构的中国话语，体现了中国特色社会主义民族理论的新发展。中华民族是国家层次上的民族共同体。近现代以来中国人的奋斗历程，是国家建构与民族建设一体两面同时进行，无现代国家则无现代民族。自习近平总书记提出"建设各民族共有精神家园，积极培养中华民族共同体意识"，学界展开了许多论述，但还没有以国家建构的理论视角进行探讨。本章即以中国国家建构为视角，结合中华民族的近现代自觉、中国共产党民族理论的发展以及中华人民共和国的国家建构逻辑，对于各民族共有精神家园进行历史制度主义的研究与阐释，在此基础上，对于新时期如何加强各民族共有精神家园建设进行深入探讨。

一 国家建构与民族建设的中国话语

（一）民族精神：国家和民族发展的不竭动力

什么是民族精神？首先，我们可立足于中、西语境，从精神的本义去理解。在英文中，精神（spirit），是指生命中最重要的原理或事物；一个地方或环境的一般气氛及其对人的影响；决定一个人性格的一个基本的情感和激活原则。在汉语中，《说文解字》解释：精者，是精选之米，也就是精选之内容。此外，还具有最核心的能量，万物之始，正、善等意义。[1] 由此，我们可以较全面理解精神的

---

[1] 李恩江、贾玉民主编：《文白对照〈说文解字〉译述全本》，中原农民出版社2000年版，第635页。

实质，即基本的价值观、原则和情感系统。其次，民族作为一个群体、共同体，其精神除了以上内容外，还要在群体、共同体层面上加以理解。结合两个方面，笔者以为，民族精神是民族群体成员在长期的历史发展中沉淀、共有共享，精粹性的内容与品质；这些内容和品质会成为一个民族的共同的文化、情感与价值观的内核，具有记忆密码与精神基因的特质，在关键时候能够激活这个民族，使其渡过危机并且不断发展壮大。民族精神的核心是民族共同的价值观，民族精神的实质是民族形成的原初动力、凝聚力，即那些使他们愿意并且能够团结在一起的内容。由此来看，民族作为群体，必须以民族精神来维系；民族精神如果不能够有效建立和建构，民族群体就会涣散。

改革开放以来，中国共产党多次在重大场合与重要文件中强调民族精神的培育对于社会主义建设、国家凝聚力的重要作用。党的十六大报告指出，"民族精神是一个民族赖以生存和发展的精神支撑"；"在五千多年的发展中，中华民族形成了以爱国主义为核心的团结统一、爱好和平、勤劳勇敢、自强不息的伟大民族精神"。[1] 胡锦涛总书记在党的十七大报告中强调，"要用以爱国主义为核心的民族精神和以改革创新为核心的时代精神鼓舞斗志"。[2] 新形势下通过弘扬民族精神加强民族团结依然是重要的战略。

党的十八大以来，习近平总书记在各种场合多次强调民族精神的重要性，并且对于中华民族精神进行了阐释，他指出："为什么中华民族能够在几千年的历史长河中顽强生存和不断发展呢？很重要的一个原因，是我们民族有一脉相承的精神追求、精神特质、精神

---

[1] 中共中央文献研究室编：《十六大以来重要文献选编》（上），中央文献出版社2005年版，第30页。

[2] 《胡锦涛在党的十七大上的报告（全文）》，国务院新闻办公室网站，http://www.scio.gov.cn/37231。

脉络。"①

(二) 各民族共有精神家园构建逻辑：复合生成的中华民族共同体精神

中国自古以来就是一个统一的多民族国家，在近现代救亡图存的过程中，中华民族从自在走向自觉。"各民族共有精神家园"是对于我国多民族国家建构路径、认同生成路径的真实反映。正是在领导中国革命和建立中华人民共和国的过程中，中国共产党有效地团结了各族人民，弘扬民族精神，实现了中华民族大团结，以马克思主义民族理论中国化的实践哲学，践行了民族精神多元一体、复合生成的伟大征程。从国际上来看，近现代民族主义理念下，现代民族的形成与国家的建构历史路径密不可分。因此，对于民族精神的研究，也必须实现不同国家在场的变换。历史地看，世界上大部分的国家和地区都曾经是多民族与族群共享着同样的政治认同，生活在一个政治共同体；Nation 的建构路径由此呈现出多样化的历史路径而不是教科书意义上的"一族一国"。不同国家的民族精神与该民族的历史记忆、制度建构、文化哲学、政治哲学紧密相关。各民族共有精神家园作为符合我国国情的国家建构与民族建设话语，包括了以下三个层面的重要内容：第一，"精神"强调了民族精神对于民族问题和国家建构的重要性；第二，"共有精神家园"是强调了多民族国家的民族精神是多元一体、复合生成，同时具有高度共同性、共通性；第三，中国的国家认同与国家建构必须高度重视文化认同，并从文化、观念、心理结构等精神上构筑起国家与民族、各民族、全国人民的共同性、共享性，以及相互的理解与承认。中华民族共同体的建构必须重视抽象意义的"中华民族共同体精神建构"，也就是要加强中华民族共同体意识。

---

① 《习近平在北京市海淀区民族小学主持召开座谈会时的讲话》，《人民日报》2014年5月31日。

各民族共有精神家园，包含着在新时期国家治理现代化背景下对于如何从精神、文化、价值观等方面加强中华民族共同体建设的深刻内涵，是对于民族精神、民族凝聚力等抽象内容基于中国国情、政情的生动总结，进一步揭示我国各族人民在精神上建构中华民族共同体的路径与内容，已经成为中国统一民族国家建构的重要话语。

（三）各民族共有精神家园：统一多民族国家建构的中国话语

各民族共有精神家园是解决中国民族问题的理论话语，是符合中国统一多民族国家的历史国情、中华文明的特点，并基于对中国共产党领导的多民族国家的建设经验总结而提出的中国话语。近现代以来民族国家建构的大趋势下，国家和民族之间具有相互构建、相互认同的性质，传统的王朝国家的国家建构转型为现代统一多民族国家的建构。不同国家、不同的国情、不同的国家建构路径，决定了其特定构建的话语和理论。各民族共有精神家园是基于我国统一的多民族国家的国家建构、民族建设的理论话语。

第一，"家园"是一个非常符合中国传统文化观念的词语，中国自古以来具有"家国天下""家国同构"等政治文化，内含着要以"仁义礼智信"等传统的道德原则处事待人，并延伸至治国理政，即修身、齐家、治国、平天下。习近平总书记还形象地将56个民族比喻为中华民族大家庭的兄弟，体现了中国特色的国家建设文化。同时，家园也是一个不同于封建等级社会所建立的统治秩序下的臣民的精神领域，而是一种比较理想的现代政治文明所建立的国家政治生态、社会秩序、民族关系、文化建设局面，体现为公民、民族、国家之间相互和谐的认同状态。

第二，"各民族共有"对应了我国的民族平等、对应了"中华人民共和国是各族人民共同缔造"的这一宪法精神。以"共有"与

"家园"来作为对民族精神的描述，强调了中国作为统一多民族国家在民族精神形成机制上的"和合"性，这种"和合"性体现在三个方面：最大限度的包容；通过各民族交往交流交融加深相互的理解沟通；找到最大公约数。①

第三，"共有"还强调了各民族必须建立统一的国家认同、统一的中华民族认同，加强共同体意识；强调了相对于物质层面的建设，国家建构的精神力量具有同样的重要性；强调了实现中华民族大团结，必须建立由56个民族文化共同组成的中华文化认同，找到各民族的"最大公约数"；在新时期国家治理现代化的背景下，凸显了我国作为统一多民族国家构建民族精神共同体②、加强国家软实力的迫切性。综上，各民族共有精神家园具有从精神共同体方面构建中华民族共同体、实现国家治理能力与治理体系现代化、实现中华民族伟大复兴的深远意义，是新时期中国国家建构和民族建设的重要理论。

---

① 习近平：《确立价值观"最大公约数"关乎国家命运》，人民网，2014年5月5日。

② "多民族国家民族精神共同体"是笔者提出的概念，意在对各民族共有精神家园进行政治学的解读。民族精神共同体是指，相对于具有的国家共同体，多民族国家还需要在精神上建构共同体。简言之，多民族国家民族精神共同体就是在多民族国家国民中共同形成并得到认同的观念中的国家。多民族国家民族精神共同体的内涵丰富，包括：在经济上，对国家观念的建构，主要有对国家富强、国运昌盛的自豪感与认同感，以及潜在的自身利益与国家利益的一致与共赢的认可及对前景的信心；在政治上，包括对宪法、政治制度、公平正义的国家治理体系的认同，以及在国家能够有效保障自身权益基础上建立的精神认同；在文化价值观上，包括对国家传统文化、公共文化、教育、核心价值观的认同；在心理结构的深层次上，应该包括国家的文化、精神理念、价值观能够与各民族、社群的文化相包容、协调，而且相互之间能够形成互相促进、共生共荣的正向关系，从而使得国家作为精神家园能够自然地成为各民族精神的共同体和灵魂的栖息地。参见马俊毅《论多民族国家精神共同体的建构及价值》，《中央民族大学学报》2015年第6期。

二 中华民族共有精神家园的文化哲学、历史哲学与政治哲学基础

（一）多元一体的中华文明是各民族共有精神家园的文化哲学基础

世界上不同的国家、不同民族有不同特征的文明体系与民族精神。中国在历史上就是一个统一的多民族国家，各民族在历史上交往交流交融，虽经朝代更迭、历史变迁，但"大一统"的观念，中华文明的认同薪火相传，形成了经五千年不辍的人类文明形态。中国人，无论是哪一个民族，其精神家园都是在这个故国故土上生发、在历史中积淀，以文化根脉的延续、家国天下的认同而逐步形成的。中华文明作为一个人类社会悠久的文明具有自己的特征。中华文明以天人合一、包容多元、以人为本、天下为公、人伦情怀、开放变革等为特征，使其在跌宕起伏、饱经沧桑的历史征程中长盛不衰、历久弥新，成为中华民族自强不息、发展壮大的精神力量。

"中华民族共有精神家园"的阐述植根于中华文明的历史渊源，并且突出了精神因素、文化基因的作用，为全球化时代中华民族复兴之路的文化自信建设提供了跨越传统、结合当代实践的路径。"中华民族共有精神家园"将激发各族人民的自信心、自尊心，鼓舞他们认同与热爱中华文化的主体性的文化自觉意识。这是因为相比民族精神，"共有精神家园"既强调了中华民族文化与精神的共同性，又描述了各民族创造中华文明与民族精神的"包容性"，对56个民族的文化价值进行了明确的界定。

"中华民族共有精神家园"契合了中国人灵魂归属、精神滋养、安身立命、家国天下的情怀与价值诉求，是顺应新时期加强中华民族共同体意识、建设中华民族共同体、增强文化自觉和文化自信的重要思想。文化自觉是指一个国家、民族对自身的文化有"自知之

明",即"明白他的来历、形成的过程,所具有的特色和发展的趋向","是为了加强对文化转型的自主能力,取得决定适应新环境、新时代文化选择的自主地位";① "增强文化自觉和文化自信,是坚定道路自信、理论自信、制度自信的题中应有之义"。② 各民族精神家园,是中华民族对中华文明之精粹、价值的认知认同,共同守护的理论自觉,是建立文化自觉、文化自信之根本,因此,各民族共有精神家园对于中华民族复兴意义重大。

(二) 中华民族共有精神家园的历史哲学基础

"中国"概念是由各民族共同建构的。历史上各民族交往交流交融,共同推进与不断书写的地理空间、政治共同体和文化认同构成了事实与观念上的中国"国家"。"中国"本身亦成为中国人的"信仰",但近现代之前,这一"信仰"还未转变为现代国家的民族精神自觉。近现代民主革命的伟大艰辛的历程,奠定了我国各民族共有精神家园的爱国主义精神与命运共同体意识。历史上形成的中华文明与中华民族在近现代经历了最为艰难痛苦的命运挑战,以爱国主义精神为推动力、催化剂,完成了从自在到自觉,以及建构一个现代的 nation 的伟大过程。一个历史上形成的多民族的大国,受到西方资本主义、帝国主义坚船利炮的入侵;面对西方资本主义民族国家科学技术发达、贸易强大、政治强盛、民众团结等优势产生了前所未有的生存危机。结合内部国情与外部由西方资本主义主导的世界体系,中国在内外合力因素下走向了现代国家的建构之路。中国必须形成历史上从未有过的、现代的"具有共同民族性的国民"或"具有共同国民性的民族",才能实现救亡图存、民族与国家的复兴。回顾近现代史,这个中华 nation 的形成,与西方国家不同,既不同于法国,也不同于德国;其具

---

① 费孝通:《关于"文化自觉"的一些自白》,费孝通著,方李莉编:《全球化与文化自觉——费孝通晚年文选》,外语教学与研究出版社 2013 年版,第 50 页。

② 《习近平在文艺工作座谈会上的讲话(全文)》,人民网,2014 年 10 月 15 日。

有多元一体的形成路径和内部结构，既有共同性，又有多元性；其形成与国家的转型和建构不是孰先孰后，而是同一过程中的一体两面，体现了中国在建构现代多民族国家方面的"适合于自己的道路"。

现代民族国家的形成，必须伴随着一个 nation 的形成，即具有包容性、整合性，在内部实现了人民平等的统一，在外部具有自主性的政治民族；这个政治民族既有文化性，又有政治性。民族建国主义——一族（汉族）建国的思想和主张——因不符合国情而逐渐退场；选择民族兴国主义是符合多民族历史国情的现代国家转型之路——建基于容纳各民族于一体的现代中华民族（Nation）。中国现代多民族国家的建构之路走向成功的过程，也是中华民族逐步自觉的过程。

在 20 世纪 90 年代，费孝通明确提出了多元一体理论，也对近现代史上中华民族经历的自在到自觉的过程进行了深刻的总结。在与外国列强的抗争中，中华民族实现了从自在民族到现代民族的自觉。特别是在抗日战争时期。日本军国主义发动全面侵华战争，陷中国于危难之中，在这重要的历史时刻，中国共产党领导人代表了各族人民的利益，代表中华民族的利益，对于中华民族、中国各民族等进行了正确的阐述。随着毛泽东关于中华民族论述的发表，中国共产党的文件进一步对其进行了明晰的界定："中华民族包括汉、满、蒙、回、藏、苗、瑶、番、黎、夷等几十个民族，是世界上最勤劳、最爱好和平的民族。中国是一个多民族的国家，中华民族是代表中国境内各民族之总称。"[①]

（三）中国共产党自觉运用马克思主义民族理论，初步形成共有精神家园中各民族平等团结的政治哲学基础

中华民族从自在到自觉的过程，也是指中国形成一个与现代多

[①]《抗日战士政治课本》，中共中央统战部编：《民族问题文献汇编》，中共中央党校出版社 1991 年版，第 808 页。

民族国家层面上的政治民族的过程。受到西方民族主义思潮的影响，爱国主义精神、民族主义精神经历了近现代民主革命的淬炼与洗礼，并且逐渐成熟。在思想史论争的激荡下，以及各种政治派别、势力不同路径的建构"Nation"的尝试中，以马克思主义民族平等理论结合中国实践的中国共产党，在历史的关键时期顺应和推动了中华民族的自觉进程，从理论与实践中领导了多民族共建中国，形成多民族现代国家的进程。从而在传统王朝国家向现代化多民族国家的转型与建构的命运转折点，既承接了多元一体的中华文明，又形成了现代"Nation"意义上的中华民族，奠定了各民族共有精神家园在近现代的雏形。

民族平等与民族团结已经成为中国共产党重要的政治哲学，其不仅有效地团结凝聚了各族人民，取得了民族民主革命的伟大胜利，还不断在国家建构与建设中发挥基础性的作用。在此过程中，民族区域自治制度、统一战线、政治协商等制度的建立从国家政治层面制度化这一哲学思想，奠定了各民族共有精神家园的基础；在社会层面，通过反对大汉族主义、反对地方民族主义，推进民族团结进步创建活动等贯彻这一政治理念，在全社会形成各民族共有精神家园的思想基础；在各民族人民的层面，体现为在国家发展进程中共享红利，如建设小康社会，少数民族一个都不能少。党和国家通过结合少数民族与民族地区，结合群体权益与个体权益，使各族人民都不会被排除在"中国梦"之外，从而能够从思想上心理上认同与归属各民族共有精神家园。以上，为各民族共有精神家园的建构提供了政治上、思想上坚实的基础。

三 国家建构与中华民族共有精神家园

（一）国家建构是中华民族共有精神家园的重要前提

国家建构近年来日益成为比较政治学的主题，尤其是 21 世纪以来，中国坚持自己的发展道路所取得的成就集中展现，为世界瞩目。以美国为代表的西方国家，一方面通过"输出民主"干预他国政治，造成了中东等国家和地区局势动荡；另一方面，其自身面临经济下滑，阶级、族群矛盾突出等一系列困境。在研究中国经验、反思西方治理失败的背景下，一些学者逐渐将国家建构置于比较政治学研究和学科建构的中心议题，[1] 有学者论述指出，中国道路的成功就是中国国家建构的成功。[2] 实际上，政治学界对于失败国家、软弱国家的研究也愈来愈显示，国家建构、国家建设的不力（其中包括精神与认同建构的不力）是国家失败的核心因素。综上，中国国家建构的经验值得深入总结。国家贫弱，则家园不保，必须以中国国家建构的成功经验、价值作为整固民族精神与国家认同的逻辑前提。

习近平总书记指出，"中国特色社会主义是科学社会主义理论逻辑和中国社会发展历史逻辑的辩证统一"，指出了中国道路的本质。中国道路的成功，是近现代以来，中国作为"超大型文明"的复杂体系，在中国共产党的领导下，汲取传统资源、借助马克思主义理论、借鉴现代民族国家理论，通过政治动员和行动、民族建设、政党建设、社会改造、经济发展、文化建设和创新等一系列伟大的社会实践取得的，而这些理论与实践结合的历史过程，都是围绕国家建构而进行的。共有精神家园不可能离开国家建构凭空而成，各民族共有精神家园是将各民族在个人、民族、国家的理性认知与情感发展方面实现逻辑上的统一，因此，需要建立公民对国家建构的历史过程和内在逻辑的高度认知。这既是历史学问题，也是文化学、

---

[1] 福山在最新的政治学专著中，反思了自己将民主化作为比较政治核心理论范式的研究，并专注于国家建构（Nation building）。他认为：国家建构的成功与否，是一个国家是否能够成功的关键，从而将国家建构置于比较政治学研究和学科建构的中心议题。参见 [美] 弗朗西斯·福山《历史的终结及最后之人》，黄胜强译，中国社会科学出版社2003年版。

[2] 马俊毅：《中国特色比较政治学理论体系构建——以国家建构为核心》，《探索》2019年第3期。

政治学问题。学界对于中国的国家建构还需要进行深入的学理研究，对于公民的国家认同教育不能止步于对历史事件的简单记诵或意识形态的宣传教育，否则无法适应各民族共有精神家园作为"人心工程"的要求。正所谓"知行合一"，此其知，不能只是"知其然"，还要"知其所以然"。因此，我国需要从比较政治学的理路，深入阐释国家的"前世今生""奋斗历程"，核心价值、独特精神的内核与逻辑。中国国家建构的五种逻辑尝试从比较政治学角度形成中国国家建构的知识体系，有助于从学理上进行公民的国家认知启蒙，有助于民众建立内心深处的中华民族共同体意识，是建设各民族共有精神家园和建立国家认同的基础。以下将对中国国家建构的五种逻辑与各民族共有精神家园的内在关系进行说明。

1. 文明型国家。"文明是人类生活的价值系统和意义系统，也是人们的精神家园，国家建设必须与既有的文明建立足够的联系。文明型国家的建构逻辑强调中国政治汲取了中国五千年文明的文化资源和政治智慧。"[①] 正如习近平总书记指出的，中国没有文明冲突，中国正是传承着这一和而不同、兼容并包的文明理念，形成了我国民族关系的良好局面，中国共产党延续了这一文明传统，通过民族平等、民族团结政策，实施民族区域自治制度，使得统一多民族国家顺利地实现了现代转型。这些政策、制度中深刻地包含着中华文明的智慧，在新时期更成为"一带一路"、人类命运共同体等对外交流与合作的价值理念，成为中国人精神价值的卓越"名片"。中国人，无论是哪一个民族，都应该深深认同这一精神价值，由此体现为五个认同之对"中国文化"的认同。

2. 统一多民族国家。《中华人民共和国宪法》在序言中就明确指明，"中国是世界上历史最悠久的国家之一。中国各族人民共同创造了光辉灿烂的中华文化"，"中华人民共和国是全国各族人民共同

[①] 马俊毅：《中国特色比较政治学理论体系构建——以国家建构为核心》，《探索》2019年第3期。

缔造的统一的多民族国家"。习近平总书记在中央民族工作会议上指出，"引导各族群众牢固树立正确的祖国观、历史观、民族观"，"全党要牢记我国是统一的多民族国家这一基本国情"。"祖国观、历史观、民族观"，三者紧密联系在一起，这三观必须同时正确地建立，才能使民众建立一致的、正确的"观念中的国家"，这是各民族共有精神家园得以建立的重要基础。1990年，江泽民总书记指出："汉族离不开少数民族，少数民族离不开汉族，少数民族之间也相互离不开。"[1] 2005年，胡锦涛总书记在中央民族工作会议上提出了"全国各族人民和睦相处、和衷共济、和谐发展"的要求；2010年，在中央第五次西藏工作座谈会上，提出了"民族交往交流交融"的指导思想。2014年，习近平总书记在第二次中央新疆工作座谈会上强调：各民族要相互了解、相互尊重、相互包容、相互欣赏、相互学习、相互帮助，像石榴籽那样紧紧抱在一起。[2]

3. 中国共产党的领导。"中国共产党的领导是国家建构的核心逻辑。中国自鸦片战争以来陷入民族与国家的危机，救亡图存、建立新型的人民民主的国家，实现中华民族复兴是百年中国人的梦想。中国共产党以马克思主义理论为指导，紧密结合中国国情，在这一历史过程中发挥了历史性的作用。"[3] 中国共产党是中国国家建构的核心领导，从组织、政党、理念等各个方面实现了中国社会的巨大变革，离开中国共产党，就无法解释当今的中国。中国共产党通过"动员性政治""整合性政治"与"立党为公、执政为民"的政党治理和建设三个路径，推进了中华民族共同体的形成和中华人民共和国国家的建构。

---

[1] 江泽民：《加强民族团结 维护社会稳定》，民族事务委员会政策研究室编：《中国共产党主要领导人论民族问题》，民族出版社1994年版，第237—238页。

[2] 习近平：《坚持依法治疆团结稳疆长期建疆 团结各族人民建设社会主义新疆》，《人民日报》2014年5月30日。

[3] 马俊毅：《中国特色比较政治学理论体系构建——以国家建构为核心》，《探索》2019年第3期。

4. 社会主义国家。社会主义性质是我国的根本性内涵，是中国国家建构的重要逻辑。中国共产党以马克思主义理论为指导，通过新民主主义革命而建立了新中国。新中国成立后通过社会主义改造，消除了阶级剥削和压迫，建立了以公有制为主体的社会主义国家。中国共产党领导的多党合作与政治协商制度、人民代表大会制度、民族区域自治制度、基层群众自治制度，是社会主义四大基本制度。

5. 现代国家。"现代国家建构是中国政治发展的重要逻辑。中华人民共和国不同于历史上的王朝国家，核心内容体现为从王权到民权，从专治到法治，从'普天之下莫非王土'到以人民为中心的'政治'。""所有现代国家必备的属性与特征都在中国国家建构的'任务单'中。中国的国家制度、国家治理体系、民族精神都需要在传统基础上实现现代化的转型与重构。"[1]

当代中国国家建构的内在逻辑，有助于我们深刻认识各民族共有精神家园这一"精神层面"上的国家建构与民族建设，有助于我们理解与中华民族共同体意识密切相关的各民族共有精神家园的内容与结构。也就是说，各民族共有精神家园不是抽象地、随意地建设，也不是毫无方向的文化建设与文化繁荣，而是建基于中国国家的基本性质和建构逻辑。同时，正是因为作为支撑与框架性的国家建构逻辑，各民族共有精神家园才有了强大的支柱，故此能够"遮风挡雨"、屹立不倒，使各民族人民心灵得以栖息，精神得以强健。我国解决民族问题的理论、制度与政策正是因为贯穿了国家建构的逻辑，才形成了我国社会主义的民族关系和民族平等团结进步的良好局面。这也意味着，理论宣传和教育应紧密结合国家建构逻辑进行，才能在反对两种民族主义、建设各民族共有精神家园、构筑国家认同方面取得更深入人心的效果。

---

[1] 马俊毅：《中国特色比较政治学理论体系构建——以国家建构为核心》，《探索》2019年第3期。

(二) 中华民族共有精神家园的丰富内涵与共同价值

1. "五个认同"。"五个认同"直接生成于五重逻辑,本质是各族人民要从国家建构的高度明确建立对于国家和民族的精神认同,"对伟大祖国的认同、对中华民族的认同、对中华文化的认同、对中国共产党的认同、对中国特色社会主义的认同"五个认同,决定了各民族共有精神家园的结构性内容。"认同"从心理学上来讲,包括了认知、理解、共情,并且后者以前者为基础;"五个认同"是对中国国家建构的理性认知为基础而建立起来的,因而,能够筑牢各民族共有精神家园的认同基础,夯实各民族共有精神家园核心内容。由中国国家建构的内在逻辑决定的五个认同,阐明了各民族人民要从国家建构的高度上明确建立对于国家和民族的精神认同,使其成为支撑各民族共有精神家园的思想支柱。

2. 社会主义核心价值观。社会主义核心价值观明确体现了以社会主义为本质与主导的国家属性生成的核心价值,同时这一核心价值还包含了其他如现代、文明等多重逻辑下形成的国家价值。社会主义价值观是各民族共有精神家园凝聚力之"魂",贯穿了中国国家建构的五种逻辑,"实际上回答了我们要建设什么样的国家、建设什么样的社会、培育什么样的公民的重大问题"[①]。横向来看,核心价值观集合国家、社会、个人三个层面;从纵向来看,跨越了历史与现代,包括共同的历史文化、奋斗历程和国家建构进程。核心价值观与各族人民对"真善美"的理解,对美好德行、美好生活的愿景紧密联系。"核心价值观是文化软实力的灵魂、文化软实力建设的重点。"综上,以社会主义核心价值观作为各族人民精神上的"最大公约数",是各民族共有精神家园打造连接纽带和凝聚灵魂,意义重大。

---

① 习近平:《在北京大学师生座谈会上的讲话》,《人民日报》2018 年 5 月 3 日。

四　中华民族共有精神家园建设的路径与机制

（一）文化认同与文化自信是建设各民族共有精神家园的重要路径

首先，民族精神往往与民族文化联系在一起，这是因为"文以载道"，文化、典籍记录凝萃了民族精神的重要内容，一个民族、国家共同认可的、十分卓越的精神、品质以各种文化形式存在和传承，并且耳濡目染，形成一个群体的特质倾向性，使他们拥有共同的可以沟通的语言，这种语言并不只是用于沟通信息的字词语句，更是意味着与心理结构、认同、情感有关的"心灵"的或者说"灵魂"的话语，使他们既彼此理解，又建立联结与团结。也就是说文化的传承和传播能够使一个共同体的成员都深刻地理解民族精神，建立相互认同与共同的集体认同，形成"我们""兄弟"等命运共同体意识。因此，"加强中华民族大团结，长远和根本的是增强文化认同"。文化认同是最深层次的认同，是民族团结之根、民族和睦之魂。

其次，在人类历史的发展长河中，文化塑造了不同的人群、文明类型与国家形态，给予人们建构社会生活、经济生活、政治生活中的自信。在全球化时代，各个国家、民族的竞争日益激烈，文化交流日益密切，一个民族、国家如果无法构建起强大的文化软实力与文化自信，就会失去自我，失去前进的方向。

对于当下中国的文化自觉、文化认同与文化自信，我们需要从国家建构的高度来进行认识，否则，会对文化的认识流于单一，甚至偏狭。例如，文化的复古主义，认为只有传统的、年代久远的文化内容才是有价值的文化，忽略了对于传统的去粗存精、去伪存真，以及文化的时代创新。还有比较突出的现象是对于统一多民族国家的文化认识不足，"现在有一些不正确的看法，有的把汉文化等同于中华文化，忽略少数民族文化；有的把本民族文化自外于中华文化，对中华文化缺乏认同"①。

（二）从中国国家建构的五重逻辑出发，建构中国特色社会主义的文化认同、文化自信

1. 中国国家建构逻辑下中国特色社会主义文化认同的内涵。如何全面理解与正确把握当今中国的文化内容与文化认同？习近平总书记在十九大报告中指出："中国特色社会主义文化，源自于中华民族五千多年文明历史所孕育的中华优秀传统文化，熔铸于党领导人民在革命、建设、改革中创造的革命文化和社会主义先进文化，植根于中国特色社会主义伟大实践。"这三种文化的界定，指明了对于各民族共有精神家园建设具有关键作用的文化自觉、文化自信、文化认同、文化繁荣的政治方向，其内在规律与中国国家建构的五重逻辑直接相关、密不可分。以下做出具体分析。

文明型国家的建构对应着中华民族的优秀传统文化，而革命文化与社会主义先进文化对应着"中国共产党领导、社会主义国家、统一的多民族国家、现代国家"的国家建构逻辑，这四重逻辑充分概括了中国近现代统一多民族国家的建构进程中，在社会主义建设与改革开放的进程中，各民族人民在中国共产党的领导下所积淀、熔铸的价值、精神。其中，既包括舍身成仁为人民的牺牲精神，也包括社会主义大家庭建设中民族大团结的精神，还包括改革开放中勇立潮头、敢开风气之先的创新与探索精神，以及中国在建设成为民主、平等、文明的现代国家的历程中创造积淀的新时代精神。这些精神、文化与中国国家建构的逻辑紧密结合在一起，书写了中国的新文化。综上，国家建构的五重逻辑决定文化建设的内容与方向包含着以下面向。

第一，由56个民族的文化组成的中国传统文化的继承发展、中国特色社会主义的新时代文化、文化创新与文化软实力建设、文化

---

① 国家民族事务委员会编：《中央民族工作会议精神学习辅导读本》，民族出版社2015年版，第257页。

的现代化。

第二，国家建构的五重逻辑决定中国的文化自觉与文化认同要与中国建设社会主义现代化强国的"中国梦"相关，表现为既立足于民族文化的主体性，以传统文化守住民族精神的根脉，又要继承中国近现代以来形成的延安文化、革命文化、改革开放的文化等，还要包容融汇世界文明的先进成果，即"各美其美、美人之美、美美与共、天下大同"。

第三，国家建构的五重逻辑决定各民族共有精神家园中的文化建设与文化繁荣，是与各族人民的幸福生活密切相关，要在国家、社会、民族、个人等层面形成具有活力、生机勃勃的文化生态，使文化的繁盛生长、人民的创造力能够源源不断地为国家文化的软实力建设注入活力。同时，各民族共有精神家园也成为人民的认同归属的心灵家园。

2. 中国国家建构逻辑下文化认同的结构。首先，多元一体的中华文明的结构决定了各民族共有精神家园的文化建设与文化认同的内容是中华文化认同。中华文化是由 56 个民族的文化共同组成的。"秦汉雄风、盛唐气象、康乾盛世，是各民族共同铸就的辉煌。"[①] 作为我国各民族共有的文化，中华文化的内在结构是多元一体的两个层面。中华文明、中华文化这种多元一体的结构使其既呈现超强的稳定性，又保持持续性的活力。

历史上，各个不同的民族，包括农耕、游牧、渔猎等文化类型，源源不断地将多彩的文化注入中华文化的洪流。一方面，中华文化有着凝聚多元文化的核心价值体系。中华文明在历史上是由多民族交往、交流、交融为基础融汇形成，在融汇的过程中，以儒家文化为主体的一些文化内容通过大一统的王朝国家的更迭延续、历经千年的科举制选拔组成对于国家治理具有关键性作用

---

① 国家民族事务委员会编：《中央民族工作会议精神学习辅导读本》，民族出版社 2015 年版，第 257 页。

的官员队伍，形成国家上层建筑、中国社会的基本运行规则，儒家文化也成为民众广泛认知和接受的文化内容。另一方面，在国家基层治理、社会生活、科技、医药等各个方面，呈现多民族文化异彩纷呈的景象，尤其是在广大的少数民族地区、边疆地区，当地的人民在独特的自然环境、地理条件下形成了适合于他们的、组织生产生活的制度，形成了他们的宗教、文化与习俗，王朝国家以"和而不同""齐其政不易其宜"的政治智慧，创设不同形式的自治制度为他们提供了保持自己生活方式和文化活力的空间。正是基于中华文明这一多元一体的结构，习近平总书记强调了"不让一个民族认同本民族文化是不对的，认同中华文化和认同本民族文化并育而不相悖"①的民族文化建设方针。

（三）新中国成立70多年来国家建构逻辑下文化认同的建设实践

1. 国家建构五重逻辑下复合性文化发展战略。我国从国家建构的五重逻辑出发所采取的复合性的文化发展战略体现为：民族文化多样性与中华文化统一性结合、传统继承与现代创新结合、文化内容繁荣与文化制度建设并举、政府投入与市场化发展共进，以社会主义文化为引导、以社会主义核心价值观为理念，以中国共产党的统一领导为前提。中华人民共和国成立后，在国家建构的理论与实践中，中华文化得到了前所未有的大发展与大繁荣，并体现出时代的风貌与现代化的创新发展。新中国成立以来，国家采取大力措施，对于少数民族语言文字、教育、文艺、广播电视、体育、出版、古籍整理、民族文化遗产与传统知识保护等各方面，从法律法规、人才培养、财政支持综合性地促进繁荣发展，各民族文化建设实现了在社会主义时期的进步与繁荣。改革开放以来，通过文化体制改革、文化产业促进、文化信息工程、数字化建设等进一步促进了民族文

---

① 丹珠昂奔：《坚持走中国特色解决民族问题的正确道路》，《光明日报》2015年1月29日。

化的创新发展。国家通过坚持"双语教育"方针，确保少数民族掌握国家通用语言，同时保障他们学习和使用自己语言、以自己民族语言接受教育的权利，"培养民汉兼通的双语教育人才"，"在民族地区的汉族干部应学习少数民族语言文字"，"搭建促进各民族沟通的语言桥梁"。①

党的十八大以来，以习近平同志为核心的党中央进一步将文化建设与中国国家建构、中华民族伟大复兴的战略进行了深度结合，因而提升到前所未有的高度。表现为，"从中华民族精神追求的深度上看待传统文化，从国家战略资源的高度上继承传统文化，从中华民族现代化道路的意义上发展传统文化"。习近平总书记主持召开了文艺工作座谈会、新闻舆论、网络信息、繁荣发展中国哲学社会科学等一系列重要会议并发表了重要讲话，推动文化领域的工作取得了重大进展。②

2. 文化创新与民族精神现代化。各民族共有精神家园的时代性建构使得文化建设与文化认同取得辉煌成就。复合性的文化发展战略将历史上的中华文明古国建设成为现今的社会主义现代化文化强国。少数民族文化在市场经济中体量小，容易受到冲击，因此，必须加强对少数民族传统文化遗产的保护；要注重以社会主义文化为导向，大力总结提炼各民族优秀文化与社会主义核心价值观相一致的内容，将其转化为优秀的精神产品，为各民族共有共享；要正视民族文化交流交融的层面，要将各民族优秀传统文化与现代精神文明相结合的面向，通过制作精良的艺术、文学、建筑等形式表现出来，使各民族文化能够具有时代性，能够在开放中被传承与发扬光大。各民族共有精神家园的建设是对内加强中华民族共同体意识，

---

① 国家民族事务委员会编：《中央民族工作会议精神学习辅导读本》，民族出版社2015年版，第266—267页。

② 吴楚：《习近平：坚定文化自信 文脉赓续烛照中华民族伟大复兴》，青年网，2017年10月23日。

对外实现中国的文化自信、理论自信、制度自信、道路自信的重大主题。除了国家建构的政治、经济基础，文化认同是各民族共有精神家园不断进行建设、巩固与更新的重要路径。根本固者，华实必茂；源流深者，光澜必章。文化自信正在为实现中华民族伟大复兴，提供源源不断的强大精神动力。

综上，文化认同不但有利于加强各民族之间的相互认同，还有利于各民族建立对于统一多民族国家的认同。从精神层面做好民族工作、加强各民族之间的团结与相互认同、通过文化认同加强国家认同，是加强中华民族共同体意识与建构中华民族共同体的必由之路。文化的传承与教育不断提升民族精神，并赋予一个民族、国家不断发展进步的活力。文化认同可以构建对共同体的热爱、自豪、责任，可以形成一起渡过难关、抵御外部损害的机制，成为防止分裂，保持凝聚力的精神纽带。因此，文化认同是各民族共有精神家园的建构路径与更新机制。目前，应以中华民族共同体意识为指导，推进民族事务法治化建设，加强在网络与自媒体方面对于"网络民族主义"的监管和立法；以党中央提出的"中华民族共同体""人类命运共同体""一带一路"为理念指导和行动背景，以更具学理性、深入人心的内容而非训诫性的方式涵养公民的文化认同，逐步实现国人民族精神的现代化。①

---

① "民族精神现代化"的提出、界定和系统论述，参见马俊毅《论新时代民族事务治理中共同体的建构——以多民族国家民族精神共同体为理念》，《西南民族大学学报》2018年第2期。

第九章　正确处理铸牢中华民族共同体意识的重大关系

摘要：习近平总书记关于加强和改进民族工作的重要思想的根本特征就是铸牢中华民族共同体意识，推进中华民族共同体建设。在2021年中央民族工作会议上，习近平总书记提出了推进中华民族共同体建设必须正确把握物质和精神、共同性和差异性、中华文化和各民族文化、中华民族共同体意识和各民族意识这四对重大关系的命题，为探析中华民族共同体的形成动力、建设路径、命运远景提供了理论指引。习近平总书记关于四对重大关系的系统阐释，具有鲜明的时代性、理论性、思辨性和人民性，是我们理解中国特色解决民族问题道路何以正确的理论指导，也是理解中华民族何以自立于世界民族之林的中国智慧，对现代国家治理具有重要的世界意义。

关键词：中华民族；中华民族共同体；中华民族共同体意识；重大关系；民族工作

2021年中央民族工作会议明确提出，要以铸牢中华民族共同体意识为主线，推进新时代民族工作高质量发展。全面准确把握和贯彻落实好中央民族工作会议精神，必须正确把握和处理好铸牢中华民族共同体意识的四个重大关系，即物质和精神的关系、共同性和差异性的关系、中华文化和各民族文化的关系、中华民族共同体意识和各民族意识的关系。

一 正确处理物质和精神的关系

改革开放以来，在以经济建设为中心的发展战略指导下，民族工作的重心也是高度重视物质层面的建设，把促进少数民族和民族地区的经济发展作为重中之重。由于受各方面因素的制约，民族地区发展滞后一直成为我国经济社会发展和现代化建设的短板和突出问题之一。在不断扩大改革开放和社会主义市场经济体制的背景下，我国为了加快民族地区和少数民族发展，不断丰富和完善针对少数民族和民族地区的各项扶持优惠政策，先后颁布实施了"西部大开发""人口较少民族扶持政策""兴边富民规划"等一系列国家战略或专项规划，而且针对西藏、青海、新疆等发展难度更大的特殊民族地区，给予了更高的关注和更大的支持。在党和国家的关心及大规模财政转移支付资金和各项扶持政策支持下，在沿海和东中部地区支持援助下，经过民族地区广大干部群众的不懈努力和艰苦奋斗，民族地区的经济社会建设取得了跨越式的发展，发生了历史性的变化。就是在西藏这样一个"全部为贫困地区"的欠发展省区，和平解放以来不仅实现了由封建农奴制度向社会主义制度的历史性飞跃，改革开放特别是党的十八大以来进入了跨越式发展的腾飞时期，全部消除了数千年来的绝对贫困；而且近十几年来的经济增速持续稳居各省市前列。可以说，民族地区和少数民族在中国社会主义的大家庭里，物质层面的进步和各族人民共享现代化文明成果的成效是十分显著的。

但是，现代化不仅是经济持续增长、经济社会结构显著变化的过程，也是社会文化和精神道德剧烈变动的时期。物质的现代化与精神文化的发展变化必须相互匹配，否则将对社会稳定和可持续发展带来制约和负面影响。这是发达国家和许多发展中国家在现代化进程中都充分证明的一个基本规律。历经磨难的中华民族和中国人民，在中国共产党的领导下，经历百年艰苦卓绝的探索和不懈奋斗，实现了"从站起来、富起来到强起来的伟大飞跃"。这个飞跃不仅仅指我们探索成功了国家经济实力、科技实力、综合国力等硬实力不断跃上新台阶、建设现代化强国的持续发展道路，而且在政治建设、社会建设、文化建设、生态文明建设和党的自身建设等方面，不断总结和发展坚持中国特色社会主义、建设长期执政的马克思主义政党、保持社会稳定和长治久安等软实力不断增强的中国道路和中国经验。硬实力和软实力的同步协调发展，是一个国家现代化道路成功的显著标志。新中国成立以来、改革开放以来特别是党的十八大以来中国的成功实践，无疑是近代以来人类现代化历程中最为辉煌的壮丽篇章。在推进物质文明现代化的同时，高度重视精神文明建设，努力保持物质文明与精神文明的同步协调发展，是中国式现代化建设最为突出的特点，也是中国共产党始终保持先进性和纯洁性、不断提升执政能力和领导水平的关键。

中国共产党历来重视精神建设。在社会主义革命和建设时期，中国共产党人以"一不怕苦，二不怕死"的精神力量战胜了革命和建设道路上的各种艰难险阻，取得了新民主主义革命的胜利，建立了新中国，实现了中国人民和中华民族"站起来"的夙愿。同时通过"自力更生、发愤图强"的斗志创造了社会主义革命和建设的伟大成就。改革开放以来，党在坚持以经济建设为中心、坚持发展是硬道理的前提下，通过实施一系列重大文化工程，推动中华优秀传统文化创造性转化和创新性发展。党的十八大以来我国不仅更加重视意识形态领域工作，增进了文化认同、文化自信，而且提升了全社会凝聚力和向心力，为新时代开创党和国家事业新局面、推进中国特色社会主义现代化建设新征程提供了坚强思想保证和强大精神力量。

把坚持精神文明建设、高度重视精神层面工作的战略部署贯彻到党的民族工作中，一个重要的前提是要明确民族工作既包括物质层面的工作也包括精神层面的工作，也就是要在不断加快少数民族和民族地区现代化、不断增强物质力量的同时，必须意识到高度重视精神层面工作的极端重要性和想方设法做好精神层面工作的责任心，不断提升做好精神层面工作的水平，切实解决民族工作重物质、轻精神的问题，促使新时代党的民族工作在物质和精神方面做到两手抓、两手都要硬。

要准确把握民族工作领域物质和精神的辩证统一关系，积极稳妥地处理好在这两个方面涉及民族关系的认识问题、情感问题、利益问题，防止出现简单化、一刀切、形式主义和官僚主义的工作思路和工作方法。根据唯物辩证法的立场、观点和方法，物质和精神相互依存，必须在关注物质工作的同时关注到精神层面的工作，否则就会出现民族地区现代化事业尽管有了很大发展，但受到境内外反对势力蛊惑的一些人反而离心离德的问题，改革开放以来新疆一些地区频繁出现的"三股势力"破坏活动就是例证。其实，各种分裂主义思想和行动给我国边疆民族地区发展、稳定和国家主权、祖国统一带来的各种风险与挑战一直都存在，仅仅重视物质现代化而忽视精神层面工作的后果是无法接受的。

同样，也不能只重视精神层面的工作而忽略经济社会发展，不能忽视民族地区各族人民群众不断提高物质文化生活水平的客观需要，更不能认为思想工作是万能的、一抓就灵。恰恰相反，不论是思想认识问题还是情感问题，往往都比现实的物质利益问题乃至未来发展问题更加复杂，工作难度更大，更加难以在短期内取得看得见的成效。这说明做好精神层面的工作更加困难。认识到这一点，就要更加持之以恒地开展宣传教育工作，促使广大干部群众真正认识到个人利益与祖国利益密不可分，本民族利益与中华民族整体利益休戚与共，本地区发展与整个国家的发展紧密相连。一旦思想认识层面的问题解决了，伴随国家区域协调发展政策和民族政策的不断完善，各民族共同团结奋斗、共同繁荣发展的局面将从号召变成各民族群众的自觉意识和实践行动，精神力量将有效地转化为物质力量,而且成为在各民族共同走向社会主义现代化进程中更加持久、更具活力的内生力量,各民族之间的包容性和凝聚力也会进一步增强。

中央民族工作会议指出:"要赋予所有改革发展以彰显中华民族共同体意识的意义,以维护统一、反对分裂的意义,以改善民生、凝聚人心的意义。"这三个"意义"给正确把握物质和精神的关系、推动民族地区和新时代民族工作高质量发展指明了前进方向和工作路径。铸牢中华民族共同体意识是新时代党的各项工作都要向此汇聚。实现这一目标显然是全党全国全社会的共同任务。习近平总书记加强和改进民族工作重要思想的"十二个必须",每一条都充分体现了上述要求。做好新时代党的民族工作,要以实现中华民族伟大复兴为出发点和落脚点进行统筹谋划,要把推动各民族为全面建设社会主义现代化国家共同奋斗作为根本任务,要始终坚持各民族一律平等实现中华民族的大团结,要以铸牢中华民族共同体意识为主线推动各民族坚定"五个认同",要支持各民族各地区发展经济、改善民生、共同富裕,要促进各民族广泛交往交流交融和各民族在理想、信念、情感、文化上的团结统一,守望相助、手足情深。要坚决维护国家主权、安全、发展利益,要教育引导各民族自觉维护祖国统一、国家安全、社会稳定。在这些明确要求之中,物质与精神密不可分,引导各民族群众共同走向社会主义现代化与构筑中华民族共有精神家园相辅相成、相得益彰。这是加强党对民族工作全面领导的客观需要,也是坚持依法治理民族事务,推进民族事务治理体系和治理能力现代化的必然要求。只有把物质和精神两个方面的工作都做好,才能更好地维护统一、反对分裂、促进发展、改善民生;才能使各民族人心归聚、精神相依、情感交融、团结奋进。这是引导各族人民牢固树立休戚与共、荣辱与共、生死与共、命运与共的共同体理念,不断推进中华民族共同体建设的重要保证。

二　正确处理共同性和差异性的关系

在 2021 年中央民族工作会议上，习近平总书记强调："党的民族工作创新发展，要正确把握共同性和差异性的关系，增进共同性、尊重和包容差异性是民族工作的重要原则。"① 习近平总书记从马克思主义唯物辩证法的视角，学理性地阐释了民族工作范畴看待"同"和"异"二者关系的基本思维，并明确了引导"同"和"异"的方法策略。中国作为一个统一的多民族国家，中华民族共同体是大家庭，56 个民族是家庭成员，正确理解"同"与"异"的内涵，并正确处理二者关系，是推进民族工作高质量发展的思维保障。

（一）共同性和差异性的内涵

"同"和"异"是客观存在于自然界与人类社会的基本现象，保持"同"和"异"共存共生，是自然界物种进化、人类社会进步的基本策略。如何界定"同"和"异"，并正确看待和处理"同"和"异"的关系，是中西方哲学研究的基本命题。例如，德国哲学家莱布尼兹曾经提出"凡物莫不相异""世界上没有两片完全相同的树叶"等论断，并称之为"相异律"。早在战国时期，墨家经典著作《墨经》就已有"同"和"异"对立统一的辩证思想的萌芽。例如，《墨子·经上》说"同，异而俱于之一也"，即"同是相异的事物具有一致的方面"。《墨子·大取》进一步提出"有其异也，为其同也，为其同也异"，解释了"同"和"异"的辩证关系。简言之，《墨经》借同来规定异，不仅由异追溯到同，并且把这异从属于同。《墨子·小取》提出"夫物有以同而不率遂同"，即"事物有相同的一面，但不能由此而引申出它们在一切方面都相同，所以同必

---

① 《习近平出席中央民族工作会议并发表重要讲话》，中国政府网，2021 年 8 月 28 日。

然伴随着异"①。

关于"同"和"异"的上述观点表明,"同"和"异"辩证统一,共存共生。"同"不仅仅指两个客观存在的物体之间属性的完全相同,还包括两个客观存在的主体为了各自的需求而达成的共识或目标,是一种不同于客观性的主观能动创造的结果。换言之,"同"作为客观存在的一种属性和作为一种被主观能动创造的结果之间的差别表明,"同一"和"共同"在内涵上存在差别。而"异"虽指属性的"不同",某些时候还是"矛盾"形成的根源,但"异"只有放在"同"的规约下,"异"才能成立。这就意味着,我们既要尊重"同"和"异"作为一种客观存在,也应当基于所要达到的目标或者价值,来积极引导"同"和"异"的关系状态。而在对"同"和"异"的关系引导中,到底是把"同"理解为"共同"还是"同一",是把"异"理解为"矛盾"还是"差异",这则取决于具体的讨论范畴。

民族是划分人群或人群共同体的一种类型。人类社会是由各种人群组织组成的,比如,家庭家族、氏族、部落等。民族是更大规模的一种人群共同体,而且是具有某些共同特征的相对稳定的人群共同体。民族不同,必然存在一定的差异性,从而可以用来区分"我们"和"他们"。但无论是将民族看成一种分类策略,还是将民族看成人类进步的一种规律性事实,我们都应当肯定民族本身就是共同性和差异性共生共存、辩证统一的结果。

把握"同"和"异"的关系是认识民族现象、处理民族问题的重要内容。一些民族理论学者强调血缘、族源、族裔等天然因素在民族形成中的自然作用。马克思主义经典作家更强调经济社会发展进程对民族形成的决定作用。斯大林提出的"共同语言、共同地域、共同经济生活、共同文化基础上的心理素质"的民族定义,是用多

---

① 孙中原:《略论〈墨经〉中关于同和异的辩证思维》,《社会科学》1981年第4期。

种共同因素确定"民族"的内涵和属性。我国古代强调以文化区分族群,形成了"华夷之辨"。这些理论都提出了如何看待民族现象共同性和差异性及其关系问题。尽管中西方观点有差异,但可以看到的是,共同的内容和差异的内容并非完全一成不变,而是在不同情境下可以变化的。

共同性与差异性是对"共"和"异"的状态特征描述,二者经常被拿来解释社会凝聚以及政治融合的形式。一般而言,考察人们关于共同性(或者说认同)和差异性的看法,是研究社会与政治融合之不同形式的关键所在。[①] 基于国家体制和国家治理需要,不同的国家在共同性与差异性的理解上相差很大。一些民族国家基于建构国家民族或者专制统治的需要,将民族现象中的"共同性"理解为"同质化",使用同化手段将不同民族身份或国外移民的身份进行强制转化为主体民族的民族身份。更为极端者,则通过采用"种族灭绝""族群清洗""屠杀宗教异见者"等残忍手段完成国家民族身份的建构。也有一些国家强调了"差异性"对于民族发展的重要性,例如以加拿大为代表的国家实行"多元文化主义"处理民族问题,将民族问题"文化化",但"多元文化主义"强调民族现象差异性并非置国家政权统一与国家公民身份于不顾。因此,从国家建设实践来看,并没有极端强调或者放大民族"差异性"在国家中的作用。而且极端强调"差异化"会造成社会毁灭性危害是大众共识。

德国学者 Günther Schle 从"共同性"和"差异性"是否促进社会融合的假设出发,提出了四种推演的结论,即共同性促进社会融合(例如通过社会化过程习得某种文化,进而掌握共同的规则与价值观)、共同性阻碍社会融合("同胞竞争"困境)、差异性促进社会融合(例如"有机团结""结构功能主义"与优势互补)、差异性

---

① 李峻石、吴秀杰:《论差异性与共同性作为社会融合的方式》,《青海民族大学学报》(社会科学版)2018 年第 3 期。

阻碍社会融合("差异即矛盾""身份认同冲突""基于资源争夺的冲突")。①"共同性"和"差异性"之所以能够促进社会融合方面形成四个象限的不同结果,根源还是在于我们如何理解民族的"共同性"和"差异性",并且如何保持合适的"共同性"与"差异性",以发挥二者促成国家统一、社会稳定、民族团结和个人全面发展的积极作用。讨论民族的"共同性"和"差异性"需要放到具体的情境之中,正如《墨子·大取》提出的"有其异也,为其同也,为其同也异"。只有放到一个具体的情境中讨论"同"和"异"才有意义。例如,中国有 56 个民族,基于不同的维度可以找出饮食、文化等诸多差异。但如果要想让这种找寻差异和比较变得有意义,就得首先确认 56 个民族同属于中国和中华民族大家庭。否则,纯粹的找差异、找不同就失去了基本的边界和参照。

那么,在中国这样一个统一的多民族国家情境中,如何认识民族的共同性和差异性呢?这是本章期望回答的问题之一。中国自古以来民族的演化与发展和西方资本主义产生后的民族建构在路径上是完全不同的,因而自古以来在民族事务治理上也采取了完全不同的体制与方法。中国自古以来,各民族以中原大地为中心,以儒家文化为核心进行充分的交往交流交融,既形成了中华民族共同体,也不断推进了各民族自身演化与发展。一些古代民族在历史上的交往交流交融中融入了其他民族,一些民族吸收了其他民族不断壮大而保留至今。在各民族的共同努力下,中华民族共同体由自在走向自觉,由自觉走向自为。中国古代以来各民族历史的发展和中华民族共同体的形成表明,中国民族现象中的"共同性"内涵不是指"同化"或"同质化",而是指自古以来各民族为了守护家园、共生共存而在历史文化、语言、地域、经济生活等方面形成的共同内容以及所产生的共同实践,也指各民族在交往交流交融中形成的共同

---

① 李峻石、吴秀杰:《论差异性与共同性作为社会融合的方式》,《青海民族大学学报》(社会科学版)2018 年第 3 期。

公民身份、共同发展目标、共同价值观和共识。这种共同性既有物质上的，也有精神上的。中华民族现象中的"差异性"内涵则是各民族在历史演进发展中所形成的在服饰图样、饮食习惯、民居风格等层面的差异。各民族之间存在上述方面的差异，是历史发展的结果，既非"铁板一块"而不可改变，也非"非此即彼"绝对不同。各民族的语言或方言、服饰图样、饮食习惯、民居风格等都可以找到相互学习与借鉴的地方。

（二）共同性和差异性的辩证关系

习近平总书记在2019年全国民族团结进步表彰大会上强调："一部中国史，就是一部各民族交融汇聚成多元一体中华民族的历史，就是各民族共同缔造、发展、巩固统一的伟大祖国的历史。各民族之所以团结融合，多元之所以聚为一体，源自各民族文化上的兼收并蓄、经济上的相互依存、情感上的相互亲近，源自中华民族追求团结统一的内生动力。正因为如此，中华文明才具有无与伦比的包容性和吸纳力，才可久可大、根深叶茂。"[1] 习近平总书记的这一原创性重大论断科学地回答了中国自古以来各民族共同性与差异性的互动关系，以及共同性的形成机制。

共同性与差异性辩证统一是认识事物的基本逻辑。在复杂多样的民族现象问题上，正确把握共同性与差异性的辩证统一，对科学认识民族与民族之间、民族与国家之间的关系具有重要意义。基于对中华文化和中国民族结构特征的把握，费孝通先生提出了"多元一体格局"理论，概括了中华民族多元一体格局中，多元与一体的辩证关系与互动进程，为我们理解中国各民族的共同性与差异性互动关系提供了借鉴。费先生指出："中华民族多元一体格局形成过程的主流是由许许多多分散存在的民族单位，经过接触、混杂、联结和融合，同时也有分裂和消亡，形成一个你来我去、我来你去、我

---

[1] 习近平：《在全国民族团结进步表彰大会上的讲话》，https://www.ccps.gov.cn/xxsxk/zyls/201909/t20190927_134584.shtml。

中有你、你中有我，而又各具个性的多元统一体。这也许是世界各地民族形成的共同过程。"① 在《中华民族的多元一体格局》一文中，费先生从"中华民族的生存空间""多元的起源""新石器文化多元交融和汇集""凝聚核心汉族的出现""地区性的多元统一""中原地区民族大混杂、大融合""北方民族不断给汉族输入新的血液""汉族同样充实了其他民族""汉族的南向扩展""中国西部的民族流动"十个方面，阐释了古代中国以来，起源于各地的民族如何在共同的生存空间（民族格局）中通过优势互补与相互借鉴，逐步增强共同性，促成中华民族共同体这个"一体"的形成与发展。费先生基于时空两个坐标维度对中华民族多元一体格局形成的阐释，启示我们：第一，承认一个共同的边界（诸如共同的生存空间）是进一步探讨差异性的基本前提，这也印证了"同为异提供规约"的基本哲理。只有在各民族共同的自然生存空间之内，各民族的差异性、多样性才有了内涵，并且才可以进行有意义的比较。第二，承认差异性并发挥其引致的"互补效应"，共同性才有了持续巩固与发展的基础。费先生指出："中华民族的先人在文明曙光时期，公元前五千年到前二千年之间的三千年中还是分散聚居在各地区，分别创造他们具有特色的文化，这是中华民族格局中多元的起点。在这多元格局中，同时也在接触中出现了竞争机制，相互吸收比自己优秀的文化而不失其原有的个性。"② 多元文化的交融与汇聚，不同民族、不同地区之间人口流动与迁徙，为不同文化之间的相互学习、经贸的互通有无提供了平台和载体。尽管差异性会引起竞争效应与互补效应，但随着碰撞交流的深入，相互借鉴、优势互补成为差异性主体之间保持可持续发展的合理选择。

---

① 费孝通：《中华民族的多元一体格局》，《北京大学学报》（哲学社会科学版）1989 年第 4 期。

② 费孝通：《中华民族的多元一体格局》，《北京大学学报》（哲学社会科学版）1989 年第 4 期。

在中华民族多元一体格局中，各民族是多元，中华民族是一体。虽然二者均称民族，但二者的层次是不同的。中华民族是上层，各民族是下层，而且还可以继续进行更细的分层。这就充分说明，在分析民族关系的时候，既要看到56个民族之间的相互关系，或者是他们的相互差异性。同时，中华民族作为56个民族的整体，他们之间又有内在的共同性。在2014年中央民族工作会议上，习近平总书记进一步指明了"多元"与"一体"的辩证关系，一体包含多元，多元组成一体，一体是主线和方向，多元是要素和动力。

进入新时代，习近平总书记从"四个共同"阐释了我国各民族共同性的生成机制，是我们理解各民族共同性的内涵、差异性促成共同性机理的思想指导。辽阔疆域、悠久历史、灿烂文化、伟大精神是中国各民族共同性的内涵的集中体现。而从总书记关于何以形成共同开拓疆域、共同书写历史、共同创造文化、共同培育精神的机理来看，多元基础上的差异性恰恰是历史长河中的重要动力机制。

由此表明，从中华民族共同体的发展演进来看，中国各民族的共同性虽有与生俱来的一些因素（如共同的生存空间），但共同性更多的是各民族在交往交流交融的历史中主观能动地创造出来的，是各民族共同参与、共同实践、共同努力顺应历史大势的结果。共同性不是强制同化，也不是物理属性方面的同质化。中国各民族的差异性是多元起源作为一种自然状态的必然结果，也是中华民族共同性形成和发展的动力。差异性的存在，使相互借鉴并且保持发展活力成为可能。差异性出现的必然性并不意味着差异性与生俱来"铁板一块"不可改造。为了实现各民族生存和发展，差异性特征是可以调整与改变的。在古代中国的历史上，北魏、元、辽、清等王朝政权官方推动差异性改变的实践比比皆是，民间层面潜移默化的差异融合现象也十分普遍。在差异性的改变与融合过程中，都围绕着共同的目标和期待进行，例如共同的家园、共同的稳定、共同的和平、共同的生存，等等。简言之，在民族作为一种共同体的发展进程中，共同性规约了各民族差异性的意义及价值，是引导各民族差异性发挥互补效应的"主轴";差异性则为共同性的形成和发展提供动力,不断夯实共同性的基础。

(三) 坚持增进共同性、尊重和包容差异性的基本原则

在2021年中央民族工作会议上,习近平总书记明确了"增进共同性、尊重和包容差异性是民族工作的重要原则"①。统筹"两个大局",在中国特色社会主义新时代增进共同性、尊重和包容差异性具有现实必然性。

进入新时代以来,国内外发展环境出现了一系列新变化。统筹"两个大局",应对国内外发展环境的变化,需要凝聚起中华民族团结奋斗的磅礴伟力。一方面,国外反华势力打压遏制中国的态势有增无减,通过打"民族牌""宗教牌""人权牌"的手段,企图给我国民族工作制造杂音,破坏中华民族共同体的团结发展良好格局;另一方面,受国外反华势力挑唆,国内仍有极小部分人员思想摇摆不定,甚至存在与国外势力勾连破坏民族团结和社会稳定的举动。这些不利因素依然是我国推进新时代民族工作高质量发展的障碍。随着我国开启全面建设中国特色社会主义现代化国家建设新征程,在新发展阶段,贯彻新发展理念和构建新发展格局,都要求我们加强国内统一经济市场的建设,推动各地区积极融入好、服务好国家构建新发展格局。增进各民族的共同性,增强各民族之间的共同团结奋斗、共同繁荣发展是完成上述目标的基础保障。

立足当前形势,我们首先要正确理解中华民族共同体建设进程增进共同性的时代要求。进入中国特色社会主义新时代,我们要围绕铸牢中华民族共同体意识主线增进共同性,既要增进各族人民的"五个认同",也要增强各民族人民的国家意识、公民意识和法治意识。其中,增进国家意识、公民意识和法治意识是我们作为中国公

---

① 《习近平出席中央民族工作会议并发表重要讲话》,中国政府网,2021年8月28日。

民的基本义务，要对中国的领土、主权、政权等国家元素具有清晰准确的认识，也要对增进大家对依法治国基本原则的认知和遵循。在此基础上，要不断引导各族人民在中国特色社会主义现代化建设进程中强化"五个认同"，形成实现中华民族伟大复兴的磅礴伟力。增进共同性尤其要注重精神层面的引领，要积极引导各族人民在历史观、国家观、民族观、文化观、宗教观方面共同形成正确的认识。马克思主义经典作家认为，社会主义是增进各民族交融发展的重要阶段，民族之间的共同性会不断增强。改革开放以来，我国在社会主义现代化建设进程中，全面协调推进经济、政治、文化、社会、生态文明建设，各民族之间相互学习、相互影响、相互帮助的局面不断巩固，交往交流交融的现象持续增加。因此，要在构建新发展格局中，进一步推进五大文明建设，为增进共同性夯实现实基础。

尊重和包容差异性是遵循共同性与差异性辩证统一关系的必然要求，但是也要看到，尊重和包容差异性不等于固化强化其中落后的、影响民族进步的因素，尊重和包容差异性不能损害、削弱共同性。在中华民族共同体建设进程中，共同性是前提，是主导和方向，是根本，只有围绕增进共同性的总方向、总要求，尊重和包容差异性，才符合中华民族伟大复兴的目标。要对各民族在饮食服饰、风俗习惯、文化艺术、建筑风格等方面进行保护和传承，发挥各民族在丰富发展中华文化方面的动力作用和促进作用，进一步体现中华民族共同体的包容性，使中华民族共同体保持不竭发展的深厚动力、活力。

落实到具体操作层面，一是增强"五个认同"和牢固树立国家意识、公民意识、法治意识。二是形成全社会范围增进共同性的社会实践。要全面深入加强国家通用语言文字教育，使各民族群众的交往没有语言障碍。推进互嵌式社会的全方位嵌入。统筹城乡发展规划与资源配置，逐步实现各民族在空间、文化、经济、社会、心理等方面的全方位嵌入。持续开展民族团结进步创建，使民族团结成为各族群众的自觉意识与实践。完善中华民族共同体意识全对象教育体系，以干部教育、党员教育、国民教育等教育方式实现教育对象全覆盖。三是在新发展阶段，各民族之间、各民族地区之间要围绕融入好服务好构建新发展格局总体要求，增进合作与共享，实现经济社会发展进程中的互利互惠。

三 正确处理中华文化和各民族文化的关系

中华民族和56个民族的多元一体格局决定了正确处理中华文化与各民族文化的关系是中国民族工作的重要内容。习近平总书记强调："党的民族工作创新发展，要正确把握中华文化和各民族文化的关系，各民族优秀传统文化都是中华文化的组成部分，中华文化是主干，各民族文化是枝叶，根深干壮才能枝繁叶茂。"[①] 习近平总书记从马克思主义唯物辩证法的角度，用树干和枝叶之间的辩证关系深刻阐释了中华文化与各民族文化的关系，对于保护和传承各民族优秀传统文化，丰富发展中华文化内涵与外延，建设中华民族共有精神家园具有重大指导意义。

（一）文化、中华文化与各民族文化

全世界关于文化的定义有很多，有广义和狭义之分，有表层、底层、中层之分，还可以依据组成部分划分，此外也包括按行业区分的行业文化。文化作为对政治、经济、社会实践的反映，其内涵应当至少包含三个方面：一是文化形成过程中的人的主体性；二是文化在外延上的多样性；三是文化作为一种现象的发展性。基于这三个基本特征，让文化适应时代变化需要，更好服务人民的美好生活需要，是我们看待中国特色社会主义文化的重要视角。党的十八大以来，习近平总书记在系统阐释中华文化和各民族文化内涵方面

[①]《习近平出席中央民族工作会议并发表重要讲话》，中国政府网，2021年8月28日。

提出了一系列重大原创新论断,为我们理解中华文化和各民族文化的关系指明了方向。

各民族文化作为中华文化的重要组成部分,其根源在于各民族是中华民族共同体的组成部分。早在中华民族共同体处于自在阶段,各民族、各地区的多元文化起源和交融发展,为中华文化的形成和发展提供了源源不竭的动力。费孝通先生指出:"在中华文化的发展过程中,多元的文化形态在相互接触中相互影响、相互吸收、相互融合。共同形成中华民族'和而不同'的传统文化。"[①] 中国历史上的各民族在发展过程中,结合主要聚居区的自然环境,形成了一套与各民族自身具体生产生活实践相适应的民族文化,各民族的文化在处理人与自然、人与人、人与社会之间关系等方面形成了一套相对完整的文化内容,例如信仰、服饰、饮食、语言文字、建筑风格、美学图案,等等。这些内容,一方面系统地反映了各民族生产力、生产关系状况,另一方面也是民族文化、区域文化相互学习借鉴的结果。各民族的交往交流交融,共同推动着各民族文化不断发展和繁荣。而在这个过程中,中华文化作为各民族文化的集大成,一方面,在各民族文化的发展繁荣中起着主导作用,推动着各民族文化持续深入地兼收并蓄;另一方面,也持续受益于各民族文化的交往交流交融,使中华文化不断适应时代特征,满足人民需要,保持发展活力。

(二) 各民族文化的兼收并蓄培育和发展了中华文化

各民族的文化在漫长的历史长河中通过相互吸收借鉴,不断丰富发展了各自的民族文化,更是交融汇聚形成了各民族共建共享的中华文化,而且由于民族文化并没有因为兼收汇聚融合丧失自己的个性,是"并蓄"地体现出千姿百态的丰富色彩。反过来,作为整体的中华文化所具备的诸多共性特征,不仅为各民族提供了共同文化产品,也塑造了共有精神家园,成为各民族共享的中华民族精神,

---

[①] 《费孝通文集》第14卷,群言出版社1999年版,第407—408页。

在世界上形成了独具特色的中华文化和中华文明类型。

中华文化作为更大范围、更高层次、更具引领功能的各民族共享的文化，尤其是其中与国家政权特点紧密结合在一起的政治文化、意识形态、价值理念、法律规范等等，又超越了各民族自身文化的范畴，成为各民族文化之上、代表整个中华民族文化精神的国家文化，引领并规范着各个民族文化的灵魂和发展方向。由此可见，兼收并蓄汇聚各民族文化的中华文化，其内涵与外延与各个民族文化不尽相同。两者之间既属于整体与局部的关系，又是不同层次之间的关系，中华文化往往与中国整个地域、国家政权结合在一起，民族文化一般属于地方文化或者区域文化，从属于整体文化和国家文化。在这个意义上讲，中华民族的多元一体格局，也体现为中华文化的多元一体特征。费孝通先生把各民族与中华民族的关系区分为下层与上层的关系，而且指出下层也可以再区分为更多的层次。由此推论，各民族文化与中华文化的关系，可以看出文化也可以区分为很多层次。如果把文化的层级与中国不断细分的地理单元相比较，这个特点更加鲜明。如同不同层级的地理单元具有不同的行政级别一样，中华文化在不同级别的地理单元内也形成了不同的圈层。越接近国家权力中心，越接近文化的上层与核心层；越到底层的地理单元，越接近文化的基层。基层文化或者下层文化是作为局部范围的文化，既是上层整体文化的组成部分，又被上层整体文化所规范和制约。中华文化与各民族文化的关系既是整体与局部的关系，又是不同层级的关系。习近平总书记在2014年中央民族工作会议上指出，各民族文化"既不能等同于中华文化，也不能自外于中华文化"，是对中华文化与各民族文化的辩证关系的精辟概括。

（三）推动中华优秀传统文化创造性转化创新性发展

处理好中华文化与各民族文化的关系的关键是，要能够使我们的中华文化服务于中国特色社会主义现代化建设。中华人民共和国成立以来，党中央高度重视文化事业的建设和发展。一方面，文化事业被列为社会主义现代化的重要内容；另一方面，民族工作重心的转变十分强调要加快民族地区和少数民族的文化事业发展。党的十八大以来，习近平总书记在治国理政中，强调了文化对于国家治理体系和治理能力现代化的重要意义。习近平总书记在2021年考察福建时强调：要推动中华优秀传统文化创造性转化、创新性发展，以时代精神激活中华优秀传统文化的生命力。要把坚持马克思主义同弘扬中华优秀传统文化有机结合起来，坚定不移走中国特色社会主义道路。① 在陕西榆林考察时习近平总书记指出：要坚持以社会主义核心价值观为引领，坚持创造性转化、创新性发展，找到传统文化和现代生活的连接点，不断满足人民日益增长的美好生活需要。② 因此，充分挖掘中华优秀传统文化的宝贵财富，是铸牢中华民族共同体意识、推进国家治理体系和治理能力现代化的重要战略举措。一方面，要增加保护力度和传承力度，使中华优秀传统文化能够在继承中发展创新，展现出服务新时代的生机活力；另一方面，加强中华文化认同，增进各族人民热爱中华文化、传承中华文化、发展和弘扬中华文化的自觉性、主动性，增强各族人民的中华文化自信。此外，对于各民族优秀传统文化也要给予保护、传承和弘扬，积极发挥他们建设中华民族共有精神家园的作用。

四　正确处理中华民族共同体意识和各民族意识的关系

一方面要处理好中华民族与56个民族之间的关系；另一方面更要处理好中华民族多元一体格局的基本国情，以及中华民族共同体

---

① 《习近平2021年3月22日至25日在福建考察时的讲话》，新华网，2021年3月25日。
② 《习近平2021年9月13日至14日在陕西榆林考察时的讲话》，新华网，2021年9月14日。

意识与各民族意识的关系。前一种关系研究较早，成果也较丰富。后一种关系的研究较少，但并不能说不重要。其实，这也是一对十分重要的关系，这一关系能否处理好，直接影响国家统一、民族团结和社会稳定。正确处理中华民族共同体意识与各民族意识的关系，除了要全面理解中华民族认同与各民族认同的关系，最关键的还是需要引导各民族群众产生中华民族共同体整体利益优先的意识，并且能够形成与之相匹配的实践，为实现中华民族伟大复兴凝聚磅礴力量。但是也要看到，意识作为一种思想观念，其产生具有自身的规律，要引导每个个体在不同意识之间形成一种良性关系，则需要把握民族意识形成的客观规律，并结合中华民族共同体建设的现实需要，采取一系列管用有效的措施。

（一）民族意识与中华民族共同体意识的内涵

通常而言，民族意识是一个民族成员的族属意识，主要体现为一个民族的人们基于对共同语言、共同文化和心理特征、共同地域、共同经济生活等的体会和认知，自觉认同自己属于某个民族，认同某个民族的文化，民族认同是民族意识的核心内容。除了极少数情况下中途出现修改民族身份的情况，绝大多数情况下一个人自出生就自然获得了某个民族的身份，并在家庭教育、学校教育等场合中形成对自己所属民族的认同，对自己所属民族的来源（历史）、民族特点、本民族与其他民族的关系状况等形成比较清晰稳定的认知。但是这些内容只是民族意识内涵中关于"我所属的民族是什么""为什么我所属的民族和其他民族不一样"等问题的反应，民族意识还有一个更为深刻的内涵，即所属成员对所属民族的利益的认知，以及在实现所属民族的利益时采取何种实践，这是民族意识内涵关于"怎么办"这个层面的问题。民族认同是民族利益认知的核心前提，因为只有在形成对所属民族的认同的基础上，才能进而形成对所属民族应该有哪些利益的认知，也才能形成对个体如何采取正确的实践维护和实现所属民族的利益。①

出于落实各民族一律平等原则和开展民族工作的需要，我国自 20 世纪 50 年代开始了历经 30 余年的民族识别工作，识别出了我国有 55 个少数民族。随着对各民族的历史、经济社会文化状况描述的清晰化，全国 56 个民族的人们都有着各自的民族意识。这一时期各个民族意识一方面表现为民族认同的差异，例如，很多少数民族在风俗习惯、饮食服饰、文化认同等方面会进行归属与认同，外在地体现出"我和你有所不同"。另一方面，这一时期各个民族的民族意识也有共性，那就是大家都意识到自己是中华人民共和国的主人，自己所属的民族是需要大家共同建设的中华民族大家庭的一员，只有与身边的其他民族的群众团结奋斗才能摆脱贫困。也正是在这个层面上，在我国成为独立统一的现代多民族国家后，我国各民族群众即拥有了"我是中国人，我要维护国家统一、建设社会主义中国"的国家意识，也拥有了"我属于某个民族，我所属的民族是中华民族的一员，只有维护民族团结才能真正实现中华民族的利益和所属民族的利益"的民族意识。②

因此，在我国谈论民族意识，既要注意到个体对自然民族身份的认同，也要注意到个体对中华民族共同体的认同；既要注意个体为维护和实现所属民族的利益形成了何种价值观并采取何种实践，也要注意个体为维护和实现中华民族的利益形成了何种价值观并采取了何种实践。习近平总书记指出，我们辽阔的疆域是各民族共同开拓的，我们悠久的历史是各民族共同书写的，我们灿烂的文化是各民族共同创造的，我们伟大的精神是各民族共同培育的。"一部中国史，就是一部各民族交融汇聚成多元一体中华民族的历史，就是

---

① 宁亚芳：《铸牢中华民族共同体意识视角下的国家意识与民族意识关系》，《百色学院学报》2021 年第 5 期。

② 宁亚芳：《铸牢中华民族共同体意识视角下的国家意识与民族意识关系》，《百色学院学报》2021 年第 5 期。

各民族共同缔造、发展、巩固统一的伟大祖国的历史。各民族之所以团结融合，多元之所以聚为一体，源自各民族文化上的兼收并蓄、经济上的相互依存、情感上的相互亲近，源自中华民族追求团结统一的内生动力。正因为如此，中华文明才具有无与伦比的包容性和吸纳力，才可久可大、根深叶茂。"① 这就意味着，我们在认同自然拥有的民族身份时，更应该把中华民族共同体认同摆在更高层次、更加优先的位置。进而，我们对中华民族共同体利益的认知以及实践，要在层次上、顺序上高于和优先于对所属民族利益的认知和实践。尤其是当个体在具体抉择的情境下，能够清晰理性地分辨出什么是中华民族共同体的利益，什么是所属民族的利益，并且能够使个体的价值观和实践都能够统一到中华民族共同体利益之上。顺此逻辑，中华民族共同体意识的内涵，体现为 56 个民族的群众都自觉认同中华民族共同体是经历着由自在到自觉、由自觉正走向自强的实体，自觉将自身归属为中华民族共同体的一员，自觉认同共同缔造、发展、巩固统一的伟大祖国的历史，自觉体会到中华民族共同体认同和利益在更高层次、更优顺序，自觉为中华民族共同体的壮大和发展贡献力量。

全面完整地理解中国人的民族意识，既要把握民族意识的基本特征，也要清晰认识到民族意识与中华民族共同体意识的层次性，更要明确认识到民族意识和中华民族共同体意识都认同中华民族多元一体格局、中华民族自存在以来就是一个命运共同体。尽管个体对所属民族的民族意识较强（或增强）会使人们在某些情境中强调差异性，但个体如果同时拥有正确的民族意识和中华民族共同体意识，那么一些情境下的差异性的存在并不妨碍其对中华民族共同体利益应当摆在优先位置的体认。而且中华民族共同体意识恰恰是一个拥有开放包容品格的意识，"美人之美，各美其

---

① 习近平：《在全国民族团结进步表彰大会上的讲话》，新华网，2019 年 9 月 27 日。

美、美美与共，天下大同"是中华民族共同体意识开放包容品格的集中体现。

中华民族共同体意识在古往今来的历史进程中不断凝聚各族群众，在古代中国表现为凝聚各族群众实现和维护"大一统"格局，在近代中国表现为凝聚各族群众团结一致抵御外辱谋求国家独立解放，在现代中国表现为凝聚各族群众共同团结奋斗、共同繁荣发展，建设社会主义现代化中国。在这些伟大历史进程中，实现国家统一和民族团结，一直是自古以来生活在中华大地上的各民族树立正确民族意识和中华民族共同体意识的最高价值准则。在中国谈论各民族意识和中华民族共同体意识，必须客观准确把握各族群众的本民族意识、中华民族共同体意识和国家意识三者之间的关系。尤其要注意到，中华民族共同体意识在引导我国各族群众处理好各民族意识和国家意识关系中的重要地位和作用。简单采取二分法视角，单纯谈论本民族意识和国家意识可能存在的张力，容易走入学术论争的"死胡同"，也不利于我们对"中华民族是一个命运共同体"和"铸牢中华民族共同体意识"形成客观正确的认识。

（二）铸牢中华民族共同体意识的引领作用

铸牢中华民族共同体意识的引领作用体现在维护各民族根本利益、实现中华民族伟大复兴、巩固和发展平等团结互助和谐社会主义民族关系、党的民族工作开创新局面的各个方面。实现中华民族伟大复兴、建设中国特色社会主义现代化强国，需要与之相匹配的思想观念和精神素养，这种思想观念和精神素养既要能够凝聚全国各族人民对中华民族伟大复兴的目标与中华民族共同体的整体利益达成共识，还要能够激励大家积极参与到建设中华民族共同体、实现中华民族伟大复兴的实践中来。中华民族共同体意识就是这样一种思想观念和精神素养。而要发挥好铸牢中华民族共同体意识的全方位引领作用，关键还是要加强对各族群众的教育引导。马克思主义认为，实践是认识的基础，实践决定认识，认识也可以反作用于实践。意识作为人的认识层面的一种，属于精神层面的内容。实践决定认识，表明意识的形成有赖于个体参与什么样的实践；而认识也可以反作用于实践，则表明要想发挥好认识的这种反作用，就必须树立正确的意识；而要树立和培育正确的意识，则离不开全方位的教育引导。从处理好中华民族共同体意识与各民族意识关系角度出发，关键是要持续开展以"五个认同"为核心内容的教育宣传工作，将增强"五个认同"作为铸牢中华民族共同体意识教育宣传工作的核心内容，将"五个认同"内容贯穿于党史、新中国史、改革开放史、社会主义发展史学习教育的全过程。同时要构建铸牢中华民族共同体意识宣传教育常态化机制，纳入干部教育、党员教育、国民教育体系，搞好社会宣传教育。

（三）反对大汉族主义和地方民族主义

处理好中华民族共同体意识和各民族意识的关系，既要引导各民族始终把中华民族利益放在首位，加强积极正面的教育引导，也要时刻提防并反对大汉族主义和地方民族主义。大汉族主义和地方民族主义作为两种极端的民族主义，对中华民族共同体建设造成不利影响，破坏各民族共同团结奋斗、共同繁荣发展的良好格局。党的十八大以来，习近平总书记进一步深化了反对"两种民族主义"的认识。在2014年中央民族工作会议上，习近平总书记强调，"加强民族团结，要坚决反对大汉族主义和狭隘民族主义"，"大汉族主义要不得，狭隘民族主义也要不得，它们都是民族团结的大敌"。[1] 在2021年中央民族工作会议上，习近平总书记指出："大汉族主义和地方民族主义都不利于中华民族共同体建设。"[2] 当前，我国的"两种民族主义"主要体现为"大汉族主义"和"地方狭隘民

---

[1] 中共中央文献研究室编：《习近平关于社会主义政治建设论述摘编》，中央文献出版社2017年版，第155页。

[2] 《习近平出席中央民族工作会议并发表重要讲话》，中国政府网，2021年8月21日。

族主义"。这两种民族主义都在处理中华民族共同体意识和各民族意识关系、中华民族共同体整体利益和各民族利益关系方面"走了偏路",根本上都没有把自身当作中华民族共同体的一分子,没有把各民族的利益与中华民族共同体整体利益统一起来,没有认识到中华民族共同体利益的实现才是各民族利益实现的前提与保障。

因此,在开展铸牢中华民族共同体意识的教育与宣传的同时,旗帜鲜明地反对"两种民族主义"也是我们处理好中华民族共同体意识与各民族意识的关系的题中之义。反对"两种民族主义"关键需要强有力的制度保障,对实践中出现的"两种民族主义"苗头性问题给予及时治理。2014年中央民族工作会议首次提出"要用法律来保障民族团结"。[①] 要通过依法治理,对民族歧视、歪曲历史事实挑拨民族关系、以历史虚无主义抹黑中华民族共同体建设等问题,要给予积极治理,防范"两种民族主义"衍生出的各种破坏民族团结和中华民族共同体建设的问题。

---

① 参见国家民族事务委员会编《中央民族工作会议精神学习辅导读本》,第123页。

第十章 铸牢中华民族共同体意识的目标与路径

内容摘要：2021年中央民族工作会议明确提出，要以铸牢中华民族共同体意识为主线，推进新时代民族工作高质量发展。在这次中央民族工作会议上，习近平总书记第一次提出了"不断推进中华民族共同体建设"的问题。本章论述了如何进一步铸牢中华民族共同体意识、推进中华民族共同体建设的五个问题：正确理解中华民族共同体的科学内涵；牢固树立中华民族共同体理念；深刻把握中华民族共同体建设的历史方位；扎实做好中华民族共同体建设的基础工作；推进民族事务治理体系和治理能力现代化的能力和水平。

关键词：民族；中华民族；中华民族共同体；中央民族工作会议；铸牢中华民族共同体意识

党的十八大以来，习近平总书记反复强调大力培育和铸牢中华民族共同体意识的问题，2019年，在庆祝中华人民共和国成立70周年的讲话中，第一次把其概括为新时代民族工作的主线。中央民族工作会议将其确定为新时代党的民族工作主线。

一　正确理解中华民族共同体的科学内涵

铸牢中华民族共同体意识，其前提是承认中华民族是一个共同体。理解中华民族共同体的关键是，正确理解"中华民族"的内涵与属性，在此基础上正确认识"中华民族"与中国境内各民族（新中国成立后就是中华民族与56个民族）的相互关系。这个问题也是树立正确的"五观"（国家观、民族观、历史观、文化观、宗教观），尤其是正确的中华民族历史观的理论前提。

在召开中央民族工作会议之前，相关部门进行了大量调查研究和理论分析。一些基本概念问题是当时讨论最热烈、存在分歧最显著的问题。比如，什么是中华民族？中华民族是如何形成的？中华民族与中华民族共同体是不是一回事？如果是一回事，为什么还要用两个概念来表述？学术界关于这些基本概念问题的研究与讨论十分热烈，其中既有共识，也存在明显的分歧。中央民族工作会议的文件，特别是习近平总书记在会议上发表的重要讲话，以及会后印发的《中共中央 国务院关于铸牢中华民族共同体意识为主线，推进新时代党的民族工作高质量发展的意见》，对这些问题进行了新的阐发和概括。学习和掌握这些新概括、新表述，是理解中华民族共同体科学内涵的钥匙，对于完整准确全面把握中央民族工作会议精神至关重要。

关于民族问题的讨论，一般是从"民族"的概念入手。长期以来，中国学术理论界一直沿用斯大林的定义，民族是"人们在意识上形成的一个有共同语言、共同地域、共同经济生活以及表现在共同文化上的共同心理素质的稳定的共同体"。从20世纪50年代开始的民族识别，到20世纪80年代费孝通先生提出"中华民族多元一体格局"的理论[1]，在一定程度上都受到斯大林民族定义的影响。尽管这一定义与中国这样一个统一的多民族国家的历史不能完全匹配，也不能客观反映多民族国情的现实。民族概念传入中国以来其内涵的不断演进，包括20世纪30年代关于"中华民族是不是一个"的讨论，都说明来自国外的"民族"概念和"民族理论话语"，与

---

[1] 费孝通：《中华民族的多元一体格局的形成》，《北京大学学报》1989年第4期。

中国统一多民族国家的国情相结合并不是十分容易的事情。这不仅需要理论界的探索和努力,更需要我们党在这些问题上提出自己的观点和立场。

其实,中国共产党一直坚持马克思主义的中国化、时代化。在百年历史发展中,中国共产党实现了三次伟大理论飞跃。每次理论飞跃都结合时代变化和现实国情,明确自己的指导思想,指导革命、建设和发展道路。在相关具体工作领域和一些重大问题上,都会形成指导某一领域工作的新思想、新理论、新概括。具体到民族工作领域,2021年中央民族工作会议就在总结中国共产党解决中国民族问题正确道路实践经验基础上,根据现阶段民族工作的历史方位和重要使命,提出了习近平加强和改进党的民族工作重要思想。这一思想被概括为"十二个必须",不仅阐明了新时代民族工作的基本原则、工作主线和重大问题,而且针对理论界十分关注的"中华民族"或"中华民族共同体"等基本概念问题,给出了更加明确的界定与概括。

习近平总书记的讲话从中华民族伟大复兴的历史方位,明确新时代党的民族工作的主线,那就是铸牢中华民族共同体意识;从共同体和大家庭的角度,概括"中华民族"的内涵与本质。在新中国成立之后的很长时间内,我国关于"民族"的内涵和民族工作的重点,主要都是面向56个民族尤其是汉族之外的55个少数民族,而不是"中华民族"这样一个整体或者共同体。尽管这样满足了民族识别、实现各民族共同当家作主和建立平等、团结、互助的社会主义民族关系的需要,但也在很长时间内使民族研究主要关注各民族而忽略了中华民族这个整体,使民族工作主要围绕少数民族与民族区域自治地方的需要进行政策设计和工作部署,并没有将工作重心真正落脚在实现各民族"共同团结奋斗、共同繁荣发展"的目标与主题上。对于民族领域出现的诸多问题,特别是片面强调特殊性、忽略共同性的导向问题,难以做出有效的回应和适当的政策调整。

20世纪80年代末,费孝通先生提出"中华民族多元一体格局"

理论，一方面从历史发展的角度叙述了中华民族的形成、发展和实现整体自觉的历史过程；另一方面用"多元一体"的理论，分析了中华民族与各民族的关系，指出各民族属于"民族"的底层，中华民族才是"民族"的上层，这种上下层关系说明中华民族对各民族的包容关系，各民族都是中华民族的组成部分，各民族是实体，由各民族实体组成的中华民族自然也是实体，而且这个实体也是不断发展变化的。这个理论不仅更加客观全面地解释了中华大地上民族关系的状况和现实，而且提出了符合中国实际的民族理论，对于扭转片面强调各民族的差异性、忽略中华民族的共同性的导向具有重要作用。他用"多元一体格局"理论，论述56个民族与中华民族的关系及相关理论问题的探索，成为中国民族理论研究的一个里程碑。此后关于"多元"和"一体"的关系讨论十分热烈，"多元一体"的理论得到了广泛的认同。但是，由于这一理论主要是从学术方面分析了"多元"和"一体"的辩证关系，并没有明确给出理论的侧重点和工作的着眼点，受历史惯性的制约和改革开放以来"多元文化主义"等西方民族理论的影响，在民族理论界和民族工作实践部门强调各民族差异性、忽略共同性的倾向并没有发生实质性改变。

2008年在拉萨发生"3·14事件"和2009年在乌鲁木齐发生"7·5事件"之后，这个涉及民族理论和民族工作导向的问题更加凸显。此后民族理论界广泛介入了关于"第二代民族政策"的大讨论，提出了很多更加尖锐激烈的理论问题、认识问题乃至政策问题，希望中央在这些问题上做出说明或解答，进行表态和定调。在2014年中央民族工作会议上，习近平总书记明确提出了继续坚持中国特色解决民族问题正确道路（"八个坚持"）[①]，同时提出了"建设各民族共有精神家园"、加强"四个认同"（2015年增加为"五个认同"）、树立正确的"五观"的指导思想和工作导向。但是，虽然

---

① 评论员：《坚定不移走中国特色解决民族问题的正确道路》，《求是》2014年第20期（2014年10月16日）。

中央已经表态,理论界的学习领会还有一个过程。在此后的几年时间里,一些中央已经明确的理论观点在理论界还没有形成真正的共识,直到党的十九大报告中明确提出"铸牢中华民族共同体意识",新时代民族理论和实践工作的正确导向才真正确立下来。在承认中华民族"多元一体"格局的基础上,习近平总书记对"多元"与"一体"的关系进行了新的概括,既没有忽略哪一个方面,又指明了"一体"是"根本"和"方向",为中华民族是一个共同体的提法奠定了理论前提。在多个场合,习近平总书记反复强调中华民族是一个大家庭、各民族都是家庭成员的"大家庭"论,以及强调民族团结是各民族的生命线、各民族要像石榴籽一样紧紧拥抱在一起的"石榴"论,从根本上指明了中华民族是什么的问题,深化并进一步厘清了中华民族和各民族的关系;明确指出各民族都是大家庭的平等成员,都不能等同于更不能自外于中华民族。这为反对两种民族主义、加强民族团结、打击"三股势力"、促进民族团结进步事业发展指明了方向、澄清了理论误区。

在2021年中央民族工作会议上的讲话中,习近平总书记进一步明确了"中华民族共同体"的概念。这实际上是把关于"中华民族"的历史讨论做出了结论,中华民族是由56个民族组成的共同体。在漫长的历史进程中,中华大地上的各民族逐步形成了一个"你中有我、我中有你、你离不开我、我离不开你"的历史共同体和命运共同体。为明确铸牢中华民族共同体意识的工作主线奠定了理论基础,为推进中华民族共同体建设、开展"五观"教育特别是树立正确的中华民族历史观教育工作指明了正确方向。

二 牢固树立中华民族的共同体理念

党的十八大以来,党中央特别是习近平总书记不仅高度重视民族工作,而且根据时代需要和现实问题,在民族工作方面提出了一系列的新思想、新论断、新认识，有些论断在党的民族工作历史上具有原创性，是重大的理论创新。比如，提出要把铸牢中华民族共同体意识摆在"五位一体"总体布局和"四个全面"战略布局中统筹谋划，提出"四个与共"的共同体理念，提出推进中华民族共同体建设的重大命题，提出各民族交往交流交融是推动中华民族共同体建设的重要途径，提出加强和改进新时代民族工作必须坚决维护国家主权、安全和发展利益，提出坚持正确的中华民族史观，提出民族工作创新发展要重点把握好"四大关系"，提出赋予所有改革发展以彰显中华民族共同体意识的意义，提出新时代加强民族事务治理体系和治理能力现代化、推进党的民族工作高质量发展的新格局，等等。这些新思想、新论断在中央民族工作会议上被集中概括为"十二个必须"。说明习近平总书记新时代民族工作思想基本成熟，我们党关于加强和改进新时代民族工作已经形成了比较系统完整的理论体系。

铸牢中华民族共同体意识是这个理论体系的"纲领"和"主线"，带领全国各族人民为全面建设社会主义现代化国家共同奋斗，实现中华民族的伟大复兴，这也是新时代民族工作的出发点和落脚点。把树立"四个与共"的共同体理念作为铸牢中华民族共同体意识、推进中华民族共同体建设的重要内容，具有多方面的重要意义。

一是清晰阐明了中华民族共同体的基本内涵。"四个与共"的共同体理念是习近平总书记首次完整阐述中华民族共同体意识的具体内容，而且也为中华民族或者说中华民族共同体"是什么"作了明确界定。针对学术理论界对中华民族的内涵与外延、性质与属性的不同认识，特别是针对相关问题的争执不休给实践部门带来的困扰，习近平总书记强调中华民族与中华民族共同体的一体性，提出了56个民族组成的中华民族就是中华民族共同体，中华民族共同体就是中华民族。把这两个概念统一起来认识，两个概念之间的关系也就说清楚了。

二是为正确把握铸牢中华民族共同体意识与推进中华民族共同

体建设的关系指明了方向。党的十八大以来，习近平总书记反复强调民族工作既要重视物质层面的工作，更要重视精神层面的工作。

三是为铸牢中华民族共同体意识与推进中华民族共同体建设指明了实践路径。中华民族作为 56 个民族组成的大家庭，是利益攸关、荣辱与共、生死相依的命运共同体。习近平总书记提出中华民族共同体意识就是引导各族人民树立"四个与共"的共同体理念，为实现中华民族伟大复兴的磅礴力量提供了理论指引，也为新时代党的民族工作及所有改革发展举措赋予彰显中华民族共同体意识的意义指明了方向，即要在实践工作中推动各民族更加坚定"五个认同"。

牢固树立"四个与共"的共同体理念，是引导各族人民树立正确的国家观、民族观、历史观、文化观、宗教观的强大思想武器，更是坚定"五个认同"的重要理论根基。党的十八大以来，针对民族宗教工作领域的诸多问题，习近平总书记反复强调要引导各族人民特别是青少年树立正确的"五观"，这是铸牢中华民族共同体意识、建设各民族共有精神家园、实现中华民族伟大复兴历史任务的战略举措。中国共产党带领全国人民建立的是中华民族的现代国家，而不是近代西方那种所谓的"一族一国"的"民族国家"。新中国按照马克思主义民族平等原则，建设平等团结互助和谐的社会主义民族关系，与剥削阶级建立的不平等民族关系有着本质上的不同。"四个与共"的共同体理念，不是简单的宣传话语或政治口号，而是拥有深厚历史底蕴和扎实现实支撑的学术话语和理论表达，是铸牢中华民族共同体意识、推进中华民族共同体建设的理论武器。

树立"四个与共"的共同体理念，不仅要认识到中华民族本身已经是一个实现了从自在到自觉转变的共同体，更要正确地把握中华民族与其组成部分（56 个民族）之间的相互关系，坚持民族工作创新发展的基本原则。中华民族共同体作为 56 个民族组成的大家庭，共同利益是靠各族人民共同维护的。中华民族作为一个命运共同体，各民族一荣俱荣，一损俱损。各民族只有把自己的命运同中华民族的命运紧紧连接在一起,才有前途,才有希望。中华民族是各民族最大的依托和依靠,在此前提下,处理好各民族之间共同性和差异性的关系,对于树立"四个与共"的共同体意识至关重要。

习近平总书记在讲话中特别强调了正确把握中华民族共同体意识和各民族意识、中华文化和各民族文化的关系,这是正确认识和更好把握共同性与差异性的两大基本问题。树立正确的"五观"、坚定"五个认同",增强各族群众的国家意识、公民意识、法律意识,就是增进共同性的基本要求和基本任务。按照这个要求推进民族工作创新发展,"就是要坚持正确的,调整过时的",及时调整过时的法律法规和政策规定,逐步完善差别化、精准化的区域支持政策。同时,针对各民族在建筑、服饰、饮食习惯、社会风俗等方面的差异性,还必须按照"尊重和包容差异性"的原则予以尊重和保护,不要搞一刀切、千篇一律,更好地保障各族群众的合法权益。做到这一点,才能使"四个与共"的共同体理念深入人心,中华民族共同体建设才能稳步推进,中华民族共同体才能更加牢不可破。

三　深刻把握中华民族共同体建设的历史方位

把铸牢中华民族共同体意识作为新时代民族工作的主线,在一定程度上意味着党的十八大以来"中华民族"(或"中华民族共同体")建设进入了更加自觉(一些专家认为"自为")的新阶段。这不仅是中华民族发展史的自然延续,更是回顾总结中国共产党诞生百年来民族工作实践经验得出的客观结论,对开启中国特色社会主义现代化建设第二个百年征程和中华民族伟大复兴的历史使命,具有承前启后、继往开来的重要意义。这一转变不是自然产生的,而是以习近平同志为核心的党中央根据国内外形势的发展变化,从实现中华民族伟大复兴战略高度,统筹谋划和推进新时代党的民族工作高质量发展的自觉抉择,具有深刻的历史逻辑、现实逻辑、理论逻辑和工作逻辑。

中华民族共同体是历史形成的。在广袤的中华大地上，多元分散的各个族群经过长时间的分散发展、组团发展到相互连接、密切交往、交流与交融，形成了以中原为中心、辐射周边的庞大国家。尽管这个古老的文明国家时而统一，时而分裂，同时并立的政权并不鲜见。但是，追求"大一统"的历史传统，使"中国"最终凝聚为统一的多民族国家。这块土地上的各民族在长期的交流交往过程中，形成了你中有我、我中有你，你离不开我、我离不开你的多元一体格局。根据费先生的论述，中华民族作为一个"自在"的民族实体，已经存在了很长时间甚至数千年。有些学者把中华民族的形成史划分为三个阶段，即远古到秦统一之前为中华民族的孕育阶段；从秦汉到1840年为"自在阶段"；从鸦片战争开始算起进入了中华民族的"自觉阶段"。作为一个古老的多民族国家和客观存在的民族实体，中华民族从自在到自觉阶段的转变却是一个艰难的过程，按照费孝通先生的研究，这个转变是在近百年来中国和西方列强对抗中出现的。

地理大发现之后，特别是近代以来，西方国家通过资产阶级民主革命和产业革命，进入了西方列强群起、古老帝国没落的时代。这一时期也是"民族国家"纷纷崛起的时代，即民族与国家"同构"的时代。鸦片战争之后，中国逐步沦落为半殖民地半封建社会，作为历史上就是多民族统一国家的古老帝国，如何在这个进程中不要持续地沉沦下去，不要成为西方列强完全的殖民地，而是建设中华民族独立自主的新国家，也就是从传统意义上的封建帝国转变为近代意义上的"民族国家"，这是一个跨越上百年、整整数代人苦苦思索的时代之问。不论是孙中山先生领导的旧民主主义革命，还是中华民国成立之后的"新文化运动"，乃至中国共产党诞生之后的"国共合作"，"民族""建国"都是绕不过去的重大问题。国民党一个时期内把"中华民族"确定为由汉族为主干、各民族为支系的单一民族（"中华民族是一个"）。这在一定程度上算是传统天下观的延续，是一种种族主义的民族建国理论。高举马克思主义民族平等原则的中国共产党，则主张各民族一律平等的马克思主义民族观和"人民主权"的民族建国理论，提出各民族共建"中华民族"的新中国和新社会。人民选择了中国共产党，在各族人民群众的支持下，中国共产党带领全国人民和中华民族建立了与历史上任何政权都不相同的新中国。中华人民共和国的成立，意味着"中华民族"的新中国和新社会已经确立。只不过由于历史原因和国际因素的影响，直到今天我们还没有实现海峡两岸的完全统一，也是唯一没有实现祖国完全统一的联合国安理会常任理事国。但是，海峡两岸的中国人及全球爱国华侨就像努力实现中华民族伟大复兴的中国梦一样，永远都不会放弃建立多民族统一国家的梦想。在纷繁复杂的国际国内背景下，中华民族大团结、中华民族大家庭、中华民族一家亲，就是中华民族的共同体理念在不同时期的不同表达，也是新中国中华民族共同体建设的逻辑起点。

在百年发展历程中，中国共产党团结带领各族人民进行革命、建设与改革开放，实现了中华民族从站起来到富起来再到强起来的三次伟大飞跃，为中华民族的民族解放、民族发展和民族复兴作出三大历史性贡献。目前我们已经进入第三次飞跃时期，但仍处于走向强大尚未真正强起来的阶段。目前我国尚未完成统一大业，影响我国安全和发展利益的因素众多。疫情肆虐、灾害频发、能源资源短缺与各种社会问题，都对我国的持续发展和社会稳定形成冲击和制约。民族宗教和思想文化领域的形势好转但仍存在诸多问题，其中有认识问题、理论问题，也有法律政策调整滞后、改革发展举措效果不显著的问题。对此，我们不应对取得的成绩过于乐观。我们前进路上还面临着很多艰难险阻与困难挑战。

上述困难挑战大致可以概括为国际国内两种类型和物质精神两个方面。以美国为首的西方国家主导的国际秩序对中国发展的约束与遏制，是中国和平崛起、实现中华民族伟大复兴道路上绕不过去的最大外部障碍。对此我们也要全面分析、辩证评估。外国资本主义、帝国主义的侵略压迫无疑是导致近代中国沉沦的外部因素，但根本原因还是在中国内部的应对策略和治理能力。如果应对得当，外部压力是可以克服的，甚至在一定程度上还可以将外部压力转化为激发全国各族人民爱国主义热情的动力，成为凝聚国民团结起来一致对敌的有利因素。近代以来，中华民族完成从自在到自觉的转变，新中国成立以来在西方围堵、封锁、打压、遏制下中华民族的奋斗崛起，都是我们将外部压力转化为凝聚人民群众进行爱国抗争和团结各民族共同奋斗的例证。

但是，外部因素与内部因素的互动是双向、多层的，外部因素冲击对中国发展稳定带来的影响也是全面、巨大的，如果我们无法有效应对或者应对能力不足，外部冲击的反噬作用也会极其强大。近代以来，中国现代化进程几次被外部冲击所打断、中国现代化崛起之路极其艰难，也是不争的历史事实。如何处理好中国内部与外部的关系，应对来自外部因素的压力和冲击，特别是防范西方国家利用所谓"民族牌"干涉我国主权、安全和发展利益的行为。

唯物辩证法告诉我们，外因是通过内因起作用的，影响稳定发展的各种国内问题仍是我们必须关注的根本问题。处理好改革、发展、稳定、开放等一系列重大关系，解决好各地区、各区域、各种社会群体之间存在的发展不均衡、不充分的问题，对于我国长期稳定发展发挥着决定性作用。在改革开放以来很长一段时间内，我们强调经济发展，过于看重经济利益、物质因素在发展中的决定作用，对于非经济因素和精神因素的作用重视不够、相关举措不到位，没有充分实现经济发展期待的那种文明程度和文明素质同步提高的预期结果。特别是在民族工作领域，物质与精神的关系没有处理好，物质层面的政策优惠、支持、帮扶、援助是关注的重点，精神层面的建设明显薄弱。党的十八大以来这种局面虽然发生了明显的改变，要从根本上扭转"重物质、轻精神"的倾向却不是一个简单、容易的工作，取得扎扎实实的成效还需较长的时间。

当然，不论是应对外部压力还是解决内部存在的诸多问题，我们都无法等待上述转变可以自然而然地发生，还必须通过我们的努力和卓有成效的工作才可以实现的。被动地等、靠、要是不会有好结果的。这些年在调研过程中，经常接触相关领域特别是民族地区的干部群众，对一些地方和部门如何处理涉及民族领域的问题有一些感触。比如，大家对民族工作领域存在的一些问题一般都能感受得到，但又往往因为"民族问题太敏感碰不得"而退避三舍。遇到问题难题靠层层请示，责任上移，等待观望现象较为突出，主动作为解决实际问题用心用力不够。一些同志甚至是领导干部对党的十八大以来民族理论的发展转变不适应，认为"自己搞了一辈子民族工作，今天似乎不会干了"。还有一些因为民族政策的调整完善或者一些改革举措触动了原来的切身利益，存在一定的消极心态甚至抵触情绪。不论是理论界还是实际工作部门对2014年中央民族工作会议的精神，在学习解读和贯彻落实方面不够完整、准确、全面，甚至出现一定程度的偏差。一些地区涉及民族因素和宗教领域的问题不时出现，有些问题处置不当甚至酿成群体性事件。这一切都说明，处理好民族领域的问题，是解决好国内问题的重要内容。在这方面确实不能认识模糊、得过且过，对迫在眼前的问题看不到、无动于衷。

四 扎实做好中华民族共同体建设的基础工作

推动各民族共同走向社会主义现代化是目标和关键。没有持续的经济增长和物质条件的改善，人民的生活水平就无法提高，获得感、幸福感就缺乏基础支撑。强调正确认识和处理好物质和精神的关系，不是不重视经济发展和物质基础建设。恰恰相反，而是在注重经济发展的同时，要把物质因素与精神因素有机结合起来，不再继续出现"重物质、轻精神"的偏差。把物质与精神的关系处理好，就可以保证全国经济尤其是民族地区的经济建设，在有利于铸牢中华民族共同体意识的前提下持续发展，社会主义现代化建设水平不断提高，铸牢中华民族共同体意识的物质基础不断夯实。

中央民族工作会议不仅指明了推动各民族共同走向社会主义现代化的目标，而且指出了民族地区推动各民族共同走向现代化的重点任务与基本路径。一是按照国家"十四五"规划的指导思想和基本原则，推动实施"三新"的现代化，也就是立足民族地区的资源禀赋、发展条件、比较优势等实际情况，"把握新发展阶段、贯彻新发展理念、融入新发展格局"。二是提倡共同走向现代化，继续完善民族地区的差别化支持政策。民族地区实现脱贫攻坚和全面小康不容易，但是完成这个任务，也是在充分发挥民族地区广大干部群众积极性的同时，通过大力实施国家财政转移支付等各种支持扶持政策、动员沿海城市和发达地区支持援助的结果。这也充分体现了"共同团结奋斗、共同繁荣发展"的原则和要求，更是充分发挥社会主义制度优越性和全国一盘棋整体发展战略的结果。下一步要同步走向现代化，民族地区仍要立足于发挥好自己的比较优势，在扩大开放和竞争中努力形成竞争优势。同时，积极争取国家的支持和发达地区的援助。国家区域发展和差别化支持政策也要与时俱进，更好地把民族因素和区域因素结合起来，切实完善并提升差别化区域性支持政策的效果。当然，这方面还有很多问题需要研究，需要及时总结实践经验，及时解决存在的问题，及时完善政策体系，促进各地区的平衡发展、协调发展。三是明确了民族地区经济高质量发展的重点任务。努力把沿边地区打造成一个增长带和民族团结、边境稳定的示范区，实现边疆发展与国家安全的有机统一。四是更加强调生态文明建设，民族地区大多是生态脆弱地区，同时承担着维护国家生态资源安全、保障中华民族永续发展生态安全屏障的使命。在新发展阶段抓经济建设，不能是粗放式的资源开发，必须贯彻更加注重污染治理和生态环境保护的新发展理念和高质量发展方式，坚持绿色发展、守住生态底线，推动生态产业化、产业生态化，把生态文明建设的任务和要求落到实处。五是把铸牢中华民族共同体意识的要求融入共同走向社会主义现代化建设的进程中。要通过同步现代化（但不一定是"同一速度"或"同一标准"的现代化）不断缩小地区之间、城乡之间、民族之间、群体之间发展水平的差距，不断增强各族群众的获得感、幸福感、安全感和归属感，不断激发和强化全体人民的共同体意识。如果做到这一点，现代化进展越快，各族人民群众"五个认同"程度也就越高，中华民族共同体就会越牢。

促进各民族交往交流交融是重要结果和归宿。在历史长河中，频繁的人口流动促进了各民族之间的交往交流交融甚至民族之间的融合。近代以来的工业化、城镇化和现代化进程，进一步加速了各地区、各民族的人口流动。这与全球化进程中人口跨国流动不断增长的趋势是一致的。交往交流越密切，交融与融合就越深入，各民族之间的共同性也就越强。这既是自然的历史过程，也与一个国家或政府采取的政策法规密切相关。新中国成立以来，我们建立了社会主义新型民族关系，倡导民族平等、民族团结和相互帮助，密切了各民族之间的联系。改革开放以来快速的现代化，进一步加速了我国人口流动的范围与规模。当前我国民族交往交流交融的广度与深度，超过了历史上任何一个时期，这为铸牢中华民族共同体意识、推进中华民族共同体建设奠定了日益深厚的社会基础。

中央民族工作会议为促进各民族的交往交流交融指明了方向，为进一步夯实中华民族共同体的社会基础明确了任务。一是要不断优化社会结构，下更大的力气推动人口的跨地区、跨区域流动。要尽量吸引更多的少数民族人口进城，使其更好地融入城市和现代化进程中来。同时推动更多的汉族和其他地区的少数民族人口到边疆，特别是到新疆、西藏来工作、就业、守边、护边，进一步优化大区域的人口结构。二是营造嵌入式的社会环境和社区格局，逐步打破按民族抱团聚居的社区或学校，通过规划的引领、政策的引导和均等化的公共服务，打造嵌入式的社区、学校、企业、单位，实现各民族之间的共居、共学、共识、共乐。三是推动促进各民族交往交流交融的平台建设。国家民委等中央部委已经启动了三项工作计划，即各族青少年交流计划、各族群众赴县市发展计划、旅游促进各民族交往交流交融计划。各地正在打造铸牢中华民族共同体意识的博物馆、展览馆、体验馆和大批旅游观光景点，在宣传、体验中把各地区、各民族丰富多彩的文化元素与彰显中华民族共同体意识的中华文化共享符号建设、爱国主义教育、优秀传统文化传承、现代文明行为培育有机结合起来。四是特别强调深入开展民族团结进步创建工作，结合新时代铸牢中华民族共同体意识、推动中华民族共同体建设的新要求，着力深化创建工作的内涵、丰富创建工作的形式和方法，提升创建工作的实际效果。为真正把中华民族打造成为一个密不可分的共同体、实现中华民族的大团结和大融合夯实社会根基。

铸牢中华民族共同体意识、建设中华民族共同体，不是满足于对中华民族多元一体格局中 56 个民族与中华民族进行不同层次的区分，或者仅仅在理论上把中华民族确定为具有国家民族的属性那么简单，而是具有十分丰富的理论内涵和更加实际的工作要求。我们不仅要牢固树立"四个与共"的共同体理念，而且要把思想与行动落到各项工作中。中华民族共同体的形成与发展是一个自然历史过程，但如果没有国家的倡导和相关支持政策，这个过程会十分漫长。一旦国家积极介入并进行积极的引导，这个进程就成为中华民族自觉建设的重要内容。只要把铸牢中华民族共同体意识的战略部署和工作要求，切实落实到政治、经济、文化、社会、生态文明"五位一体"战略布局中，特别是落实到做好民族领域的基础工作中，我们就能够逐步把中华民族共同体建设成为政治上团结统一的共同体、经济上共富共享的共同体、社会上和谐互助的共同体、文化上美美与共的共同体。

五　推进民族事务治理体系和治理能力的现代化

民族工作关乎大局，古今中外概莫能外。世界各国不论什么样的历史传统和现实国情，维护好国家统一和民族团结，都是国家的最高利益和国内各族人民的根本利益。世界各国在这方面既积累了丰富的经验，也留下了很多值得反思的教训。中国在民族事务治理方面不仅拥有数千年来积累的经验教训，更有中国共产党成立百年来把民族工作作为"国之大者"积累的宝贵经验。这些宝贵财富弥足珍贵，是做好今后民族工作的重要借鉴和参考。

中央民族工作会议在总结历史经验尤其是新时代民族工作最新实践的基础上，总结提炼出新时代加强和改进党的民族工作重要思想，如何把铸牢中华民族共同体意识、推进铸牢中华民族共同体建设的各项任务落实到位，成为全党和全国当前一个时期的重要政治任务，必须引起各级党委、政府及各系统、各部门的高度重视，全面准确把握会议精神，全面落实工作部署，努力提高民族工作的质量和水平，实现从传统民族工作模式向新时代民族工作模式的转型与升级。这种转型的一个重要标志，就是把民族工作与民族事务治理从一个部门为主，转变为全党和全国各地区、各部门都要抓民族工作，加快民族事务治理体系与治理能力的现代化，实现民族事务治理的新格局。

民族工作是政治性、政策性都很强的工作。习近平总书记多次强调："要坚持从政治上把握民族关系、看待民族问题。"在2014年的中央民族工作会议上，习近平总书记就提出不要泛化民族问题和民族工作要精准化的问题。"要分清楚什么是民族问题，什么不是民族问题，既不能把不是民族问题的问题当成民族问题来处理，也不能把民族问题不当作民族问题来处理，而是什么问题就按什么问题处理，讲政治原则、讲政策策略、讲法治规范。"在2016年中央民族工作会议上，习近平总书记进一步提出要进行"三个区分"，提出不要把"一般社会现象与民族现象、一般社会问题与民族问题、一般社会矛盾与民族矛盾"相混淆，对于做好民族工作、处理民族问题（如治理"三化"、反对"三股势力"等）具有极强的针对性，有利于准确把握民族工作的政治定位、政策导向和工作力度，也是加强党对民族工作全面领导的充分体现。

要加快完善六项新机制：一是要完善党委统一领导的机制，把民族工作纳入"五位一体"战略布局和"四个全面"总部布局，要纳入党的建设、意识形态工作责任制、政治考察、巡视巡查、政绩考核等各项工作，确保党的领导制度化、具体化。二是要完善政府依法管理的机制，建立地方政府首长联系甚至直接管理民族工作的制度，发挥好民族事务治理委员会工作职责，把民族事务治理纳入国民经济和社会发展规划，纳入法治建设规划和综合执法范畴。三是完善统战部门牵头协调的机制。统战部门负责把方向、管大局、保落实，党政分工不分家，加强工作协调和衔接。四是完善民族工作部门履职尽责的机制，为党和政府治理民族事务、协调民族关系、处理民族问题当好参谋助手，提出政策建议，落实工作部署，协调有关部门来齐抓共建。五是完善各部门通力合作的机制，探索建立民族工作专项协调机制，发挥好民委委员制度的作用。六是完善全社会共同参与的机制。广泛教育和动员，把全社会各方面汇聚到参与铸牢中华民族共同体意识、推进中华民族共同体建设中来，形成浓厚的社会氛围，让全社会自觉行动起来。这种新格局，就是要切实改变把民族工作当成"一域"（局部）或"单一"工作部门之事，使全党、全国和全社会都要重视起来、行动起来。

推进民族事务治理现代化，要坚持法治思维，实现依法治理。要认真贯彻落实宪法精神和依法治国理念，依法保障各族群众合法权益，依法妥善处理涉民族因素的案事件，依法打击各类违法犯罪行为，做到法律面前人人平等，不断提高民族工作的法治化水平。法治在新时代民族工作中的地位与作用十分"重要"，三个"依法"，强调的都是法治精神。坚持法治化应当成为"提升民族事务治理体系和治理能力现代化"的重要内容。无论是"保障""处理"还是"打击"，都要坚持"依法"而行。同时，要认识到民族工作与国家统一、社会稳定、国家安全息息相关，积极稳妥处理涉民族因素的意识形态和国家安全问题，坚决防范民族领域重大风险隐患，确保国家统一、民族团结和社会稳定。

伴随工业化、城镇化、现代化进程的不断加快，中国各民族人口在全国范围内大规模流动，民族工作的范围、内涵及内容都在发生着变化。民族地区与其他地区人口的双向流动、少数民族大规模进入城镇和沿海地区，城乡社区尤其是大中城市中少数民族人口的聚集，各民族嵌入式居住工作格局的扩展，已经极大地改变了"民族地区""民族工作"的传统内涵。新时代民族工作一定要重心下沉、工作向基层倾斜，要把提升民族工作能力尤其是基层民族工作能力建设放在突出位置。要加强基层民族工作机构建设，充实民族工作力量，确保党的民族理论和民族政策到基层有人懂，确保民族事务治理在基层有人抓、无盲区，确保基层民族工作有效运转。

进一步加强民族干部队伍建设，是做好新时代民族工作的人才保障。习近平总书记指出，"办好民族地区的事，做好民族工作，要靠好干部"，要靠大批忠于马克思主义、忠于党、忠于人民的干部队伍。中央民族工作会议提出，建设更加广泛的民族工作干部队伍，为民族干部队伍建设指明了方向和路径。当然，民族干部队伍建设的数量很重要，提高质量和能力更关键。要采取切实有效的举措，努力提高民族干部队伍的政治素质、理论素养和综合能力，为开创新时代民族工作新局面提供坚强的人才保障。

参考文献

一　经典文献

马克思、恩格斯：《马克思恩格斯文集》第二卷，人民出版社 2009 年版。

马克思、恩格斯：《马克思恩格斯选集》第一卷，人民出版社 2012 年版。

马克思、恩格斯：《马克思恩格斯选集》第二卷，人民出版社 2012 年版。

马克思、恩格斯：《马克思恩格斯选集》第三卷，人民出版社 2012 年版。

马克思、恩格斯：《马克思恩格斯选集》第四卷，人民出版社 2012 年版。

列宁：《列宁全集》第 27 卷，人民出版社 1990 年版。

列宁：《列宁选集》第一卷，人民出版社 2012 年版。

列宁：《列宁选集》第二卷，人民出版社 2012 年版。

列宁：《列宁选集》第三卷，人民出版社 2012 年版。

列宁：《列宁选集》第四卷，人民出版社 2012 年版。

斯大林：《斯大林选集》（上卷），人民出版社 1979 年版。

毛泽东：《论新阶段》，《中共中央文件选集》第 11 卷，中共中央党校出版社 1991 年版。

参考文献

毛泽东：《毛泽东选集》第一卷，人民出版社 1991 年版。

毛泽东：《毛泽东选集》第二卷，人民出版社 1991 年版。

毛泽东：《毛泽东选集》第三卷，人民出版社 1991 年版。

毛泽东：《毛泽东选集》第四卷，人民出版社 1991 年版。

《邓小平文选》第一卷，人民出版社 1994 年版。

《邓小平文选》第二卷，人民出版社 1994 年版。

《邓小平文选》第三卷，人民出版社 1993 年版。

江泽民：《江泽民文选》第一卷，人民出版社 2006 年版。

江泽民：《江泽民文选》第二卷，人民出版社 2006 年版。

江泽民：《江泽民文选》第三卷，人民出版社 2006 年版。

胡锦涛：《胡锦涛文选》第一卷，人民出版社 2016 年版。

胡锦涛：《胡锦涛文选》第二卷，人民出版社 2016 年版。

胡锦涛：《胡锦涛文选》第三卷，人民出版社 2016 年版。

习近平：《高举中国特色社会主义伟大旗帜 为全面建设社会主义现代化国家而团结奋斗——在中国共产党第二十次全国代表大会上的报告》，人民出版社 2022 年版。

习近平：《决胜全面建成小康社会夺取新时代中国特色社会主义伟大胜利——在中国共产党第十九次全国代表大会上的报告》，人民出版社 2017 年版。

习近平：《论党的宣传思想工作》，中央文献出版社 2020 年版。

习近平：《论坚持人民当家作主》，中央文献出版社 2021 年版。

习近平：《论中国共产党历史》，中央文献出版社 2021 年版。

习近平：《习近平谈治国理政》，外文出版社 2014 年版。

习近平：《习近平谈治国理政》第二卷，外文出版社 2017 年版。

习近平：《习近平谈治国理政》第三卷，外文出版社 2020 年版。

习近平：《习近平谈治国理政》第四卷，外文出版社 2022 年版。

中共中央文献研究室编：《建党以来重要文献选编（1921—1949）》，人民出版社 2011 年版。

中共中央文献研究室编：《建国以来重要文献选编》，中央文献出版社 2011 年版。

中共中央文献研究室编：《三中全会以来重要文献选编》（上），人民出版社 1982 年版。

中共中央文献研究室编：《三中全会以来重要文献选编》（下），人民出版社 1982 年版。

中共中央文献研究室编：《十二大以来重要文献选编》（上），人民出版社 1986 年版。

中共中央文献研究室编：《十二大以来重要文献选编》（中），人民出版社 1986 年版。

中共中央文献研究室编：《十二大以来重要文献选编》（下），人民出版社 1988 年版。

中共中央文献研究室编：《十三大以来重要文献选编》（上），人民出版社 1991 年版。

中共中央文献研究室编：《十三大以来重要文献选编》（中），人民出版社 1991 年版。

中共中央文献研究室编：《十三大以来重要文献选编》（下），人民出版社 1993 年版。

中共中央文献研究室编：《十四大以来重要文献选编》（上），人民出版社 1996 年版。

中共中央文献研究室编：《十四大以来重要文献选编》（中），人民出版社 1997 年版。

中共中央文献研究室编：《十四大以来重要文献选编》（下），人民出版社 1999 年版。

中共中央文献研究室编：《十五大以来重要文献选编》（上），人民出版社 2000 年版。

中共中央文献研究室编：《十五大以来重要文献选编》（中），人民出版社 2001 年版。

中共中央文献研究室编：《十五大以来重要文献选编》（下），人民出版社 2003 年版。

中共中央文献研究室编:《十六大以来重要文献选编》(上),中央文献出版社 2005 年版。

中共中央文献研究室编:《十六大以来重要文献选编》(中),中央文献出版社 2006 年版。

中共中央文献研究室编:《十六大以来重要文献选编》(下),中央文献出版社 2008 年版。

中共中央文献研究室编:《十七大以来重要文献选编》(上),中央文献出版社 2009 年版。

中共中央文献研究室编:《十七大以来重要文献选编》(中),中央文献出版社 2011 年版。

中共中央文献研究室编:《十七大以来重要文献选编》(下),中央文献出版社 2013 年版。

中共中央文献研究室编:《十八大以来重要文献选编》(上),中央文献出版社 2014 年版。

中共中央文献研究院编:《十八大以来重要文献选编》(中),中央文献出版社 2016 年版。

中共中央党史和文献研究院编:《十八大以来重要文献选编》(下),中央文献出版社 2018 年版。

中共中央党史和文献研究院编:《十九大以来重要文献选编》(上),中央文献出版社 2019 年版。

中共中央党史和文献研究院编:《十九大以来重要文献选编》(中),中央文献出版社 2021 年版。

二 学术著作

苍铭:《云南民族迁徙文化研究》,云南民族出版社 1997 版。

陈巴特尔:《继往开来——21 世纪少数民族高等教育研究》,民族出版社 2021 年版。

杜娟:《城市少数民族流动人口实证研究:以西宁市为例》,社会科学文献出版社 2021 年版。

段义孚：《空间与地方：经验的视角》，中国人民大学出版社2017年版。

房宁、杨海蛟主编：《马克思主义政治学研究》（第1辑），中国社会科学出版社2013年版。

费孝通主编：《中华民族多元一体格局》（修订本），中央民族大学出版社2003年版。

郝时远：《类族辨物："民族"与"族群"概念之中西对话》，中国社会科学出版社2013年版。

洪向华主编：《辉煌——新时代中国为世界贡献了什么》，中共中央党校出版社2018年版。

虎有泽、尹伟先：《铸牢中华民族共同体意识研究》，中国社会科学出版社2018年版。

黄兴涛：《重塑中华：近代中国"中华民族"观念研究》，北京师范大学出版社2017年版。

靳诺、刘伟主编：《中国之治的制度密码》，中国人民大学出版社2020年版。

拉铁摩尔：《中国的亚洲内陆边疆》，江苏人民出版社2005年版。

李全敏：《秩序与调适：德昂族传统生态文明与区域可持续发展研究》，社会科学文献出版社2017年版。

李群育：《中华民族共同体意识与纳西族历史文化散论 心归慈母》，当代中国出版社2020年版。

李学勤主编：《中国古代文明与国家形成研究》，中国社会科学出版社2007年版。

梁启超：《饮冰室合集》文集之十三，中华书局1989年版。

林耀华主编：《民族学通论》，中央民族大学出版社1990年版。

林耀华：《中国的经济文化类型》，《民族学研究》，中国社会科学出版社1985年版。

罗宗毅主编：《国家治理现代化》，中共中央党校出版社2018

年版。

马维胜主编：《铸牢中华民族共同体意识理论逻辑与现实问题研究》，吉林大学出版社 2022 年版。

马迎：《新时代大学生中国特色社会主义文化认同研究》，宁夏人民出版社 2021 年版。

内蒙古图书馆编：《西盟会议始末记》《西盟游记》《侦蒙记》《征蒙战事详记》，远方出版社 2007 年版。

全国政协民族和宗教委员会：《铸牢中华民族共同体意识学习与思考》，民族出版社 2021 年版。

邵晓霞：《西北地区青少年国家认同培育研究》，中国社会科学出版社 2022 年版。

沈林、周文京编：《中国的民族团结工作》，民族出版社 2019 年版。

四川省《巴塘县志》编纂委员会：《巴塘县志》，四川民族出版社 1993 年版。

宋蜀华：《中国民族学理论探索与实践》，中央民族大学出版社 1999 年版。

《苏尼特右旗志》编委会：《苏尼特右旗志》，内蒙古文化出版社 2002 年版。

孙中山：《临时大总统宣言书》，《孙中山全集》第二卷，中华书局 1982 年版。

陶云逵：《陶云逵民族研究文集》，民族出版社 2012 年版。

童恩正：《南方文明》，重庆出版社 1998 年版。

王尔敏：《近代文化生态及其变迁》，百花洲文艺出版社 2002 年版。

王柯：《民族与国家：中国多民族统一国家思想的系谱》，冯谊光译，中国社会科学出版社 2001 年版。

王铭铭、舒瑜编：《文化复合性——西南地区的仪式、人物与交换》，北京联合出版公司 2015 年版。

王瑞萍、马进、马虎银、乔娟：《铸牢中华民族共同体意识若干重要问题研究》，中国社会科学出版社 2021 年版。

翁独健主编：《中国民族关系史纲要》，中国社会科学出版社 1990 年版。

徐平主编：《北仑经验与铸牢中华民族共同体意识的理论和实践》，中国大百科全书出版社 2021 年版。

许倬云：《西周史》，生活·读书·新知三联书店 2012 年版。

叶江：《中华民族伟大复兴进程中的"国家民族"建构研究》，格致出版社 2019 年版。

云南省编辑组编：《景颇族社会历史调查（三）》，云南人民出版社 1986 年版。

张健：《中国共产党构筑中华民族共同体的历程与道路研究》，中国社会科学出版社 2019 年版。

张少春：《互嵌式社会与民族团结：人类学的视角》，社会科学文献出版社 2018 年版。

中共中央统战部：《民族问题文献汇编》，中共中央党校出版社 1991 年版。

中华人民共和国国务院新闻办公室：《中国的民主》，人民出版社 2021 年版。

［英］埃德蒙·R. 利奇：《缅甸高地诸政治体系——对克钦社会结构的一项研究》，杨春宇、周歆红译，商务印书馆 2010 年版。

［英］埃里克·霍布斯鲍姆：《民族与民族主义》，李金梅译，上海人民出版社 2016 年版。

［英］安东尼·史密斯：《民族主义：理论、意识形态、历史》，叶江译，上海人民出版社 2006 年版。

［美］本尼迪克特·安德森：《想象的共同体：民族主义的起源与散布》，吴叡人译，上海人民出版社 2016 年版。

［美］弗朗西斯·福山：《政治秩序与政治衰败：从工业革命到民主全球化》，毛俊杰译，广西师范大学出版社 2015 年版。

［美］马古利斯：《生物共生的行星——进化的新景观》，易凡译，上海世纪出版集团 2009 年版。

［苏］莫·格·列文、恩·恩·切博克萨罗夫：《经济文化类型与历史民族区》，《民族问题译丛·民族学专辑》，民族出版社 1956 年版。

［苏］尼·切博克萨罗夫、伊·切博克萨罗娃：《民族·种族·文化》，赵俊智、金天明译，东方出版社 1989 年版。

三　期刊论文

包文汉：《清代"藩部"一词考释》，《清史研究》2000 年第 4 期。

陈彩云：《元朝疆域观演变与多民族国家的空间认知》，《民族研究》2021 年第 1 期。

陈建樾：《"建设一个中华民族的新社会和新国家"——中华人民共和国民族政策话语体系形成的历史脉络》，《中南民族大学学报》2020 年第 4 期。

陈建樾：《民族区域自治：中国共产党重构统一多民族国家的思考与行动》，《中央社会主义学院学报》2019 年第 4 期。

丁文强、侯向阳、尹燕亭、李西良、王多斌：《草原补奖政策下牧户是否超载？谁在超载及影响因素——以内蒙古为例》，《草地学报》2020 年第 1 期。

杜文勇、梁琳、任小青：《内蒙古农牧区义乌教育的发展及问题和对策》，《内蒙古师范大学学报》（教育科学版）2011 年第 2 期。

范明明：《牧民对旱灾的适应策略及其政策启示——基于内蒙古锡林郭勒盟的案例研究》，《北方民族大学学报》（哲学社会科学版）2021 年第 5 期。

费孝通：《关于民族问题的讨论》，《益世报》1939 年 5 月 1 日。

冯晓龙、刘明月、仇焕广：《草原生态补奖政策能抑制牧户超载过牧行为吗？——基于社会资本调节效应的分析》，《中国人口·资源与环境》2019 年第 7 期。

盖志毅、宋维明、陈建成：《草原牧区生态移民及其对策》，《北京林业大学学报》（社会科学版）2005 年第 3 期。

顾颉刚：《中华民族是一个》，《益世报》1939 年 2 月 23 日。

何月华：《构建铸牢中华民族共同体意识的话语体系》，《中国社会科学报》2022 年 9 月 30 日。

贺卫光、韩朔：《民族地区社会变迁中养老问题调查研究——以肃南县大河乡定居牧民老年群体为例》，《西北民族大学学报》（哲学社会科学版）2013 年第 6 期。

胡荣荣：《回归以来澳门与内地的文化交流：历程、经验与建议》，《广州社会主义学院学报》2021 年第 1 期。

胡银、王文静、朱少云：《高校铸牢大学生中华民族共同体意识的话语体系构建》，《西昌学院学报》（社会科学版）2022 年第 3 期。

胡振通、柳荻、靳乐山：《草原超载过牧的牧户异质性研究》，《中国农业大学学报》2017 年第 6 期。

贾益：《1874 年日军侵台事件中的"番地无主"论与中国人主权观念的变化》，《民族研究》2009 年第 6 期。

贾益：《清代滇西方志中"土司"、"种人"类目的内外分际》，《西南民族大学学报》2018 年第 5 期。

翦伯赞：《论中华民族与民族主义——读顾颉刚续论"中华民族是一个"以后》，《中苏文化》第 6 卷 1940 年第 1 期。

柯杰：《深刻领会铸牢中华民族共同体意识需要把握的"四个关系"》，《中央社会主义学院学报》2022 年第 2 期。

李大龙：《榫卯：走廊与中国疆域的形成与发展》，《广西民族大学学报》（哲学社会科学版）2020 年第 3 期。

李学保：《构建中华民族共同体研究的学术体系和话语体系》，《中南民族大学学报》（人文社会科学版）2021 年第 11 期。

刘超：《现代中华民族观念的形成——以清末民国时期中学中国历史教科书为中心》，《安徽史学》2007 年第 5 期。

刘贺贺、祁晓慧、乔光华：《家庭视角下牧民城乡流动的异质性分析——来自内蒙古阿巴嘎旗的田野调查》，《北方民族大学学报》2020年第1期。

仁青扎西、达娃：《西藏偏远地区"撤点并校"个案调查研究——以西藏那曲县A教学点为例》，《西藏大学学报》（社会科学版）2017年第3期。

任国英：《俄罗斯生态民族学研究综述》，《世界民族》2009年第5期。

沈桂萍：《建设"中华民族共同体"意识形态话语体系》，《河北省社会主义学院学报》2020年第3期。

沈桂萍：《铸牢中华民族共同体意识面临的突出问题及对策——以民族理论和政策话语重构为例》，《中央社会主义学院学报》2021年第1期。

石硕、邹立波：《汉藏互动与文化交融：清代至民国时期巴塘关帝庙内涵之变迁》，《西南民族大学学报》2011年第6期。

宋月红：《论国史通史研究和编纂的学理基础与方法》，《河北学刊》2019年第4期。

宋月红：《铸牢中华民族共同体意识推进新时代西藏长治久安和高质量发展》，《西藏民族大学学报》（哲学社会科学版）2021年第6期。

宋月红、杨力源：《深入理解和坚决贯彻党的民族理论与政策》，《实践》（思想理论版）2021年第1期。

谭其骧：《历史上的中国和中国历代疆域》，《中国边疆史地研究》1991年第1期。

陶砥：《算法推荐视域下深化民族团结进步教育的技术可能、现实挑战和对策思考》，《云南民族大学学报》（哲学社会科学版）2020年第5期。

王希恩：《抓住铸牢中华民族共同体意识这条主线（深入学习贯彻习近平新时代中国特色社会主义思想）》，《人民日报》2022年3

月28日。

魏霞：《内蒙古农牧区中小学撤点并校后的陪读家庭问题研究》，《满族研究》2018年第2期。

习近平：《会见香港澳门各界庆祝国家改革开放40周年访问团时的讲话》，《人民日报》2018年11月13日。

习近平：《以铸牢中华民族共同体意识为主线 推动新时代党的民族工作高质量发展》，《人民日报》2021年8月29日。

习近平：《在纪念辛亥革命110周年大会上的讲话》，《人民日报》2021年10月10日。

习近平：《在庆祝中国共产党成立100周年大会上的讲话》，《人民日报》2021年7月2日。

习近平：《在全国民族团结进步表彰大会上的讲话》，《人民日报》2019年9月28日。

习近平：《扎实推动共同富裕》，《求是》2021年第20期。

徐黎丽、杨朝晖：《民族走廊的延伸与国家边疆的拓展——以长城、丝绸之路、藏彝走廊为例》，《思想战线》2012年第4期。

徐黎丽：《通道地带理论——中国边疆治理理论初探》，《思想战线》2017年第2期。

徐黎丽、范薇：《加快发展连接内地与边疆的中间地带》，《行政管理改革》2016年第5期。

颜世安：《春秋战国时代的"诸夏"融合与地域族群》，《民族研究》2020年第2期。

杨力源：《边疆治理与中华民族共同体意识演进》，《云南行政学院学报》2020年第5期。

杨力源：《中国共产党关于加强与改进民族工作重要思想的鲜明特色》，《西藏发展论坛》2022年第3期。

叶江：《民族概念三题》，《民族研究》2010年第1期。

伊丽娜：《城镇化进程中的牧民群体及其有序返乡——内蒙古东部N嘎查的实地研究》，《北方民族大学学报》2022年第1期。

《以铸牢中华民族共同体意识为主线 推动新时代党的民族工作高质量发展》,《人民日报》2021年8月29日。

袁年兴:《民族共生理论的构建——基于社会生物学的学术共鸣》,《南岭学刊》2009年第5期。

扎洛:《清末民族国家建设与张荫棠西藏新政》,《民族研究》2011年第3期。

翟淑平:《漂泊到融合——从巴塘关帝庙看汉藏互动下的身份认同》,《西南边疆民族研究》2018年第4期。

张帆:《元朝行省的两个基本特征:读李治安〈行省制度研究〉》,《中国史研究》2002年第1期。

张丽君:《中国牧区生态移民可持续发展实践及对策研究》,《民族研究》2013年第1期。

张丽君、王菲:《中国西部牧区生态移民后续发展对策探析》,《中央民族大学学报》(哲学社会科学版)2011年第4期。

章舜粤:《铸牢中华民族共同体意识视域下近现代黄帝陵祭祀研究》,《云南民族大学学报》(哲学社会科学版)2021年第5期。

支仕泽:《高校铸牢中华民族共同体意识的话语困境与破局策略》,《湖南科技大学学报》(社会科学版)2022年第4期。

中共国家民委党组:《以铸牢中华民族共同体意识为主线 推进新时代党的民族工作高质量发展的纲领性文献——深入学习贯彻习近平总书记在中央民族工作会议上的重要讲话》,《人民日报》2021年11月8日。

中共中央、国务院:《关于进一步加强民族工作,加快少数民族和民族地区经济社会发展的决定》,《光明日报》2005年6月1日。

周银珍:《新时代铸牢中华民族共同体意识的话语建构》,《宁夏社会科学》2021年第6期。

后　　记

　　本书为中国社会科学院重大科研规划项目"铸牢中华民族共同体意识重大问题研究"的阶段性成果，也是中国社会科学院铸牢中华民族共同体意识研究基地主持编辑同名丛书的第一本研究专著。项目主持人为中国社会科学院副院长、学部委员高培勇研究员，项目协调人为中国社会科学院民族学与人类学研究所所长王延中研究员。以民族学与人类学研究所的专家学者为主，来自全院5个学部、6个研究所数十名专家学者参与了课题研究，并提交了中期研究报告和结项报告。王延中对各个子课题报告进行了审核和编辑加工。

　　本辑成果共收录10篇研究报告或文章。各篇作者如下：第一章：舒瑜（中国社会科学院民族学与人类学研究所副研究员）；第二章：方素梅（中国社会科学院民族学与人类学研究所研究员）、贾益（中国社会科学院民族学与人类学研究所编审）；第三章、第四章：陈建樾（中国社会科学院民族学与人类学研究所研究员）；第五章：王延中；第六章：宋月红（中国社会科学院当代中国研究所副所长、研究员）；第七章：宋月红、胡荣荣（中国社会科学院当代中国研究所副所长、研究员）、章舜粤（中国社会科学院当代中国研究所单位助理研究员）、王怀乐（中国社会科学院当代中国研究所助理研究员）；第八章：马俊毅（中国社会科学院民族学与人类学研究所编审）；第九章：王延中、宁亚芳（中国社会科学院民族学与人类学研究所副研究员）；第十章：王延中。

本书得到了中国社会科学院创新工程出版资助和中国社会科学出版社的大力支持。感谢各位课题组成员的参与和辛勤劳动，感谢责任编辑宫京蕾的精心工作。不足之处，敬请批评指正！

王延中

2023年1月30日